언젠간 읽겠지 - 인물

카뮈와 함께 프란츠 파농 읽기

파농은 우리가 눈을 가리고 현실을 보지 않으려고 할 때,
우리가 양심의 소리에 귀 기울이지 않고 잠들려 할 때,
그러지 못하도록 우리의 눈과 귀를 열어주었다.

_에메 세제르

언젠간 읽겠지 - 인물

카뮈와 함께 프란츠 파농 읽기

박홍규 지음

"문제는 진실을 감추는 것이 아니라
진실을 전부 말하지 않는 것이다."

_알베르 카뮈

"나는 인간으로서,
인간을 노예화하는 모든 것과 싸운다."
_프란츠 파농

저자 일러두기

이 책에서 카뮈와 파농의 글은 물론 남의 의견을 빌려오거나 비판하는 경우에는 그 근거를 밝히고, 인용이 두 번 이상 나오면 아래와 같이 그 인용 근거를 약자로 사용하여 본문에 표시한다. 같은 인용이 이어 나오면 쪽수만 밝히고, 한 번에 그치면 주로 달았다.

1. 카뮈 저작의 인용 약자
카뮈 저작은 김화영이 옮긴 책세상 판으로 하고 그 제목을 인용한다. 단 『반항인』은 유기환이 옮긴 책(한마당, 1993)으로 한다. 그 밖에 RRD로 표기한 것은 다음과 같다; *Resistance, Rebellion, and Death*, Translated by Justin O'Brien, New York: Knopf, 1960.

2. 파농 저작의 인용 약자
『검은 피부, 하얀 가면』 - 노서경 옮김, 문학동네, 2014.
『대지의 저주받은 사람들』 - 남경태 옮김, 그린비, 2004.
『알제리 혁명 5년』 - 홍지화 옮김, 인간사랑, 2008.

3. 기타 저작의 인용 약자
(1) 카뮈 관련
르베스크 - 모르방 르베스크, 『알베르 카뮈를 찾아서』, 김화영 옮김, 나남출판, 1997.

『오리엔탈리즘』(개정증보판) - 에드워드 사이드, 박홍규 옮김, 교보문고, 2015.

『문화와 제국주의』 - 에드워드 사이드, 박홍규 옮김, 문예출판사, 2005.

솔랄 - 안니 코엔-솔랄, 『사르트르』, 우종길 옮김, 창, 1993.

유호식 - 유호식, 카뮈의 『알제리 연대기』와 과거 청산, ≪불어불문학연구≫ 55집, 511-536쪽.

젠디히 - 브리기테 젠디히, 『카뮈』, 이온화 옮김, 한길사, 1999.

존스 - 콜린 존스, 『사진과 그림으로 보는 케임브리지 프랑스사』, 방문숙·이호영 옮김, 시공사, 2001.

토드 - 올리비에 토드, 『카뮈』1-2권, 김진식 옮김, 책세상, 2000.

코엔-키요 - 로제 키요, 「카뮈 연보」, 김화영 옮김, 책세상, 2000. ≪카뮈 전집≫ 어느 책 끝에나 붙어 있으나 여기서는 『정의의 사람들·계엄령』에 나오는 것을 인용함.

(2) 파농 관련

셰르키 - 알리스 셰르키, 『프란츠 파농』, 이세욱 옮김, 실천문학사, 2002.

엘렌 - 페트릭 엘렌, 『나는 내가 아니다』, 곽명단 옮김, 우물이있는집, 2001.

자하르 - 레나테 자하르, 『프란츠 파농』, 김형섭 옮김, 종로서적, 1982.

편집자 일러두기

본문에 등장하는 저작물의 경우, 카뮈와 파농의 저작에만 원제 및 출간 연도를 병기했다.

본문에 소개된 여러 사람 가운데 카뮈와 파농에게 영향을 미친 중요 인물은 *로 표시하고 책 끝에 가나다 순으로 정리했다.

단행본은 겹낫표(『 』), 단편·논문·문서·소설·시는 홑낫표(「 」), 신문·미술작품·영화·노래 등은 홑꺾쇠표(〈 〉), 잡지나 정기 간행물은 겹꺾쇠표(《 》)로 표기했다.

머리말

1910년 8월 29일, 소위 '경술국치' 직후 서울(당시에는 경성)에 온 어느 일본인이 자신을 '한반도 최초의 인간'이라고 주장하면서 다음과 같이 말했다면 여러분은 어떻게 생각할까?

서울이라는 고장도 특히 일본 사람들에게 언제나 아무런 이유 없이 공격적이고 잔인했던 그 적들로부터 빼앗아야 할 땅이었다. 언제나 시비 걸기를 좋아하고 냉혹한 그 사람들에 대해서 일본 사람들은 스스로를 방어하지 않으면 안 됐다.

위 문장에서 '서울'을 '알제', '일본'을 '프랑스'로 바꾸면 카뮈(Albert Camus, 1913~1960)가 1830년 프랑스가 알제리를 침략했을 때 알제리에 온 자기 조상들을 묘사한 『최초의 인간Le premier homme』의 일부가 된다.(85-86) 그가 "언제나 아무런 이유 없이 공격적이고 잔인했던" "언제나 시비 걸기를 좋아하고 냉혹한" "적들"이라고 표현한 대상은 알제리 선주민이자 조선인이었다. 이런 소설을 우리는 꼭 읽어야 할까? 알제리 이야기이니 우리와 무관하다고 하며 읽어야 할까? 일본과 프랑스는 다르다고 하면서 카뮈 편을 들어야 할까? 44세에 노벨문학상을 받은 천재의 유작이니 무조건 읽어야 할까? 나는 그럴 수 없다.

『최초의 인간』은 카뮈의 마지막 소설로서 1994년에 나왔고, 우리말 번역은 그 이듬해 '열린책들'에서 출판되었다. 이 작품은 소설이기는 하나 그 내용은 카뮈가 자신의 부모와 16세까지의 어린 시절을 쓴 일종의 자서전 같은 책이다. 프랑스의 어느 평론가는 그 책을 "피상적으로 휘갈겨 쓴" 것이라고 비난했지만, 우리나라의 옮긴이는 '감동적'이라고 칭찬했다. 알렉스 헤일리의 『뿌리』 찾기와 같은 맥락이라 생각하여 그렇게 감동한 것일까? 나에게 『뿌리』는 한 집안의 족보 찾기가 아니라 모든 흑인이 당한 고통의 역사를 밝혀주기에 감동적이지만, 피식민 피해자가 아니라 식민 가해자의 이야기인 『최초의 인간』은 감동적이지 않다.

카뮈는 그 책을 쓰기 시작했던 1950년대 말, 알제리 독립에 반대하면서 그곳에 사는 아랍인과 프랑스인이 함께 살아가야 한다고 주장했다. 그러나 알제리 독립을 주장하는 측이나 그것에 반대하는 측 모두에게 경원시되었다. 그리고 그가 죽고 난 2년 뒤인 1962년에 알제리는 독립했다. 카뮈가 『최초의 인간』을 쓴 취지는 명백하다. 그가 1947년에 아버지의 묘지를 찾았을 때만 해도 알제리 독립문제는 그다지 심각하지 않았으나, 6년 뒤인 1953년—그의 소설에 나온 방문 시점—은 독립운동이 한창 거세졌을 때였다. 그로서는 알제리가 자신의 아버지가 가난하게 살다 묻힌 땅이라는 것, 그리고 자신은 그의 아들이라는 것을 강조할 필요가 있었을 터다.

카뮈의 주장은 파농(Frantz Fanon, 1925~1961)이 『대지의 저주받은 사람들 Les damnes de la terre』에서 다음과 같이 쓴 대목과 비슷하다.

이주민은 역사를 만든다. 그의 삶은 화려한 신기원이며 일대 모험이다. 그는 절대적인 출발점이다. "이 땅은 우리가 만들었다." 그는 모든 것의 원인이다. "우리가 떠나면 모든 게 사라지고 이 나라는 중세로 되돌아갈 것이다." 그의 주변에는 병으로 쇠약해지고 대대로 물려받은 인습에 사로잡힌 굼뜬 사람들이 식민주의적 중산주의의 활약을 위해 거의 무생물적인 배경 역할을 하고 있다. 이주민은 역사를 만들 뿐 아니라 그 역할을 의식한다. 또한 모국의 역사와 늘 연관이 있으므로 자신이 모국의 연장이라고 분명히 말한다. 그러므로 이주민이 기록하는 역사는 그가 약탈하는 그 나라의 역사가 아니라 자신이 원래 속한 모국이 그 나라를 침략하고 닦달하고 빼앗아간 역사다.(72)

파농이 "이주민은 역사를 만든다"라고 쓴 것은 이주민이 그렇게 주장했다는 뜻이다. 파농은 "흔히 선주민은 정태적이라는 비난을 받는"다고 하는데 이는 일제강점기에 우리가 일본으로부터 받은 비난이기도 했다. 파농은 또한 그런 비난은 식민지 해방의 역사를 창조해야만 없어질 수 있고, 그래야만 새로운 '최초의 인간'인 선주민이 나타난다고 역설했다.

카뮈에 반대한 파농과 같은 사람들의 노력 덕분에 8년간의 전쟁을 치른 뒤 알제리는 마침내 독립했다. 그러나 그 후 오랫동안 알제리는 혼란을 겪었다. 우리가 내전을 비롯하여 지금까지도 친일이니, 식민지 잔재 청산이니 하며 식민지 후유증을 겪고 있듯이 말이다. 그러나, 그렇다고 해서, 독립에 반대한 카뮈가 옳았다고 할 수 있을까? 그렇게 주장하는 한국인들이 있지만 나는 그들에게 찬성할 수 없다. 알제리가 계속 프랑스의 식민지로 남았다면 그런 혼란이 없고 프랑스처럼 선진화되었을까? 한반도가 일본의 지배를 계속 받았다면 지금보다 더 좋아졌을까?

이 책은 카뮈와 함께 파농을 읽자고 권하는 책이다. 그렇게 하려는 이유는 카뮈를 읽는 사람은 많지만, 파농을 읽는 사람은 적기 때문이다. '많다, 적다'라는 표현은 정확하지 않은 서술이지만 그 밖에 달리 말하기도 어렵다. 단 '적다' 대신 '매우 적다'라거나 '거의 없다'라고 함이 옳다고 말할 사람이 있을지 모른다. 여하튼 그런 현실에 대해 나는 불만이다. 물론 카뮈나 파농을 알제리 독립 문제와만 연관지어서 볼 수는 없다. 두 사람의 삶과 사상에는 지금 우리가 되짚어야 할 점이 많기 때문이다.

프랑스나 프랑스 문학계와 아무 상관이 없는 나는 카뮈 탄생 90주년을 맞은 2003년에 『카뮈를 위한 변명』을 썼다. 카뮈를 아나키스트로 새롭게 보면서 그가 알제리 독립에 반대한 것을 비판한 책이었다. 카뮈에 대한 나의 생각은 지금도 변함이 없어서 새로 쓰는 이 책의 카뮈 부분은 『카뮈를 위한 변명』과 유사하다. 파농 부분은 새롭게 썼는데 나는 파농 역시 카뮈처럼 아나키스트였다고 본다. 그가 알제리 독립운동에 참여한 데에도 공감한다. 그러나 파농의 사상을 폭력적 테러리즘에 악용하는 점은 분명히 반대한다.

    나는 이 책에서 카뮈나 파농 중 한 사람의 편을 들지 않았다. 사실 식민지 해방 문제를 각각 연대와 독립이라는 차원에서 본 두 사람을 함께 읽고 생각할 이유는 많다. 내가 이 책을 쓰는 또 하나의 이유는 한국의 카뮈나 파농에 대한 책에 알제리나 마르티니크의 역사를 비롯하여 두 사람을 이해하는 데 필요한 상식에 대한 소개가 거의 없기 때문이다. 나는 소위 전문가들끼리만 읽는다는 전문 연구에는 아무런 흥미가 없다. 카뮈와 파농을 전문가들로부터 해방하기 위해 이 책을 쓴다. 이 책을 내어주는 '틈새의시간'에 감사한다.

2022년 2월
알제리의 두 남자,
파농과 카뮈를 추억하며
박홍규

차례

머리말 10

1장 왜 카뮈와 파농인가_이 책을 쓰는 이유 21

—— 2021년 말의 알제리 / 코로나19와 『페스트』 / 알제리의 카뮈 / 〈무법자〉와 『이방인』 / 알제리의 두 남자, 카뮈와 파농 / 카뮈의 알제리 인식 / 한나 아렌트의 파농 비판 / 이 책을 쓰는 이유

2장 카뮈와 파농의 고향_알제리와 마르티니크 61

프랑스 제국 vs. 프랑스 식민지

—— 카뮈와 파농의 조상은 어디서 왔을까? / 프랑스 제국 / 프랑스 공화주의-제국주의의 기원

카뮈의 고향 알제리

—— 알제리의 프랑스 / 알제리의 역사 / 알제리와 조선

파농의 고향 마르티니크

—— 마르티니크 / 마르티니크의 역사 / 크레올

3장 카뮈와 파농의 성장_노동자의 아들들 97

카뮈의 성장

── 카뮈의 부모, 카뮈의 가난 / 초중등학교의 모범 학생 / 프랑스 문화 / 문학, 결핵, 그르니에 / 대학 시절과 결혼 / 공산당 연극 활동 / 부조리

파농의 성장

── 파농의 성장 / 1935년, 프랑스 귀속 3백 주년 / 에메 세제르와 흑인성 운동

4장 1940년대의 카뮈와 파농_부조리와 차별 145

카뮈의 부조리

── 전쟁 / 권력 비판 / 『이방인』 / 재판소설? / 사이드가 본 『이방인』 / 『시지프 신화』 / 〈콩바〉 / 『페스트』 / 『페스트』에 드러난 문제점과 카뮈의 자세

파농의 차별

── 제2차 세계대전과 인종차별 경험 / 드골과 파농의 참전 / 유학 시절의 인종차별 경험 / 정신의학 공부

5장 카뮈와 파농의 1950년대_반항과 반란 197

카뮈의 반항

──『반항인』/ 잘못된 반항 / 정당한 반항 /『반항인』에 대한 비판

파농의 반란

──『검은 피부, 하얀 가면』/ 차별의 경험 / 흑인의 자기 이해는 어떻게 형성되나 / 흑인의 자기 긍정 / 식민지의 언어와 삶 / 식민지에서의 사랑 / 파농의 여성에 대한 편견 / 식민지 민중의 종속 콤플렉스란 무엇인가 / 흑인의 정신병리 / 노예와 주인 / 정신적 소외를 어떻게 해결할 것인가

6장 알제리 전쟁_절망하지 않기 위해 247

카뮈의 알제리 전쟁

── 알제리 전쟁 / 카뮈가 경험한 알제리 /『전락』/『알제리 연대기』_카뮈의 식민지해방 부정의 이론 /『적지와 왕국』_카뮈의 식민지 해방 부정의 문학 /「말없는 사람들」/『기요틴에 관한 명상』/ 노벨상을 수상하다 /『최초의 인간』, 최후의 카뮈

파농의 알제리 전쟁

─ 병원 근무와 사회요법 / 파농 사상의 변화 / 인간에게, 즉 나 자신에게 절망하지 않기 위해 / 파농의 튀니스 생활 / 사회 치료를 주장하다 / 『아프리카 혁명을 향하여』 / 아프리카 통일의 꿈 / 『알제리 혁명 5년』 / FLN 강령의 작성과 죽음 / 『대지의 저주받은 사람들』

7장 카뮈와 파농의 비전_새로운 인간 363

카뮈의 비전

─ 카뮈를 추도하다 / 카뮈와 아나키즘 / 지금 우리에게 카뮈는?

파농의 비전

─ 파농을 추도하다 / 파농의 아나키즘 / 지금 우리에게 파농은?

맺음말 386

알베르 카뮈 연보 392

프란츠 파농 연보 394

두 사람에게 영향을 준 사람들 396

1장

왜 카뮈와 파농인가
_이 책을 쓰는 이유

2021년 말의 알제리

2021년 9월 말, 프랑스의 마크롱 대통령은 "알제리가 공식화한 역사는 사실이 아닌 프랑스에 대한 증오에 기반한다"라고 하면서 "프랑스 식민지 이전에 알제리가 국가로서 존재했나?"라고 물었다는 뉴스가 우리에게 전해졌다. 프랑스가 1830년 알제리를 침략하기 전까지 알제리는 주권국가가 아니라 오스만제국의 섭정 국가였다는 것이다. 마치 일본이 조선을 침략하면서 조선은 주권국가가 아니라 중국의 섭정 국가라고 한 것과 같다. 프랑스의 식민 범죄 인정을 거부하고 알제리를 공격한 마크롱의 주장은 2022년 재선에서 극우파의 표를 얻기 위한 일종의 제스처로 보인다. 이에 대해 알제리 대통령은 "프랑스 식민침략에 저항한 독립투사 563만 명에 대한 참을 수 없는 공격"이라면서 "용납할 수 없는 내정 간섭을 단호히 거부한다"고 반발했다.

양국 간의 갈등은 끝없이 이어졌다. 가령 2005년에는 프랑스 의회가 "식민지 지배의 긍정적인 역할"을 인정하는 법안을 통과시켜 문제가 되었다. 당시 〈피가로〉지의 여론조사에 의하면 "프랑스에 의한 식민지화의 적극적 역할을 학교 교육에서 인정하는" 것에 프랑스인 64퍼센트가 찬성했고, 그때 제정된 법에 이 같은 내용이 포함되는 것에 여당은 물론 야당인 공산당이나 사회당도 대부분 찬성했다. 법안은 폐기되었지만 직후 양국 간의 친선조약이 취소되었다. 2020년 프랑스 대통령은 역사학자 스토라*에게 양국 간 화해 방안 검토를 요청했고, 2021년 1월에 스토라는 과거사 해결을 위한 "상징적인 조치"와 함께 '기억과 진실 위원회'의 설립 등을 권고했다. 그러나 알제리에서는 130년간의 전쟁범죄와 인권범죄를 공식적으로 인정하지 않는다는 이유로 부정적인 태도를 보였다.

이러한 프랑스의 태도는 일본과 무엇이 다른가? 그래도 일본은 조선이 식민지화 이전에 국가로 존재하지 않았다는 말은 하지 않았으므로, 또는 그래도 일본 의회는 식민지를 찬양하는 법을 만들지는 않았다고 하면서 프랑스보다 낫지 않는가, 라고 하면 나를 친일분자라고 욕할 것인가? 나는 오래전부터 일본은 프랑스나 영국과 같이 일찍이 식민지를 경략한 나라들을 모방하여 조선 등을 식민지화했다고 지적했다. 일본이 나쁘지 않다는 뜻이 아니다. 영국이나 프랑스, 미국이나 러시아나 중국도 제국주의라는 점에서는 다를 바가 없다는 뜻이다.

유럽 여러 나라와 마찬가지로 프랑스의 식민지 침략은 16세기부터 시작된다. 그때부터 1814년까지 존재한 국가를 제1식민제국, 1830년 알제리 정복으로 시작된 제국을 제2식민제국이라 한다. 제1기에는 스페인, 포르투갈, 네덜란드와 초기에 경쟁하다가 이후에는 영국과 경쟁하면서 17세기 초 북아메리카와 카리브해, 인도 등지에 누벨프랑스나 프랑스령 인도 같은 식민지를 건설했다. 그러나 18세기와 19세기 초 유럽 열강들과의 전쟁으로 초기에 정복한 영토 대부분을 잃었다. 제2기 초에 공화주의자들은 제국 확대에 반대했으나 독일의 식민지 확장을 보고 제국주의로 나아갔다. 제2식민제국은 1955년 베트남과의 전쟁, 1962년 알제리와의 전쟁, 그리고 1960년 이후의 탈식민지화로 붕괴했다.

제2식민제국은 1798년 이집트 침략으로 시작된다. 당시 나폴레옹이 약 180명의 학자를 대동하여 로제타석 발견을 비롯한 이집트 연구를 시작한 것이 오리엔탈리즘의 출발이었다. 당시 오리엔탈리즘이란 이집트를 포함한 북아프리카나 근동(또는 서아시아)의 지중해 나라들을 여행하면서 얻은 요소들을 주제로 다룬 19세기 프랑스 예술가들의 작품을 뜻했다. 그러나 에드워드 사이드*는 1978년에 쓴 『오리엔탈리즘』에서 오리엔탈리즘을 유럽의 제국주의에 의해 형성된 동양의 문화와 사람에 대한 근본적이면서도 편향된 해석을 뜻하는 말로 사용했다. 나는 그 책을 1991년에 번역했다.

1830년에 프랑스가 침략하자 알제리는 격렬하게 저항하였으나 1847년에는 프랑스에 완전히 지배당했다. 그 후 프랑스는 토지 수탈, 선주민의 민족성 파괴, 이슬람 신앙의 탄압 등 알제리를 철저하게 식민화하고 착취했다. 모든 참정권은 거부되었고 반항자는 추방되었으며 1백만 명 이상의 유럽인이 식민 통치 아래 놓였다. 그러나 게릴라식 저항은 그치지 않았다. 그 저항자 수가 563만 명이었다니 놀랍다. 우리의 역사에는 몇 명일까? 알제리의 인구는 우리의 반을 조금 넘는다.

반면 우리 역사에도 제국이 있었다. 1897년 10월 12일부터 1910년 8월 29일까지 존재한 대한제국이다. 제국이 황제의 나라라는 뜻이라면 대한제국도 맞는 말이다. 적어도 고종은 황제였기 때문이다. 대일제국이나 대불제국도 마찬가지로 맞다. 반면 대영제국은 틀린 말이다. 황제가 아니라 왕의 나라였기 때문이다. 그러나 제국이라는 말이 식민지를 갖는 나라라는 의미로 쓰인다면 대한제국은 잘못된 말이다. 반면 대영제국, 대불제국, 대일제국이란 말은 맞는 말이다. 대한제국에서 대한민국이 나왔다면 역시 문제다. 이를 공연한 시비라고 하면 할 말이 없지만, 나는 아무런 의미도 없이 대한제국 운운한 것이 우습고, 우리는 제국이 아니었고 제국일 필요도 없다고 생각한다. 그런데 위에서 본 프랑스 식민사에서 베트남이 프랑스와의 전쟁에서 이긴 뒤 다시 미국과 전쟁을 벌이자 한국군은 미군 측으로 참전하여 베트남 사람들을 살육했다. 이 사실은 어떻게 볼 것인가?

코로나19와 『페스트』

 1940년대에 대구에서 코로나 같은 전염병이 퍼졌다고 해보자. 그리고 일본인 의사나 일본인 의료진이 일본인 환자만 치료했다고 하자. 아니, 더 나아가 2020년 대구 환자들 대부분이 신천지 교도였듯이 일본인들만 병에 걸렸다고 치자. 그런 가정이야 기분 나쁠 게 없지만, 아무리 그래도 유독 조선인들만이 병에 걸리지 않았다는 설정은 황당해도 너무 황당할 것이다. 그보다는 조선인들도 병에 걸렸고, 게다가 그들은 위생이 좋지 못한 빈민가에 살아서 더 높은 비율로 병에 걸렸지만 너무나도 가난하고 일본인들 치료 순서에 밀려서 아예 치료도 못 받고 그냥 죽어갔다는 것이 훨씬 그럴듯하지 않은가? 사실 일제강점기 우리나라에는 그런 전염병이 여러 차례 돌았다.

 코로나19 이후 카뮈의 『페스트』에 대한 이야기들이 별안간 요란스럽게 흘러나오기 전부터 나는 1940년대 알제리 오랑을 배경으로 한 그 소설에 왜 알제리 사람은 한 사람도 나오지 않는지 항상 의문이었다. 주민의 대다수였던 그들은 페스트와 무관하고 그곳의 프랑스 사람들만 페스트에 걸렸단 말인가? 아니면 알제리 사람들은 페스트에 걸려도 프랑스 의사에게 치료를 받기는커녕 진찰조차 받지 못하고 그냥 죽어갔다는 것일까? 프랑스 사람인 카뮈에게는 그런 알제리 사람들이 눈에 보이지도 않았기에 소설에 아예 등장시키지 않은 것이 아닐까?

그 소설은 『이방인』을 비롯한 카뮈의 다른 작품들처럼, 그 배경인 알제리와는 무관하게 제2차대전 때 독일군에게 점령당한 프랑스인들의 저항을 상징적으로 그린 것이라고도 한다. 독일군이 페스트이고 오랑의 프랑스인들은 비시 정권하의 프랑스인이나 아우슈비츠의 유대인처럼 그려졌다는 것이다. 그러니 당시의 알제리 현실과는 무관하다고 한다. 그렇게 보는 것이야 자유겠지만, 최근의 요란스러움은 그 소설이 마치 코로나19를 예언한 것인 양하는 호들갑에서 나오고 있으니 전염병 소설이라고 불러도 좋을 것이다.

평소에 카뮈를 그렇게 좋게 보지 않은 탓인지 최근 다시 읽어보아도 코로나19의 현실에 무슨 의미가 있는지 알

수 없는 나에게는 그 호들갑이 너무 불편하다. 최근 『이방인』에 대한 되쓰기가 있었듯이 『페스트』를 되쓴다면 프랑스 식민주의를 페스트로 하고, 그 밑에서 수십 년 착취당한 알제리인들의 저항을 중심으로 쓰면 좋겠다고 생각해 그런 시도를 해본 적도 있으니 나의 불편을 이해해주기 바란다. 마치 1918년에 조선인 14만 명이 스페인독감으로 죽은 이야기를 소설로 쓰면서, 당시 조선에 있던 일본인들은 그나마 치료를 제대로 받았지만, 조선인들은 그렇지 못해 엄청난 희생자가 생긴 이야기를 식민지 상황과 결부해 쓰듯이 말이다.

나는 프랑스가 130년 동안 알제리를 지배했던 식민주의를 카뮈가 제대로 문학에 반영하지 못했다고 비판한 책을 2003년에 쓴 적이 있다. 그 뒤 프랑스 문학을 전공한 사람들이 모인 학회에 불려가 그 내용을 발표했다가 욕만 먹은 뒤로는 학회라는 것에 울렁증이 생겼다. 우리가 일제강점기 35년의 악몽을 아직도 지울 수 없듯이 그 네 배에 이르는 긴 세월 동안 프랑스가 알제리에 남긴 상처는 그야말로 대단한 것이었으나 프랑스는 지금까지 사과 한마디 한 적이 없다. 하기야 해가 지지 않는 나라였다는 영국이 인도를 비롯한 구 식민지에 사과했다는 이야기도 들어본 적은 없다. 그러니 제국주의 노략질을 그런 나라들에서 배운 일본이 저런 식으로 나오는 것을 탓하기도 쉽지 않다. 배운 대로 하니 말이다. 차라리 가르친 놈을 욕하는 것이 더 옳지 않을까?

알제리의 카뮈

알제리에는 카뮈의 생가를 비롯하여 그의 작품에 나오는 여러 지역과 건물들이 아직도 많이 남아 있지만, 그것을 기념하기는커녕 소개하는 안내판조차 없다. 오로지 카뮈가 좋아서 알제리를 찾아가서는 생가조차 아무런 표시가 없는 걸 보고 너무나도 아쉬워하는 한국인들이 많은데, 그들이야말로 웃기는 사람들이 아닌가? 일제강점기에 인천이나 부산 앞바다에서 햇살이 너무 눈부시다고 조선인을 쏘아 죽였다는 소설을 쓴 일본인 작가가 있다면 그를 우리나라에서 기념할 텐가 말이다.

2006년에 나온 『김화영의 알제리 기행 - '바람구두'를 신은 당신, 카뮈와 지드의 나라로 가자!』는 카뮈와 지드의 눈으로 알제리를 본다. 책의 3분의 1은 카뮈와 지드 작품의 인용인 듯하다. 그 인용을 상당 부분 다시 인용하는 장영준의 『안녕, 마그레브』도 마찬가지다. 우리나라에 나온 몇 권 안 되는 알제리 기행은 이처럼 '카뮈 지드 기행'이 대부분이다. 김화영에게 알제리는 30여 년 그의 알제리 여행을 막은 나쁜 정부일 뿐 그곳 현실의 묘사는 거의 없다. 1세기 전 지드*나 카뮈의 경우도 마찬가지였다. 김화영이 끝없이 인용하는 지드나 카뮈의 알제리 관련 글은 『이방인』과 같은 소설의 구절들인데 『이방인』에 나오는 알제리 묘사는 당시의 현실 알제리를 그린 것이 아니었다. 그러니 80년 뒤 2005년에 지드와 카뮈를 통해 묘사한 김화영의 알제리도 현실 알제리가 아니다.

    김화영은 티파샤에 세워진 카뮈 기념비에 카뮈 이름 부분의 일부가 지워진 것에 대해 대뜸 반달리즘이라고 분노한다. 그러나 누가 왜 그런 짓을 했는지에 대한 언급은 전혀 없다. 분명히 카뮈에 반발한 사람의 짓이겠지만 그가 프랑스 식민당국에 의해 다친 자거나 죽은 자의 후손이라면 반드시 반달리즘이라고만 할 수는 없지 않을까? 그런 알제리 현실을 알고 그 현실 속에서 카뮈의 가치를 다시 따져볼 필요가 있는 것이 아닐까? 그러나 김화영은 가령 알제리 독립전쟁을 기념하는 박물관에는 관심이 없다고 한다. 그러니 그가 독립전쟁 영화인 〈알제리 전투〉에 대해 전혀 언급하지 않는 것도 전혀 이상할 게 없다. 그러나 나는 그 영화에 관심이 많고 그 박물관에도 관심이 있다.

여하튼 김화영의 『알제리 기행』은 그가 간 알제리 현실에 대해 아무것도 알려주지 않는다. 아니 '아무것도'라고 함은 비약이다. 적어도 알제리에서 지드나 카뮈를 아는 사람은 거의 없다는 사실을 알려주기 때문이다. 이는 우리가 일제강점기 일본 작가들을 거의 모르는 것과 같다. 물론 우리가 알제리와 같이 카뮈나 지드를 모르는 것이 당연하다고 주장하는 것은 아니다. 그러나 우리가 굳이 알아야 할 필요가 있다고도 생각하지 않는다.

카뮈처럼 재주 있고 상상력이 뛰어난 일본인이나 영국인이나 미국인인 기자나 작가가 그들의 그런 살인 이야기를 소설로 만들어 노벨상 등의 대단한 문학상을 받을지 모른다. 그러나 나는 카뮈나 뫼르소에게는 별 관심이 없고 죽은 아랍인에게 관심이 있다. 아랍인은 『이방인』에서 이름도 없이[1] 잠깐 살인의 대상 등으로만 나올 뿐이어서 그야말로 이방인은 뫼르소가 아니라 그 아랍인이지만 말이다. 아랍과는 너무나 먼 한국에서는 더욱 그렇다.

---

1 우리말로 번역된 프랑스 식민주의에 대한 유일한 비판서인 마르크 페로의 『식민주의 흑서』 상권(고선일 옮김, 소나무, 2008, 50)에서는 카뮈가 아랍인 인권 옹호에 앞장섰음에도 소설의 아랍인 등장인물들에게는 이름을 부여하지 않았다고 지적했으나 이 사실만이 문제인 것은 아니다.

『페스트』는 우리의 치부인 불평등과 차별을 그대로 보여준다는 점에서 매우 교훈적이다. 방금 한 말을 오해하지 않기 바란다. 『페스트』에 그런 불평등을 고발하는 묘사가 있다는 것이 아니라 그 소설에서 알제리인들을 아예 제외한 것이 알제리인들에 대한 불평등한 차별을 노골적으로 보여준다는 뜻이다. 그래도 미국에서 만들어진 베트남 영화에는 베트남 사람들의 모습이 엑스트라로 나오긴 한다. 주연이나 조연은커녕 미국의 폭격에 죽어가는 희생자로 잠깐 등장하는 처지이지만 말이다. 그러나 『페스트』에는 알제리인들이 아예 나오지 않는다. 시체조차 없다. 그래서 오랑은 마치 프랑스의 도시 같다. 거기에는 백인들만 사는 듯 『페스트』에 묘사된다.

지금 프랑스나 미국이나 무엇이 다른가? 그곳에는 수많은 비백인이 살고 있다. 그러나 그들을 주연이나 조연으로 다루는 소설이나 영화는 그리 많지 않다. 미국에서 비백인, 특히 아프리카계 미국인은 코로나19의 감염률이나 사망률이 백인들의 경우보다 훨씬 높았다. 그들의 상당수는 의료서비스에서 제외되어 있다. 2014년에 와서 처음으로 공공의료서비스에 포함된 일부 사람들을 제외하고 의료 관련 사보험에 들 수 없는 가난한 사람들은 아프면 그냥 죽어야 한다. 미국이 그렇게 된 것은 1929년 대공황 이후 미국에서 역사상 최초로 사회보장제도가 도입되었을 때 의사들의 반대로 유독 의료보험이 제외되었기 때문이다. 의사들에게 빈민이 환자로 보이지 않는 것은 『페스트』의 경우와 다를 바 없다.

불과 몇 주 만에, 코로나19의 대유행은 인종과 민족, 성별, 계급, 직업 간의 심각한 불평등과 각 사회 안에 내재한 많은 다른 분열을 폭로했다. 이러한 분열에 대한 전 세계적 인식은 이제 갈수록 높아지고 있으며, 어떤 곳에서는 불평등 문제가 대중 토론에서조차 새롭게 주목받고 있다. 저임금과 저임금 노동자들을 가치 있게 하고, 더 나은 의료서비스를 보장하며, 취약한 사람들을 더 잘 보호하고, 위험한 기후 변화를 바로잡고, 우리가 너무 오랫동안 무시해온 많은 잘못들을 바로잡는 '새로운 정상(new normal)'을 건설해야 한다는 요구가 강해지고 있다.

만약 알제리 프랑스인 백인들이 선주민들의 삶을 동등하게 평가했다면, 이 소설의 식민지 당국은 페스트 확산이 더 빨리 가라앉고, 주변에 더 적은 사상자를 내면서 페스트와 싸우는 데 더욱더 전반적인 접근법을 취했을 것이다. 오늘날의 세계는 1940년대의 세계와 비교할 수 없다.

70여 년의 세월이 흐른 지금, 방대한 자원, 향상된 과학지식, 그리고 세계적인 정보망을 가지고 있는 우리가 전쟁으로 피폐해지고 단절되고 엄청나게 부당했던 시대의 모델을 따를 필요가 있을까?

<무법자>와 『이방인』

2010년 칸 영화제의 최고 화제작은 〈무법자〉였다. 프랑스가 식민지였던 알제리에서 자행한 양민 학살사건과 제국에 저항한 알제리 독립전쟁, 그리고 수천 년 평화롭게 농사를 짓던 사람들이 토지 서류가 없다는 이유만으로 농토를 강탈당하고, 2차 대전에 승리해 파리가 해방된 날 식민지에서는 대량학살이 벌어진다는 내용이다. 그 후 1963년까지 오랜 독립전쟁을 치르는 동안 알제리인 100만 명이 죽고 70만 명이 투옥된다. 10만 명도 안 된 게릴라 독립군은 100만 명 가까운 프랑스군의 막강한 화력에 고전을 면치 못했지만 결국은 승리했다.

보수 드골은 물론 진보 미테랑에 이르기까지 프랑스인 대부분은 알제리를 비롯한 식민지 침략에 앞장섰다. 프랑스만이 아니라 영국도 미국도 일본도 마찬가지였다. 알제리나 한반도를 비롯한 수많은 식민지가 몇십에서 몇백

년에 이른 긴 압제에서 벗어났으나 지금까지도 식민지적 상황은 계속되고 있다. 2010년에도 집시 추방을 비롯하여 갖가지 인종차별의 압제가 자행되고 있는 참으로 '톨레랑스'답지 못한 프랑스에서 영화 〈무법자〉가 화제작으로 떠오른 건 그나마 아직 한 가닥 양심은 살아 있구나, 하고 숨통을 터준 일이었다. 물론 흔히 꿈의 향연이라고 일컫는 영화제였기에 가능한 일이었다. 현실에서는 뉴스에 오르기는커녕 일반극장에서조차 화제를 모으지 못했다. 그 영화가 2010년 말 프랑스에서 350만 명까지 시위에 참여한 연금개혁법안 반대 파업과 직접 관련된 것은 아니지만 사회적 양심을 지키려는 노력의 하나였음은 분명하다.

동시에 프랑스는 2010년 내내 카뮈 50주기 행사로 흥청거렸다. 카뮈 50주기라는 말을 카뮈라는 상표의 코냑이 50년 된 것이라는 야유도 있었지만, 우리나라에서도 비슷한 행사가 벌어졌다. 우리나라 문인들은 그 누구보다 카뮈를 좋아한다고 한다. 44세의 젊은 나이에 노벨문학상을 받았다는 이유에서만은 아니리라. 특히 한국인은 『이방인』을 좋아한다고 한다. 『이방인』이란 제목은 일본인이 붙인 묘한 말(프랑스적으로 고상한 말?)로 우리는 잘 사용하지 않는 말이니 〈무법자〉라고 번역해도 좋을 것이다. 그러나 앞에서 말한 알제리 영화 〈무법자〉와는 전혀 다르게 알제리에 사는 프랑스인 청년이 햇살이 눈부시다는 이유로 선주민을 죽이고 사형당한다는 내용이다. 죽임을 당한 선주민 이야기는 소설에 전혀 나오지 않지만, 어쩌면 그는 농토를 강탈당하고 도시로 쫓겨 온 영화 〈무법자〉의 선주민일 수도 있다. 이는 식민지 알제리에서는 너무나 흔한 일에 불과했다. 그러나 소설의 주제는 선주민 문제는 물론 살인 문제도 아니고, 소위 '부조리한 삶'이니 실존주의니 반항이니 하는 대단히 '프랑스 파리'적인 것들이다. 이는 언제나 강탈당하고 투옥당하고 살해당할 위협 속에서 살면서 총을 잡았던 그 선주민들의 처지에서는 대단히 사치스럽고 치사스러운 것일 수 있었다. 아마도 그들이 죽인 프랑스 군인들의 집에 있던 프랑스제 향수와도 같은 것이었으리라.

알제리 독립 이전 2차 대전 중에 나온 그 소설에는 독립전쟁 이야기가 나오지 않는다. 만일 카뮈가 소설의 속편을 썼다면 그런 내용을 다루었을까? 아마도 그렇지 않았을 것 같다. 카뮈는 독립전쟁에 반대했기 때문이다. 그는 당시 프랑스 정계의 주역들이었던 보수 드골과는 달리 진보 미테랑에 가까운 사람이기는 했지만, 미테랑과 마찬가지로 식민지 독립에는 반대했다. 그런 그였으니 알제리 독립 3년 전에 죽은 것이 차라리 다행이었을지도 모르겠다. 카뮈는 『이방인』의 속편을 쓰지 않았지만, 그 뒤에 발표한 소설에서 그는 알제리가 자신과 같은 프랑스인의 땅이기도 하니 선주민은 총을 들고서 독립을 위해 싸울 것이 아니라 프랑스인과 함께 살아야 한다고 주장했다. 물론 그런 꿈은 이루어지지 않았다. 그가 죽고 3년 뒤 알제리가 독립하자 카뮈와 같은 많은 프랑스인은 프랑스로 돌아갔다. 마찬가지로 프랑스에 살았던 많은 알제리인도 알제리로 돌아왔으나 그들 대부분은 프랑스의 3D업종에 종사했던 빈민 노동자들이었다. 그러나 독립 후에도 알제리의 경제 사정이 좋지 않아 노동자들은 계속 프랑스로 떠나갔고, 그들에 대한 탄압과 차별은 여전히 계속되었다. 내가 영화 〈무법자〉를 역사 영화인 동시에 현실에 대한 영화라고 보는 이유다. 프랑스에서는 여전히 〈무법자〉인 알제리인에게 '카뮈'는 비싼 코냑 이름으로도 의미가 없을지 모른다. 더욱이 알제리에서는 그야말로 『이방인』이자 〈무법자〉로서 더욱 그럴지 모른다.

알제리의 두 남자, 카뮈와 파농

카뮈와 파농은 모두 우리나라에서 유명하다. 백인인 카뮈에 비해 흑인인 파농이 한국에서는 당연히(?) 덜 유명하지만, 그래도 두 사람에겐 공통점이 많다. 두 사람은 프랑스 식민지인 알제리와 마르티니크에서 각각 태어나 자라면서 식민지 모국 방식으로 교육을 받았고 제2차 세계대전 중에 모국의 이익을 옹호했다. 전후 유럽 문화에 환멸을 느낀 카뮈와 파농은 서로 다른 반항의 길을 걷다가 아웃사이더적인 이데올로기를 표방했지만, 유럽 사상의 교훈과는 밀접하게 연결되어 있었다. 그들은 프랑스 사람들로 프랑스, 특히 그 식민지정책을 비판했다. 카뮈는 알제리의 독립전쟁을 반대한 반면 파농은 독립전쟁을 위해 싸웠다는 점이 달랐지만 두 사람 모두 국가나 자본이나 문화라는 이름의 모든 권위, 모든 권력에 반대하고 그것이 파괴한 개인의 자유, 사회의 자치, 그리고 자연을 지키려고 한 아나키스트인 점에서 같았다.

나는 백인인 카뮈가 그 조상들이 살았고 묻힌 땅, 특히 어머니와 친척들이 살아 있는 땅 알제리에서 백인과 선주민들의 연합정권이 수립되기 바란 것을 충분히 '이해'한다. 그러나 그것이 옳다고 '판단'하지는 않는다. 카뮈는 '판단'이 아니라 '이해'를 구했지만 '이해'만으로는 안 되는 일도 세상에는 많다. 특히 식민지문제가 그렇다. 나는 그 점에서 분명 카뮈 편이 아니다. 그러나 카뮈를 '이해'하지 못하는 것은 아니다. 물론 한국의 대다수 문학도나 일반인처럼 카뮈를 '숭상'하지는 않는다. 특히 "보아라, 독립 이후의 참담한 알제리를! 카뮈가 말한 것처럼 독립하지 않았더라면 행복했을 텐데"라는 말을 절대로 믿지 않는다. 카뮈 말대로 했다가 더욱더 참담해졌을 수도 있기 때문이다.

사실 독립 후 알제리는 참담했다. 카뮈가 원한 알제리도 아니었고, 파농이 원한 알제리도 아니었다. 카뮈나 파농이 희망한 자유-자치-자연의 민주적 세계가 아니었다. 카뮈는 독립을 원하지는 않았지만, 알제리가 자신이 평생 추구한 이상사회가 되기를 바랐다. 파농은 카뮈와 달리 독립에 의해서만 자신이 평생 추구한 이상사회가 될 수 있다고 생각했다. 그러나 독립한 알제리는 그렇게 되지 못했다. 알제리만이 아니라 식민지를 경험한 모든 신생국이 그러했다. 마찬가지로 우리도 참담했다. 경제 기적 운운하지만 지금도 남북한 분단이나 양극화 등 참담하기는 마찬가지다. 카뮈의 관점에서든 파농의 관점에서든 참담하기는 마찬가지다. 우리가 카뮈와 파농을 사랑한다면 그들의 입장에서 이 나라, 이 민중을 보아야 한다. 그렇지 않고 카뮈와 파농에 대한 사랑 타령만을 쏟아낸다면 그야말로 사대주의에 불과하지 않을까? 나는 아직도 한국의 지적 풍토가 그렇다는 생각에서 이 책을 쓴다.

카뮈와 파농 두 사람을 함께 다룬 책은 없다. 국내는 물론이고 국외에도 없다. 이는 두 사람을 함께 이해하지 않은 천박한 지적 풍토를 상징한다. 카뮈는 문학소녀가, 파농은 운동권 청년이 즐겨 읽었다. 그러나 그 둘의 결혼은 불가능하지 않다. 나는 그 둘의 결혼을 희망하며 이 책을 썼다. 그리고 그들 사이에서 카뮈와 파농이 공통으로 희망한 새로운 인간, 사회, 자연이 태어나리라고 기대하여 이 책을 썼다.

내가 카뮈를 안 것은 1964년 중학교에 입학한 직후였다. 학교를 오가는 길에 책방이 많았는데(지금은 대구에 서점이 서너 개뿐이지만 1960년대엔 수십 개나 있었다) 하교길에는 항상 그곳에서 여러 종류의 책을 읽었다. 그중에 카뮈의 책이 많았다. 카뮈의 작품이 언제부터 우리말로 번역되었는지 정확하게는 알 수 없다. 자료에 의하면 카뮈 자료로 천 권 정도가 나오는데 발행연대를 알 수 없는 책들도 많기 때문이다. 연대가 확인되는 것 중에는 1948년 『까뮤단편집』(이휘영·방곤 옮김)과 『오해 Le Malentendu』(정병희 옮김)가 처음으로 나왔고, 1953년에 『이방인 L'Étranger』(이휘영 옮김)이 나왔다. 그 사이는 전쟁 탓으로 번역서가 나오지 못한 것 같은데, 여하튼 해방 3년 뒤에 카뮈가 소개되었다니 대단한 일이다. 1964년 내가 카뮈 책을 처음 읽을 때까지 이미 100권 이상의 카뮈 책이 나온 것이다. 매년 한 작가의 책이 10권 정도 나온 셈이니 역시 대단했다.

반면 파농의 책은 30권 정도가 나왔다. 카뮈 책의 30분의 1도 안 된다. 처음 나온 책은 1972년의 『대지의 저주받은 사람들 Les Damnés de la Terre』(이시재·황성모 옮김)이고, 이어 1978년에 『검은 피부, 하얀 가면 Peau noire, masques blancs』을 번역한 『자기의 땅에서 유배당한 자들』(김남주 옮김), 1979년에 『알제리 혁명 5년』(성찬성 옮김)이 나왔다. 1970년대에 대부분 번역된 셈이다. 그 뒤 다른 사람들이 번역서를 냈지만 크게 다르다는 느낌을 받지는 못했다. 그런데 이

시재와 황성모는 사회학자이고 김남주는 영문학을 공부한 시인으로 파농처럼 싸우다 죽었다. 성찬성도 번역을 하지만 소위 운동권 출신이다. 모두 불문학자들이 아니다.

어떤 번역서의 저자와 번역자를 연관시키기 어려운 경우도 많지만, 1978년에 『자기의 땅에서 유배당한 자들』을 번역한 시인 김남주는 파농을 좋아해서 그 책을 번역했고 파농처럼 혁명가로 살았다는 점에서 특이했다. 머슴의 아들로 태어난 그는 1979년 4월에 '남조선'의 '혁명'을 위한 자금을 마련하고자 무장 강도를 하다가 실패하고 15년형 선고를 받았으나 9년 3개월을 복역했다. 그리고 1988년 12월 가석방으로 출옥한 뒤 병으로 49살의 젊은 나이에 죽었다. 파농의 책을 번역한 다음 해에 강도질을 한 것이 서로 무관하다고는 할 수 없을 것이다. 그러나 1979년 4월이 소위 유신 직전이었지만 파농이 살았던 1950년대 알제리와 비교할 수는 없을 것이다. 나는 그때나 지금이나 김남주의 강도 행각에는 찬성하지 않지만, 그가 쓴 시는 파농의 정신을 반영한다는 점에서 좋아한다.

반면 카뮈를 번역한 사람들은 파농을 번역한 김남주와 달리 대단히 조용하고 점잖은 사람들이다. 강도는커녕 절도도 못 할 사람들이다. 장발장처럼 가난하지도 않으니 빵을 훔칠 리도 없다. 반면 카뮈는 식민지의 지독하게 가난한 집안 출신으로 대학시절 공산당 활동도 했을 정도로 정치사회적으로 반항적이었고 평생 프랑스의 주류사회에 저항했다.

한편 파농은 자신이 태어나 자랐고, 또 부모와 일가친척이나 친구들이 있는 마르티니크에서 독립운동을 하지 않았다. 지금까지도 마르티니크는 프랑스의 식민지다. 그가 우연하게 전쟁 직전의 알제리에 의사로 부임하지 않고, 카뮈처럼 프랑스에서 직장을 구했더라면 알제리의 독립운동에 전혀 관여하지 않고, 폭력혁명에 대한 책도 쓰지 않았을지 모른다. 파농이 프랑스에서 의사로 있는 동안 마르티니크에서 독립운동이 일어났다면 카뮈처럼 부모가 살아 있는 마르티니크의 독립을 원하지 않았을지도 모른다.

카뮈의 알제리 인식

한국에서 발표된 카뮈에 대한 많은 논저 중에 어떤 식으로든 사이드에 대해 언급하는 경우를 나는 딱 한 편밖에 보지 못했다. 그 논문은 서울대의 유호식 교수가 쓴 「카뮈의 '알제리 연대기'와 과거 청산」이다. 이는 제목에서 보듯이 카뮈의 『알제리 연대기 *Chroniques algériennes*』를 사이드의 『오리엔탈리즘』을 통해 살펴본 글이다. 사이드가 오리엔탈리즘이라고 비판한 서양인의 비서양에 대한 편견을 카뮈도 『알제리 연대기』에서 비판했다는 주장이다. 즉 사이드의 관점과 카뮈의 관점이 유사하다고 본 것이다. 그러나 유호식이 그 근거로 제시하는 카뮈의 말, 즉 아랍인들이 알제리-프랑스인과 "같은 욕구를 갖고 있지 않다고 말하는 것은 경멸할 만하다"(유호식 555, 재인용)고 운운한 것을 사이드가 말한 오리엔탈리즘 비판과 같은 것이라고 보기에는 무리가 있다. 게다가 앞 문장에 이어 카뮈는 "우리가 3세기 정도 지체된 민족과 나란히 살고 있다는 것, 그리고 우리가 이 놀라운 격차에 무감각한 유일한 민족이라는 것, 이것이 진실이다"라고 했다.

그래서인지 유호식도 가령 카뮈가 "인종적 편견이 식민자들이 피식민인들에게 강요하는 지배 이데올로기에 불과하다는 것을 분명히 밝히고 있지 않"(556)다고 지적한다. 그러나 두 사람은 근본적으로 다르다고 보아야 하지 않을까? 적어도 사이드는 카뮈를 자신과는 전혀 반대되는 오리엔탈리스트로 보았다. 더욱더 이해할 수 없는 것은 유호식이 카뮈의 식민지 과거 청산 부정에 대해 호의적으로 평가하는 부분이다. 식민지 침략 및 친일만이 아니라 독재 학살 정부까지 경험한 우리의 처지에서 본다면 참으로 이해하기 어렵다.

유호식에 의하면 카뮈는 '우리' 프랑스인이 '그들' 알제리인을 '판단'하고자 하면 그들은 '분노에 찬 가슴'으로 폭력을 행사하는 폭도가 되지만, '이해'하고자 하면 선량한 국민이 된다고 했다.(521) 그런데 카뮈가 말하는 그 '이해'라는 것은 '곡식' 제공을 비롯한 몇몇 조치다. 그렇다면 카뮈는 그런 조치를 알제리인을 '이해'하는 것으로 보았고 그런 조치를 하면 쉽게 화해가 돼 식민지문제가 모두 해결된다고 보았다는 것인가? 그렇게 곡식을 던져주는 것으로 백 년 이상의 식민지 착취가 화해로 끝나리라고 믿는 카뮈를 나는 도저히 이해할 수 없다. 이는 카뮈가 식민지 상황의 본질에 대해 전혀 이해하지 못했음을 뜻한다. 그 이유로는 그 자신 식민지배자의 체질로 굳어져 뒤에서 분석하는 『이방인』의 뫼르소처럼 식민지 침략에 대해서는 아무런 양심의 가책을 느끼지 않았기 때문으로 생각된다. 『이방인』에서 뫼르소가 아무런 이유도 없이 아랍인을 죽이는 묘사도 카뮈가 양심의 가책을 느끼지 못했던 점을 반영한 것은 아닐까? 그렇다면 『이방인』은 식민지 침략을 정당화하는 참으로 위험한 소설이다.

마찬가지로 카뮈는 알제리인의 폭력을 프랑스인의 폭력=고문과 같은 것으로 보고 비난한다. 이는 일제나 독재 권력의 고문과 그것에 저항하는 독립군 내지 시민의 공격을 모두 폭력이라고 비난하는 격이다. 그런데도 카뮈는 '이해'를 고집했고 유호식도 그런 카뮈의 태도를 긍정하는 듯하지만, 나로서는 도저히 이해할 수 없다. 또한 카뮈가 1944년 제2차 세계대전 직후에는 '판단'에 입각한 과거청산을 주장했다가 알제리 문제에서는 '이해'로 변한 것을 이중성이나 모순에 민감한 카뮈의 방법론에서 보면 당연한 것(532)이라고 하는데 나는 이를 신념과 무관한 변절 이상으로 보지 않는다. 카뮈식 주장대로라면 세상에는 어떤 변절도, 훼절도, 왜곡도, 모순도, 변질도 문제가 될 수 없지 않을까? 유호식은 이를 "선택을 거부하는 소극적 의미라고 폄훼"해서는 안 된다고 하면서 특별한 의미를 부여하나(533) 내가 보기에 이는 변절을 정당화하는 궤변에 불과하다. 위에서 본 사이드도 카뮈를 그렇게 보았다.

카뮈는 『알제리 연대기』 서문에서 알제리에도 프랑스 식민체제의 착취자가 있지만 그 수는 본국의 착취자보다는 적었고 식민체제로부터 이익을 받은 자들은 본국인이라고 했다. 나아가 프랑스 제국주의는 노동자와 알제리 선주민을 착취한 것처럼 알제리-프랑스인도 착취했다고 주장했다. 그래서 그는 본국인들이 문제시했던 알제리-프랑스인을 자신들의 양심적 가책에 의한 희생양으로 볼 필요는 없고, 본국인들이 속죄할 필요를 느낀다면 차라리 스스로 속죄하라고 충고했다. 나아가 선주민들에게 관용적이었던 알제리-프랑스인 지배자를 콜럼버스와 같은 야만적인 침략자로 보아서는 안 된다고 주장했다.(RRD 119)

그러나 이러한 카뮈의 주장에는 문제가 많다. 알제리 식민지의 본질은 본국과 알제리-프랑스인 중 누가 식민지

점령의 주체인지 수익자인지 따지자는 것이 아니었다. 점령은 더욱 거대한 부정의 체제의 일면에 불과했다. 따라서 개인적인 양심의 가책 차원에 그치는 것이 아니고 개인적인 속죄로 해결될 수 있는 문제도 아니었다. 더욱이 카뮈는 알제리-프랑스인을 착취자라기보다 피착취자라고 옹호했으나 그는 알제리-프랑스인이 식민지배 체제의 주도세력이었고 식민지배 체제에 내재한 부정의의 중요한 협력자였음을 간과했다.

특히 알제리-프랑스인 지배자의 '관용'이란 구체적으로 선주민의 봉건적 관습을 존중하여 알제리-프랑스인에 대한 법과 달리 이중적으로 지배한다는 것이었는데 이는 일제강점기의 소위 문화정책처럼 효율적 지배를 위한 속임수에 불과했다. 그것은 알제리-프랑스인에겐 시민생활과 경제생활의 모든 측면에서 자유와 특권을 인정한 반면 선주민에게는 그 모두를 금지하는 것으로 나타났다. 그들은 명목상 선주민의 전통과 역사를 존중한다고 주장했지만 실제로는 선주민 사회를 파괴한 것이었다. 도대체 '좋은' 식민지배자란 것이 본질적으로 가능한가?

이상 내가 말한 바는 굳이 방대한 관련 문헌을 인용하지 않아도 식민지문제에 대한 기본상식을 갖춘 사람이면 누구나 알 수 있을 것이다. 솔직히 말해『알제리 연대기』를 읽으면서 나는 마치 일제강점기에 일제의 조선 지배를 정당화하고 내선일체를 주장했으며, 대동아공영권이란 이름하에 제2차 전쟁을 야기하여 수십만 명 내지 수백만 명의 조선인을 학살하고 착취했으며, 해방 뒤에는 일본에 남은 조선인들에게 끝없이 귀화를 요구한 일본인의 글을 읽는 느낌이었다. 그런 일본인들의 요구에 부응하여 친일을 한 조선인 문인들의 글이 아니라 그것보다 더욱 노골적인 일본인의 글을 읽는 기분이었다.

한나 아렌트의 파농 비판

카뮈처럼 아렌트*도 나에게는 애증의 대상이다. 아나키스트 카뮈를 좋아하면서도 알제리 독립에 반대한 카뮈를 싫어한 나는, 내가 아나키스트로 재해석한 아렌트를 좋아하면서도 파농에 반대한 아렌트를 싫어했다. 파농에 대한 아렌트의 비판은 아렌트가 1969년에 쓴 『폭력에 관하여』에서 볼 수 있다.

파농의 책들은 1960년대 미국의 흑인 인권운동에 영향을 미쳤다. 흑인 인권운동에 적대적이었던 아렌트는 파농은 물론 제3세계에 대해서도 그것은 현실이 아니라 마르크스주의의 잔재 이데올로기라고 비난한다. 이유는 피지배자의 폭력도 지배자의 폭력과 마찬가지로 비윤리적이고 비효율적이라고 보았기 때문이다. 그래서 알제리 민족해방운동을 인간해방을 가로막는 광기의 산물이라고 비난한다. 나아가 역사상 노예반란 같은 피지배자의 폭력적 저항이 성공한 적은 거의 없었다고 했다.

그런데 아렌트는 파시즘이나 볼셰비즘과 달리 영국과 프랑스의 식민주의는 과도한 폭력을 억제하는 분별력이 있었다고 하면서 인도에서 간디가 비폭력주의로 성공했듯이 알제리에서도 비폭력주의로 성공할 수 있었던 것처럼 말한다. 이는 거꾸로 파시즘이나 나치즘하에서는 폭력적 저항이 불가결하다는 이야기가 된다.

아렌트는 간디의 비폭력저항이 영국이 아닌 스탈린의 러시아나 히틀러의 독일, 또는 2차 대전 이전의 일본에서였다면 탈식민화가 아니라 대량학살과 굴복이었을 것이라고 한다. 이런 주장은 비현실적인 가정법에 의한 것이기 때문에 그것의 옳고 그름을 논의하기 어렵지만 적어도 간디 자신은 히틀러 치하의 유대인들에게 자신이 인도에서 행한 것과 같은 비폭력저항을 권유했고, 실제로 유대인들이 그리 했더라면 어떤 결과가 나타났을지는 아무도 알 수 없다. 여하튼 파농을 비롯하여 1950년대 알제리 선주민들은 간디식 비폭력저항이 아니라 폭력투쟁을 선택하여 독립을 쟁취했다. 이에 대해서도 아렌트식 가정법으로 비폭력저항을 선택했어도 인도처럼 독립했으리라고 가정하기는 어렵다. 어쨌든 간디의 비폭력저항은 30년 이상 계속되어 독립을 쟁취했다. 그리고 그동안 간디에 의하지 않은 폭력투쟁도 있었다. 따라서 아렌트식의 단순논리로 폭력이냐 아니냐를 양단할 수는 없다.

이 책을 쓰는 이유

이 책은 살인자 뫼르소로 대표되는 프랑스, 무명의 피살자 아랍인으로 대표되는 알제리에 대한 책이자, 역시 그 각각을 대표하는 카뮈와 파농에 대한 책이다. 카뮈와 파농은 우리나라에서 유명하기 때문에 선택된 보기에 불과하다. 파농보다 더욱 유명한 카뮈에 대해 나는 크게 흥미를 갖지 않지만, 우리나라에서는 파농과 대립하는 인물로 살펴볼 만한 사람이 카뮈밖에 없으니 그를 선택하지 않을 수 없었다. 프랑스와 카뮈, 알제리와 파농이 각각 서양과 비서양을 대표하는 것은 아니지만 서양과 비서양을 비교해보는 논의의 소재로 역시 선택했다. 흔히 서양과 동양을 대응시켜 비교하지만 알제리는 동양이라고 하기 어렵다. 서양인은 알제리를 포함한 아랍권을 동양이라고 하지만 이는 우리의 일반적인 관점과는 다르다. 그래서 이 책에서는 서양을 제외한 나머지, 즉 아랍권은 물론 그 밖의 아시아, 아프리카, 남미 등을 모두 포함한 지역을 비서양이라고 칭한다. 서양이니 동양 또는 비서양이니 하는 말은 사실 정확한 말이 아니어서 사용하기 거북하지만 달리 사용할 적절한 말이 없으니 그대로 쓰도록 한다.

궁극적으로 이 책은 서양이 비서양을 침략하고 지배한 것을 비판한다. 서양은 '지리상의 발견'이라는 미명하에 15세기 말부터 지금까지 비서양을 침략하고 지배했다. 비서양은 그러한 서양에 대해 처음부터 반발했지만 그 위세가 워낙 강력했기에 결국 침략과 지배를 당했다. 그러나 그러한 침략의 역사는 15세기 이전부터 존재했다. 즉 그리스 로마 시대부터 존재했다. 흔히들 세계사에 등장하는 최초의 위대한 문명이라고 하는 그리스 로마 문명은 타국을 침략하고 지배하는 제국의 문명이었다. 그 문명을 대표한다는 그리스 로마의 신화나 사상과 예술은 그러한 침략 문명을 정당화한 것이었다.[1] 나는 이미 그런 문제점에 대해서는 어느 정도 설명했으므로 이 책에서는 그동안 충분히 설명하지 못한 로마 제국 문명부터 프랑스 공화주의의 모델로 설명하도록 한다. 프랑스 공화주의라는 것이 대단

---

1 박홍규, 『그리스 귀신 죽이기』 『소크라테스 다시 읽기』 『플라톤 다시 읽기』 『디오게네스와 아리스토텔레스』

히 역사적 의의가 있는 것으로 선전되어왔지만 그것은 어디까지나 프랑스 본국의 백인 프랑스인의 것이지 일제하의 한반도처럼 식민지였던 땅에 살던 비백인과는 아무런 관련이 없기 때문이다.

2장

카뮈와 파농의 고향
_알제리와 마르티니크

프랑스 제국 vs. 프랑스 식민지

카뮈와 파농의 조상은 어디서 왔을까?

우리가 읽는 모든 프랑스사에는 프랑스 식민지의 역사가 나오지 않는다. 2001년에 한국어판이 나온 콜린 존스의 『사진과 그림으로 보는 케임브리지 프랑스사』의 색인에도 알제리란 말조차 나오지 않는다. 따라서 알제리 역사를 따로 살펴보아야 하나, 우리나라에는 관련 문헌이 거의 없다. 이 점이 알제리에서 태어난 카뮈나 그곳에서 활동한 파농을 우리가 이해하는 데 첫 번째 장애 요소다. 누구도 알제리에 대해 잘 모르는데 그곳에서 태어나 자랐고 평생 그곳과 관련된 카뮈나 그곳에서 활동한 파농을 어떻게 제대로 이해하겠는가? 프랑스에 유학한 것만으로 충분하지 않다. 어느 외국인이 한국에는 전혀 와보지도 않고 한국에 대해서는 전혀 모르는 상태로 다만 일본에 유학하여,

일제강점기 조선에서 태어나 조선에서 살면서 조선을 배경으로 한 소설을 쓴 일본인 작가를 연구했다고 하면 과연 그것이 제대로 된 연구라고 할 수 있을까?

우리처럼 족보를 신주 모시듯 하지 않는 외국에서는 어떤 일가의 시조를 알 수 없다. 카뮈의 조상은 프랑스인이라는 것 외에 알려진 바 없다. 파농의 조상은 친가가 아프리카에서 마르티니크로 온 흑인 노예이고 외가가 프랑스인과 흑인의 혼혈이라는 것 외에 역시 알려진 바가 없다. 확인된 카뮈의 최고 조상인 카뮈의 증조부는 1809년 프랑스 보르도에서 태어나 젊은 시절에 알제리로 이주했다.(로트만 1 56) 증조부가 알제리로 이주했으리라고 짐작되는 1830년대에 프랑스의 알제리 정복이 시작됐다. 1815년 이후부터 프랑스는 새로운 세계 제국을 꿈꾸었고, 루이 필리프 1세(재위 1830~1848)는 그 재위 기간에 알제리만이 아니라 서아프리카와 마다가스카르, 그리고 남태평양을 식민지로 정복했다. 1830년부터 시작된 알제리 정복은 10만 명이 넘는 대군에 의해 이루어졌고 알제리 선주민들은 1857년까지 저항했으나, 결국 프랑스의 막강한 현대적 군사력에 항복할 수밖에 없었다.

우리도 그런 식민지 침략을 겪었다. 따라서 침략 당시

의 상황에 대해서는 잘 알지만, 그 이후 어떤 결과들이 나왔는지는 잘 모른다. 특히 우리나라에서는 침략 일본인이 2차 세계대전에 패배해 대부분 일본으로 돌아갔으므로 그들에 대해 정보가 별로 없다. 그러나 프랑스를 비롯하여 제2차 세계대전에서 승리한 나라들의 식민지는 사정이 다르다. 우리나라처럼 제2차 세계대전 직후 해방되지도 않았을 뿐 아니라 우리의 35년 강점보다 더욱 식민지 지배 기간이 길어 문제가 복잡했다. 또한, 우리처럼 식민지배를 받고 살면서 그 지배자인 제국과 수십 년에 걸친 국내 투쟁을 제대로 경험하지 못하고 외국에 의해 해방된 경우, 알제리를 비롯한 여러 나라의 참담한 식민지 투쟁사를 이해하기 쉽지 않다.

그동안 우리의 지극히 단순하고 사대주의적인 서양 인식이 그런 복잡한 문제를 정확하게 인식하는 것을 방해한 것도 사실이다. 예를 들어 1789년의 프랑스대혁명에 대한 평가가 그렇다. 프랑스대혁명이 현대 세계 민주주의의 시작이라고 하는 인식은 '프랑스=민주주의국가'라는 스테레오 타입 식의 사고로 굳어졌고, 대중은 프랑스에 식민지가 있었는지조차 의심하는 지경이 되었다. 게다가 톨레랑스니 문화국가니 예술의 나라니 하는 각종 고정관념이 프랑스의 무자비한 제국주의 침략사를 가려준다. 이에 대해서는 뒤에서 다시 말하도록 하고 여기서는 18~19세기 프랑스혁명은 '부르주아' 혁명이었고, 거기서 제외된 프롤레타리아인 노동자·농민들은 살길을 찾아 식민지로 향했으며, 카뮈의 선조도 그들 중 하나였다는 점만을 강조하도록 하자. 일제강점기에 조선에 건너온 일본인들이 대부분 그랬듯이 말이다.

프랑스 제국

오래전에 동료 교수들과 가진 술자리에서 카뮈의 고향이 알제리라고 했더니 놀라면서 파리라고 우기는 프랑스 유학파 교수와 가벼운 설전을 벌인 적이 있다. 그는 『이방인』이나 『페스트』의 배경도 파리라고 우겼다. 그래도 카뮈나 그의 두 작품을 아는 사람은 술자리에서 그뿐이었다. 물론 그는 파농에 대해서는 전혀 몰랐다. 지금도 대학에서 문학 계열 공부를 해야 카뮈를 알게 될 테지만, 파농에 대해서는 거의 모른다고 해도 과언이 아니다.

프랑스 박사인 교수는 프랑스에 식민지가 있었다는

것은 알고 있었지만, 나머지 교수들은 인권 국가인 프랑스가 식민지를 가졌다는 데 의아해했다. 프랑스 박사 교수는 대영제국과 쌍벽을 이룬 프랑스 제국에 대해 자랑스럽게 말하면서 프랑스혁명에서 인권선언이 나온 뒤로 식민지를 해방했다고 주장했다. 그러면서 캐나다와 루이지애나를 예로 들었다. 프랑스혁명 이후에 영국과 미국에 팔았다는 것이다.

우리가 읽을 수 있는 모든 프랑스 역사책에는 프랑스 식민지의 역사가 아예 나오지 않는다. 일본 역사책에 조선 식민지 역사가 나오지 않는 것과 같다. 이는 프랑스의 여러 식민지가 조선처럼 독립해서 더는 프랑스의 땅이 아니기 때문이다. 그러니 프랑스 사람들도 프랑스 식민지 역사를 잘 모른다. 한국인들이 모르는 건 어쩌면 당연할지도 모르겠다.

프랑스 공화주의-제국주의의 기원

프랑스 공화주의의 모델은 로마 공화정이었다. 로마는 야만인을 복종시키고 자신의 법과 행정 시스템, 그리고 기술의 진보를 세계에 초래했다. 키케로*는 로마인이 야만인, 즉 로마인이 아닌 모든 민족을 통치하는 것이 바로 그 모든 민족을 위한 것이므로 정당하다고 주장했다. 그는 모든 인간은 그 본성상 소수의 명령하는 사람과 다수의 봉사하는 사람으로 나누어지고, 소수 엘리트만이 전체 이익이 무엇인지를 알고 있으므로 그런 능력이 없는 다수 민중을 소수가 이끌어야 할 필요가 있다고 주장했다. 나아가 로마는 문명의 중심이며 그 문명을 밖으로 확대하는 것이 로마의 의무라고 주장했다. 즉 로마에는 국내 민중과 마찬가지로 전체 이익을 모르는 야만인을 문명화하고 그들을 변혁시킬 힘이 있다는 것이다.

한편 구체제로부터 제국의 통합에는 공통의 문화가 중요하다고 하는 콜베르의 주장을 받아들였다. 이는 국가의 일체성을 보여주는 유일한 지표는 영토나 부나 군사력이 아니라 문화라고 하는 칸트의 사상이기도 했다. 따라서 식민지 공화국에서도 문화가 중심이 되었다. 이는 정복을 정당화하고자 하는 '문명화의 사명'이라는 개념으로 나타났다. 그러나 디드로나 볼테르 같은 계몽주의자나 역사학자들은 고대 아테네나 로마가 도리어 식민지로부터의 영향에 의해 타락하여 결국은 멸망했다는 점을 경고했다. 이에 대해 공화주의자들은 우애와 같은 공화주의의 이상을 수출하여 본국과 식민지를 사랑으로 연결하고 그 식민지의 억압된 자들을 구제하여 자유와 평등을 부여한다면 그러한 위험을 피할 수 있다고 생각했다. 그리고 식민지를 구제하기 위해서는 식민지가 자신들의 야만 문화를 버리고 프랑스의 선진 문화를 받아들여야 한다고 여겼다.

이처럼 자유와 평등을 내용으로 한 본국 프랑스의 인권 보장을 약속하면서 현실적으로는 식민지에서의 계급적 복종을 요구한다는 이중기준은 식민지 사람들에게 식민지 권력에 대해서는 저항하면서 '인권국'인 프랑스 '본국'에 도움을 청하게 했다. 파농은 이를 모순이라고 비판하고 그런 사람들을 '소외'된 사람들이라고 비판했지만, 그들이 반드시 틀렸던 것은 아니었다. 그들은 본국 공화국의 원칙에 근거해 식민지 정부와 본국을 비판했고, 프랑스인 중에서 동지를 발견하기도 했기 때문이다. 물론 이를 파농처럼 너무 가혹하게 비판할 수는 없겠으나 그 의미는 식민지 독립투쟁사에서 그리 중요한 일이라고 보기 어렵다. 도리어 대부분의 피식민지 민중에게는 억압만이 존재했다. 따라서 그들에게 심어진 것은 약육강식이라는 정글의 법칙뿐이었다.

카뮈의 고향 알제리

알제리의 프랑스

앞에서 말했듯이 카뮈의 증조부는 포도주의 명산지 보르도 출신으로 그곳 포도주 공장의 노동자·농민이었다. 그런데 카뮈는 그의 조부모가 '독일인이라는 적들을 피하여 알제리에 정착하려고 도망쳐 나온 알자스' 출신이라고 말했다.(『최초의 인간』 85, 219) 카뮈가 왜 그렇게 말했는지 이유를 알 수 없는데 여하튼 그것은 근거 없는 창작에 불과하다.(로트만1 52)

알자스는 도데*의 소설 「마지막 수업」의 배경으로 프랑스와 독일의 영토 분쟁으로 유명한 곳이다. 그곳은 로마의 카이사르에 의한 정복 이래 로마 제국령, 그리고 프랑크 왕국령이었다가 10세기 이후 분쟁이 일어났으나, 17세기 이래 프랑스 영토가 됐다. 그러나 주민의 약 90퍼센트가 독일계로 독일어를 사용하고 독일식 풍습에 젖어 사실상 독일의 일부였고 인구의 10퍼센트 정도만이 프랑스계였다. 그 후 알자스 지방은 1870~1871년의 프랑스-프로이센 전쟁으로 독일에 병합됐다.

카뮈는 그의 조부모가 1870년대 초반, 알자스가 독일에 병합될 당시 알제리로 건너왔으리라고 믿었지만 이는 사실이 아니었다. 여하튼 그곳은 제1차 세계대전에서 독일이 패배함에 따라 다시 프랑스령으로, 그리고 제2차 세계대전 중에는 다시 독일이 점령했다가 독일이 2차 대전에 패함에 따라 다시 프랑스령이 되어 오늘에 이르고 있다.

카뮈는 "알제라는 고장도 언제나 아무런 이유 없이 공격적이고 잔인했던 그 적들로부터 빼앗아야 할 땅이었다. 언제나 시비 걸기를 좋아하고 냉혹한 그 사람들에 대해서 프랑스사람들은 스스로를 방어하지 않으면 안 됐다"라고 말했음을 앞에서 보았다.(『최초의 인간』 85-86) 이는 알제리의 선주민인 베르베르족에 대한 프랑스인 특유의 인종적 편견을 유감없이 보여준다. 자기 나라를 지키기 위해 오랫동안 프랑스 침략군과 치열하게 싸운 베르베르족을 카뮈는 '이유 없이 공격적이고 잔인하며 냉혹했'다고 보았기 때문이다.

카뮈의 할아버지는 카뮈의 아버지가 한 살이었던 1886년에 죽었다. 적어도 당시에는 베르베르족의 독립운동이 거의 끝날 무렵이었으므로 알제리 선주민에 의해 죽임을 당한 것은 아니었고 노동에 지쳐 젊은 나이에 죽은 것으로 짐작된다. 그 뒤 카뮈 아버지는 보육원에서 자랐고, 알제리와 튀니지 국경 지역의 포도밭 노동자로 일했다. 포도밭은 커피처럼 프랑스에 의해 알제리에 강요된 식민지 산업이었다. 즉 아프리카인들이 커피나 포도를 본래부터 재배한 것이 아니라, 식민자인 프랑스인이나 영국인들이 자기들이 좋아하는 기호품인 포도주를 만들기 위해 아프리카에서 강제로 재배하게 한 것이었다.

프랑스인들이 포도주를 즐겨 마셨음은 코냑 카뮈를 비롯한 프랑스의 고급 포도주가 한국에서도 널리 팔리고 있음을 보면 쉽게 알 수 있다. 프랑스가 알제리를 점령한 19세기 후반 프랑스에서는 해충이 만연하여 포도주 산업이 위기에 처했는데 이 때문에 프랑스인들은 알제리를 새로운 포도 재배지로 삼았다. 그 결과 20세기에 들어 알제리의 포도 산업은 지중해 지역에서 최고의 생산량을 자랑하게 되었다. 지금 우리는 프랑스 땅에서 재배한 포도로 만든 프랑스산 포도주를 마시지만, 당시 프랑스인 상당수

시내를 가로지르고 있는 베르베르 가족 풍경(알제리)

는 알제리산 포도로 만든 포도주를 많이 마셨으리라. 혹시 그것이 일제강점기 우리나라에도 수입되어 잘사는 사람들은 이미 그때부터 열심히 마셨는지도 모른다.

1956년 초 사르트르*는 알제리에 있는 프랑스인 소유지가 1850년에 11만 헥타르였으나, 1900년에는 160만 헥타르, 1950년에는 270만 헥타르, 1956년에는 700만 헥타르를 넘어 알제리 영토 전체의 3분의 2에 이르렀다고 고발했다.(코엔-솔랄 하 36, 재인용) 1930년대 포도 재배지는 식민지 소유지의 10분의 1에 이르렀는데, 그것도 가장 비옥한 토지였다. 무슬림이 포도주를 마시지 않는다는 것을 고려하면 본래 그 땅은 곡식을 재배하는 땅이었으리라. 식민자는 땅만 뺏은 것이 아니라 곡식까지 심지 못하게 한 것이다. 그래서 선주민 무슬림에게 그 땅은 완전히 비생산적이고 무의미한 땅이 되어버렸다.

1870년대 알제리에 사는 프랑스인 수는 이미 20만 명을 넘었고, 카뮈가 태어난 1913년에는 75만 명을 넘었다. 그들은 프랑스 정부로부터 자치권을 얻어 프랑스인만으로 구성된 의회와 행정기구를 정비했다. 그러나 일제처럼 '내선일체'를 표방했음에도 불구하고, 남아프리카의 아파르트헤이트처럼 알제리 프랑스인보다 그 수가 7~8배가 많은 아랍인에게는 시민권이 부여되지 않았고, 거주 지역도 구별됐다. 반면 역시 일제처럼 아랍인에게는 병역과 납세의 의무를 부과했다. 특히 제1차 세계대전 때는 수많은 아랍인이 전사했다. 카뮈가 태어난 1913년은 바로 그 전쟁이 터지기 1년 전이었다.

알제리의 역사

여기서 우리는 알제리의 역사에 대해 잠시, 그 최소한 만이라도 살펴볼 필요가 있다. 우리나라에 번역된 카뮈나 파농의 전기에서는 이 점을 전혀 언급하지 않지만, 이는 알제리를 잘 아는 프랑스인이나 유럽인에게는 몰라도 알제리에 대해 전혀 모를 수밖에 없는 대부분의 우리 독자들에게는 불친절한 것일 수 있기 때문이다. 아니 프랑스인이나 유럽인은 카뮈를 결코 알제리인으로 생각하지 않기 때문에 아예 알제리를 설명하지 않는 것일지도 모른다. 그러나 카뮈는 알제리를 빼고서 절대 제대로 이해될 수 없다. 알제리야말로 그의 삶에 가장 중요한 요소이기 때문이다.

알제리의 현재 정식 국명은 '알제리 민주인민공화국'이다. 면적은 238만 제곱킬로미터로서 한반도의 20배가 넘고 남한보다는 40배 이상에 이르나, 인구는 2천만 명을 조금 넘어 남한의 반도 안 된다. 그러나 내륙은 대부분 사하라 사막이어서 사람들은 북쪽 해안가에 모여 산다. 수도 알제는 지중해에 면한 바닷가에 있고, 인구는 서울의 5분의 1도 안 되는 2백만 명 정도다. 그러나 아프리카에서는 대단히 크고 현대적인 도시 중의 하나다.

1954년부터 시작된 알제리 해방투쟁은 쿠바, 베트남과 더불어 20세기 후반 민족해방투쟁의 거대한 발자취였다. 쿠바에서는 17~19세기에 흑인들이 여러 차례 해방투쟁을 일으켰으나 스페인의 가혹한 탄압으로 끝을 맺었고, 19세기 말에 미국과 스페인 사이의 전쟁으로 쿠바는 미군정의 지배를 받았다. 한편 프랑스는 1858년부터 베트남을 침략하여 1884년부터 제2차 세계대전이 끝날 때까지 식민지로 지배했다. 그러나 1882년부터 이미 독립운동이 시작되어 1946년부터 1954년까지의 제1차 인도차이나 전쟁에서 베트남이 승리하여 독립을 이루었다. 인도차이나 전쟁은 알제리의 독립운동을 크게 자극했다.

알제리의 선주민인 베르베르족은 대단히 용감한 민족으로 찬란한 역사를 가졌다. 기원전 2세기에 침입자인 카르타고를 격퇴하여 최초의 통일국가를 세웠기 때문이다. 그러나 곧 다시 로마의 지배를 받았고 7세기에 와서는 아랍인의 지배를 받았으며, 16세기 이래 다시 터키인의 지배를 받았다. 그리고 1830년에 프랑스가 침략했다. 터키는 곧 프랑스에 항복하여 알제리는 1834년 프랑스 영토로 선언됐으나, 선주민은 1871년까지 프랑스와 싸웠다.

앞서 보았듯이 식민지화는 토지 침탈의 역사이기도

했다. 1850년에 11만 헥타르 정도였던 식민자 소유지는 1세기 후 그 100배로 늘었다. 반면 알제리 농민이 소유한 국토의 3분의 1은 대부분 황무지였다. 1940년의 경우 반 이상의 농가가 토지를 갖지 못했고, 농민의 칼로리 섭취량은 유럽인의 3분의 1에도 미치지 못했다. 그야말로 빈곤의 극치였다.

식민지화는 무슬림에 대한 인종차별의 역사이기도 하다. 이른바 프랑스식 동화정책에 의해 중앙 정부가 지사를 임명하여 본국 의회에 3명의 대표를 보냈으나 그것은 식민자를 위한 형식적인 것에 불과했고 대부분의 무슬림을 소외시킨 것이었다. 1865년 법은 무슬림에게도 프랑스 국적을 부여했으나, 역시 실질적으로 동등한 시민권은 부여되지 않았다. 행정관에게 사법권을 부여한 1881년 법과 1898년의 재정심의회 설치는 아예 차별을 공공연히 법적으로 고착했다. 실질적인 평등을 부여했다고 한 1947년의 법도 소수의 아랍인에게만 적용됐고 일반의 아랍인은 제외됐다.

마지막으로 식민지화는 문화 강제의 역사였음을 주의할 필요가 있다. 1850년경 프랑스 교육제도가 강제된 이래 1세기 동안 아랍어 교육은 금지됐다. 1938년 아랍어는 외국어로 인정되었는데, 그것이 프랑스어와 함께 공용어로 인정받은 것은 1947년 이후였다. 그마저도 초·중등학교에서는 일주일에 두 시간만 가르칠 수 있었다. 당시 초등학교 취학률이 15퍼센트가량이었음을 감안하면 너무도 제한적이다.

알제리에서는 19세기 말부터 약간의 반란이 이어지다가 제1차 세계대전 후 조직적인 정치투쟁이 시작됐고, 1945년 4만여 명이 죽은 대학살을 계기로 민족운동은 더욱더 적극적으로 변했다. 이어 1954년에 민족해방전쟁이 터져 1962년에 끝났는데, 그 2년 전인 1960년에 카뮈는 죽었다. 즉 유럽 제국 간의 전쟁이었던 제1차 세계대전 직전에 태어나 그 제국의 마지막 식민지인 알제리의 민족해방 2년 전에 죽은 것이다. 따라서 그의 생애는 제국주의 식민지와 떼려야 뗄 수 없으나, 1940년부터 알제리를 떠나 있었다. 반면 파농은 전쟁이 터지기 1년 전인 1953년에 알제리에 와서 전쟁이 끝나기 1년 전인 1961년에 죽었다. 그러니 전쟁 동안 프랑스에 있었던 카뮈와 달리 파농은 알제리에 있었다.

알제리와 조선

카뮈의 전기에서 그동안 무시되어온 알제리 이야기를 상세히 밝히는 것을 언짢아할 카뮈 독자들도 있겠지만, 내친김에 일제강점기 조선과의 비교까지 간단히 짚고 싶다. 우리의 과거조차 모르고 이 책이나 카뮈나 파농의 책들을 읽어서는 안 된다고 생각하기 때문이다. 특히 알제리와 조선은 식민지로서 유사한 경험을 공유하지 않는가?

알제리에 대한 프랑스의 식민정책과 조선에 대한 일제의 식민정책이 유사하다는 논의는 일본에서 식민지 시대부터 제기되었다. 나는 평소에도 일제강점기 연구에 있어서 세계사적인 시야가 부족하다고 생각해왔지만 유감스럽게도 그 점은 여전히 중시되지 않는 모양이다. 특히 일본 식민지 정책이란 게 서양을 모방한 것인데도 세계사나 여러 학문 분야에서는 여전히 예찬하고 있다. 예를 들면, 우리나라 불문학계의 친프랑스 현상이 하나의 보기이다. '우리 불문학'이라면 도리어 우리 역사나 현실과 비교하여 프랑스에 비판적이어야 하지 않을까?

일제가 조선을 침략하면서 특히 프랑스의 알제리 침략을 주목한 이유는, 본국과 식민지가 지리적으로 가깝고, 소위 '내지연장주의'로서 본국 중심의 일체적 블록경제를 만들었으며, 나아가 군사적·정치적 지배의 면에서도 지리적 블록을 형성했고, 무엇보다도 언어, 특히 언어교육을 통한 '동화정책'을 실시했다는 점 등에서 유사점을 발견했기 때문이었다.

여기서 우리는 이미 충분히 공지된 일제의 경제·정치·군사의 침략사를 되풀이하여 언급할 필요는 없을 것이다. 일제의 동화정책이라고 하는 것이 사실은 엄청난 차별정책이었다고 하는 점도 이미 충분히 알려진 터다. 그들은 일본인과 동등한 정치적·사회적 권리를 조선인에게 전혀 인정하지 않았고, 도리어 모든 정치적·사회적 권리를 박탈하여 종속적인 지위에 놓았다.

여기서는 그동안 별로 중시되지 않았던 언어 문제만을 검토해보자. 1911년 일제의 조선교육령에는 '국어'와 함께 '조선어 및 한문'이라는 과목이 있었다. 전자는 물론 일본어였고, 후자는 사실상 한문 해석을 위한 보조 수단으로 조선어를 가르친 것이었으며, 또한 후자의 교육은 언제나 전자를 강화하기 위한 것이었다. 그러나 그로부터 10년이 지난 1921년, 조선총독부는 조선인 대부분이 일본어를 모른다고 보고했다.

1919년의 3·1독립운동 이후 소위 '무단통치'로부터 '문화통치'로 바뀌면서 개정된 1922년의 제2차 조선교육령은 '조선어'를 독립시켰으나, 그것도 일본어인 '국어'의 교육을 더욱 강화하기 위한 것에 불과했고, 그 후 '내지인'은 '국어 상용자', '조선인'은 '국어 비상용자'로 구분돼 조선인 독자의 민족성은 완전히 부정됐다.

이어 1938년의 제3차 조선교육령에서는 '조선어' 과목이 정규 과목이 아니게 됐고 실제로는 그 수업 자체가 폐지됐다. 이는 1936년에 시작된 소위 '내선일체' 정책의 일부로서 후자는 1938년의 육군 특별 지원병제, 1940년의 창씨개명으로 이어졌다. 언어 동화, 군사 동화, 이름 동화로 이어지는 프랑스의 알제리 지배는 기가 막히게도 일제에 의해 조선 땅에서 고스란히 반복되었다. 그리고 그런 식민지 정책의 뿌리가 아직도 깊다고 나는 본다. 우리 불문학을 비롯한 프랑스에 대한 이해 태도는 그 하나의 증거에 불과하다. 우리는 그 점을 염두에 두고 카뮈의 출생을, 나아가 그 생애를 이해해야 한다. 특히 그런 언어 사정은 카뮈의 교육을 이해하는 데 필수적이다.

파농의 고향 마르티니크

마르티니크

파농의 이야기는 작은 섬에서 시작된다. 파농은 1925년 7월 20일, 동부 카리브해의 프랑스 식민지인 작은 섬, 마르티니크섬에서 태어나 자랐다. 그는 그곳의 에메랄드 바다와 끝없이 펼쳐진 흰 모래밭, 계절의 구분도 없이 빛나는 태양과 열대식물을 평생 사랑했다. 그 점에서 그는 카뮈와 같았다.

마르티니크섬은 미국 땅 플로리다의 밑, 서인도제도의 쿠바, 그 밑에 자메이카, 쿠바 옆의 아이티와 도미니카가 함께 있는 섬, 그다음으로 큰 푸에르토리코의 한참 아래에 있는 섬이다. 쿠바 등의 큰 섬들을 지도에서는 '대 앙티유(Greater Antilles)'라고 한다. 우리는 고갱이 아이티에서 그림을 그렸다는 것은 알고 있다.

한편 파농이 태어난 마르티니크가 포함된 작은 섬들을 '소 앙티유(Lesser Antilles)'라고 한다. 작은 섬들인 만큼 경제적 가치도 군사적 의미도 없어 사실 버려진 땅이었다. 조선 시대 제주도처럼 유배지로나 갈 만한 곳이었다. 그러나 마르티니크는 제주도 반 정도의 크기이니 우리 식으로 말하면 결코 작은 섬이라고는 할 수 없다.

우리는 섬이 아니라 세계에서 가장 큰 대륙의 한쪽 끝 반도에 살고 있다. 반도란 대륙도 아니고 섬도 아닌 그 중간쯤인가? 반도에서 살기에 어떻다는 둥 하는 이야기가 있었다. 그래서 사대주의에 빠진다는 둥의 비난, 반대로 이탈리아처럼 대제국도 될 수 있다는 둥의 자위 등등이다.

비슷하게 우리는 일본을 섬나라 근성 운운하며 비난하기도 한다. 그러나 일본은 한때 같은 섬나라인 영국처럼 대제국이었다. 반대로 대륙성이니 대륙기질 운운하는 이야기도 있다. 중국인은 대륙인이어서 통이 크다는 식이다. 그러나 과연 그런가?

이 모든 이야기는 그야말로 유치한 지리적 결정론이라고 할 수 있다. 고립은 땅의 모양이 아니라 사람에 의해 결정된다. 생각해보라. 지난 수십 년간 우리야말로 섬처럼 고립되어 살았던 것이 아닌가? 북한은 우리보다 더욱더 고

노르웨이해

아이슬란드

스웨덴
핀란드
노르웨이

덴마크

아일랜드 영국
독일 폴란드 벨라루스
우크라이나
프랑스 오스트리아
루마니아
이탈리아
스페인 그리스
포르투갈 터키
지중해
튀니지
모로코
알제리 리비아 이집트
서사하라
모리타니 말리
수단
부르키나 파소 차드
기니 나이지리아
가나 남수단
기니 만 케냐
가봉 콩고

립되어 있지 않은가?

구소련을 비롯한 사회주의 국가들도 마찬가지다. 세계에서 가장 큰 나라였던 구소련은 고립화로 인해 결국 망한 것이 아닐까? "고립성이란 지리적인 문제가 아니라 인간 행위의 결과에 불과하다"는 루시앙 페브르*의 말은 진실이 아닐까?

섬은 바다에 의해 포위된 포로와 같은 상태로 존재한다. 역사적으로 그것은 영원히 고립된 포로와 같을 수도 있다. 동시에 그 반대로 바다를 통해 수많은 다양성이 그 섬에 이를 수도 있다. 덕분에 인구도, 지리도, 경제도 절대 단일하지 않은 다양성을 지닐 수가 있다. 그래서 거대한 대륙 제국의 미니어처 같은 모습을 띨 수도 있다.

마르티니크섬은 항해기술 진보의 측면에서 보아도 스스로 고립되었다든가 고립당했다고 말할 수 없다. 그 섬은 전략적 위치와 경제적 잠재성에 의해 결코 고립된 지역이 아니었다. 마찬가지로 16~17세기의 카리브해 지역을 아프리카 노동력의 수급지로서만 받아들인 제국주의를 탄생시킨, 유럽의 민족적·사회적·경제적 연장 또는 분기로만 인식해서도 안 된다.

지금 마르티니크는 인구가 40만 명도 안 되나 인구 밀도는 300명 정도로 매우 높다. 갈 데 올 데 없는 가난한 사람들이 밀집하여 살고 있는 것이다. 본래 빈곤한 곳이었고 지금도 여전히 크게 부유하지 못하다. 그러나 근대를 상징하는 설탕은 한때 매우 중요한 산업이었다. 사탕수수 재배와 제당 가공업이 산업의 주를 이루고, 설탕과 바나나가 수출의 대부분을 차지했다.

이곳은 한때 전략적 요충지였다. 물론 그 모든 것은 근대 유럽의 제국주의, 그리고 현대 미국의 제국주의와 깊은 관련이 있다. 그런 이유로 마르티니크는 비록 섬이었으나 옛날부터 고립된 곳은 아니었다고 말하는 것이다. 도리어 섬이었기 때문에 역설적으로 외부를 향해 열린 공간이었고, 다양한 문화가 복합적으로 존재할 수 있었다.

서양이 침략하기 전, 마르티니크에는 여러 민족이 파도처럼 넘나들었다. 당연히 끝없는 인구 이동이 이루어졌고, 그 결과 다양한 문화가 혼재된 사회, 곧 복수문화의 사회가 형성되었다. 처음에는 대체로 우리와 비슷하게 생긴 아메리카 인디언이 주류를 이루었으나, 이어 백인이 찾아왔다. 그것도 영국·프랑스·스페인 등등 이른바 제국을 형성했던 모든 나라에서 다녀갔다. 마지막에는 백인에 의해 노예로 끌려온 흑인이 주류를 이루었다.

파농은 생김새로는 흑인의 몸으로 태어났지만, 사실 그 조상의 피도 복잡했다. 곧 겉모양은 흑인이었으나 그의 몸과 마음에는 그 수천 년에 형성된 복잡한 역사와 문화가 혼재했다는 점에서 혼혈아였다.

마르티니크의 역사

마르티니크섬은 콜럼버스에 의해 처음으로 서양에 알려졌다. 즉 1493년의 제2항해 시에 '발견'되었고, 마지막 항해였던 1502년의 제4항해 시 콜럼버스는 그곳에 상륙했다. 당시 선주민들이 그곳을 '꽃의 섬'이라는 뜻의 마디아나 또는 마치니노라고 부른 것이 섬 이름의 기원이다. 그러나 그곳에는 항해의 최대 목적인 금과 은이 없었기에 그곳을 포함한 카리브해는 적어도 1세기 이상 침략자들의 마수를 피할 수 있었다.

'꽃의 섬'이 '피의 섬'으로 바뀐 것은 서양의 근대가 시작된다는 17세기의 루이 14세에 와서다. 그가 살았던 기하학적 정원이 있는 베르사유 궁전과 그것을 이론화한 데카르트의 소위 합리주의가 판을 치는 부르주아의 시대였다.

이처럼 서양의 근대란 동시에 제국주의의 영토 확장의 시기이기도 했다.

이미 카리브해역을 차지한 스페인을 영국·프랑스·네덜란드가 뒤쫓았다. 1635년 프랑스의 지배를 받고 있던 세인트키츠섬에 거주하고 있던 프랑스 군대가 마르티니크를 점령하고 선주민인 카리브족을 학살했다. 1658년에는 마르티니크의 선주민들이 프랑스의 지배에 저항하는 봉기를 일으켰지만 진압되었고 선주민들은 학살당했다. 선주민을 무력으로 제압한 프랑스 식민자들은 선주민이 야만의 식인종이라고 주장했으나, 이는 정복자가 정복을 합리화하기 위해 꾸며낸 이야기에 불과했다.

그 후 식민지 마르티니크는 사탕수수로 번영했다. 그리고 그것을 재배할 노동력 확보를 위해 아프리카에서 흑인 노예들이 끌려왔다. 1776년의 인구는 지배층인 백인이 약 1만 명, 혼혈인 물라토(mulatto)가 약 3천 명, 그리고 노예인 흑인이 약 7만 명이었다. 혼혈인을 중심으로 백인에 대한 저항이 시작되었고, 특히 프랑스대혁명 발발 직후인 1791년 산 도밍고의 반란이 터져 1804년 세계 최초의 흑인 독립국인 아이티공화국이 수립되었다. 그리고 프랑스에서는 1794년 노예폐지선언을 채택했다.

그러나 마르티니크섬에서는 그 선언이 무의미했다. 프랑스대혁명의 소식이 전해지자 마르티니크섬에서도 왕당파와 공화파가 대결했으나, 전자가 영국군을 끌어들여 1794년부터 8년간 영국의 지배하에 놓였기 때문이다. 1802년 섬은 프랑스에 반납되었으나, 당시 프랑스를 지배한 나폴레옹은 첫 아내인 조세핀이 그곳 대농장주의 딸이었던 탓으로 카리브해에 노예제를 부활시켰다.

1848년 프랑스 2월혁명에 의해 마르티니크의 노예들이 해방되어 7만여 명이 프랑스 시민이 되었다. 그 후 노예들이 떠난 사탕수수 농장에 인도와 중국 등 아시아로부터 새로운 노동력이 유입되었다. 세월이 흐름에 따라 인종적·문화적 혼재, 즉 혼혈화는 아무리 금지해도 현실적으로 어쩔 수 없는 일이 되어버렸다. 이 역사적 과정을 크레올화라고 하며, 이렇게 형성된 문화를 크레올 문화라고 한다.

크레올

크레올(Créole)이란 말은 다양한 뜻을 갖는다. 프랑스에서는 카리브해로 둘러싸인 앙티유의 두 섬인 마르티니크와 과들루프, 그리고 남미대륙 북쪽의 프랑스령 기아나를 가리킨다. 또는 인도양 마다가스카르의 레유니온 여러 섬까지 포함하여 말하기도 한다. 말하자면 프랑스 식민지였던 열대 지방 섬들로서, 지금도 프랑스의 해외영토(Overseas France)인 덤-텀(DOM-TOM; Département d'outre-mer, Territoires d'outre-mer)을 말한다.

그러나 크레올이란 말은 본래 '식민지에서 태어난 백인'을 뜻했다. 즉 프랑스에서 식민지로 건너간 백인들이 식민지에서 낳은 아이들을 본국 태생 프랑스인과 구별하기 위하여 그렇게 불렀다. 하지만 프랑스에서 처음 사용된 것이 아니라 스페인어나 포르투갈어에서 비롯되었다. 따라서 약간씩 발음이 달라도 크레올이란 말은 아메리카 대륙에서 식민을 하는 과정에서 생겼다는 공통성을 갖는다.

그 후 흑인들이 아프리카에서 노예로 팔려와 자식을 낳자 그 자식을 다시 아프리카에서 끌려오는 노예와 구별하기 위해 크레올로 불렀다. 더 나아가 흑인 노예와 백인 지배자 사이의 소통을 위해 생겨난 말을 크레올이라고 부르기도 했다. 즉 식민지에서 태어난 사람·물건·언어·문화 등의 생활세계를 모두 크레올이라고 부른 것이다.

그러나 모든 식민지에서 이 말이 사용되지 않고 카리

브해 지역에서 특히 사용된 이유는 식민지경영의 특수성에 기인한다. 위에서 보았듯이 이 지역은 콜럼버스가 도달한 최초의 지역이었다. 콜럼버스는 인도에 가고자 했고 카리브해 섬들을 인도라고 생각하여 '서인도제도'라고 불렀다. 바로 지금의 대 앙티유섬들이다.

유럽은 앙티유섬들의 선주민을 급격히 소멸시키고 '신세계'를 세웠다. 그 소멸은 정복의 폭력만이 아니라 유럽인이 가져온 천연두나 콜레라와 같은 질병과 알코올에 의한 것이기도 했다. 16세기 초엽 스페인 사람들이 신대륙에서 저지른 학살을 고발한 라스 카사스* 신부의 보고에 의하면 아이티섬에서 콜럼버스 도착 이래 40년간 4백만 명의 인구가 4천 명까지 격감했다. 그러나 현재의 연구에 의하면 원래 인구는 7백만 명이었다고 한다. 반면 대륙에서는 국가는 소멸해도 사람은 살아남았다. 물론 그 후손은 유럽인의 피도 섞였으나 섬에서처럼 전멸당하지는 않았다. 그러나 마르티니크를 비롯한 섬에서는 새로운 사람, 새로운 문화, 새로운 세계가 형성되었다. 바로 크레올이었다.

이 새로운 식민지에 새로운 언어도 형성되었다. 아프리카에서 끌려온 흑인들은 식민자의 언어를 이해하지 못했다. 흑인들은 서아프리카 여러 지역에서 잡혀 팔려왔기 때문에 그들 사이에도 공통의 언어가 없었다. 그러나 그들은 같은 농장에서 일하고 함께 살아야 했기에 노동과 생활에 필요한 최소한의 공용어가 생겨났다. 그 경우 당연히 막강한 권력을 갖는 식민자의 명령 언어가 중심이 될 수밖에 없으므로 프랑스 어휘를 중심으로 간략화된 문법구조의 언어가 나타난다. 요즘 유행하는 퓨전이라는 말이 이런 언어를 가리키는 데에도 사용된다.

이렇게 만들어진 말들은 농장에서 노동하는 부모 세대만이 아니라 자녀 세대도 당연히 사용하였다. 당시 노예는 가정을 갖는 권리를 갖지 못하였기에 자녀들은 농장에서 공동으로 양육되었고, 따라서 태어나자마자 그 말을 익혀야 했다.

그러나 그런 언어가 인간의 모든 생활을 표현할 수는 없었다. 자연스레 새로운 어휘가 추가되었고 언어는 사회적 소통을 위한 약속이라는 규범적 성격도 갖게 되었다. 이때 그 최초의 전개는 주로 누군가가 죽으면 사람들이 모여 밤을 새우며 각자의 경험과 기억, 감정 들을 전하는 언어로서 나타났다. 그렇게 하여 형성된 언어를 크레올이라고 한다.

크레올은 다양하다. 즉 식민지에 따라 각국어를 토대

로 하는 각종의 크레올이 있다. 영어계, 프랑스어계, 스페인어계 등등의 각종 크레올이다. 모두 유럽어이므로 공통된 어휘가 많으나 다른 경우도 많다. 특이한 점은 문법구조가 유사하다는 것이다. 이런 이유로 크레올은 종종 인간의 언어형성 능력에 관한 흥미로운 연구 소재가 되기도 한다. 그러나 크레올은 결코 행정 언어가 아니었다. 즉 식민자의 언어는 어디까지나 각 유럽어였다. 따라서 식민지 사회는 이중언어사회였다.

19세기 후반 노예제가 폐지된 것은 이 사회에서 가장 큰 역사적 사건이었고, 그것은 다시 아시아계 빈민의 유입을 초래했다. 이로써 크레올 세계는 더욱 복잡하게 되었고, 크레올 민화는 세계 모든 민족의 이야기로 형성되었다. 조그만 섬들에 전 세계의 민담이 모여 거대한 문화의 모자이크가 구현된 것이다. 크레올의 구성요소를 유럽이나 아프리카로 한정할 수 없는 이유다. 그러나 이때 하나의 지역에 포괄되는 각 섬이 통일된 크레올을 형성한 것은 아니다. 예컨대 푸에르토리코는 스페인-미국계, 도미니카는 영국계, 마르티니크는 프랑스계 등등 서로 다른 역사적 토대에 따라 각각 분단되었다.

크레올은 유럽 문명의 역사적 폭력이 만든 것이라고

할 수 있다. 각 민족에게 주어진 자연환경 속에서 사람들이 그 조건에 따라 살아가며 서서히 형성한 것이 아니라, 처음부터 제국주의의 침략 사업의 하나로서 유럽인 식민자의 부를 생산하기 위해 인공적으로 조직된 공장으로서 형성되었기 때문이다.

3장

카뮈와 파농의 성장
_노동자의 아들들

카뮈의 성장

카뮈의 부모, 카뮈의 가난

카뮈의 아버지는 1910년 스페인계 하녀와 결혼했다. 각각 29세, 18세였다. 결혼 3개월 만에 장남이 태어났다. 알베르 카뮈는 그들의 차남으로 1913년 11월 7일 알제리 내륙의 몬도비에서 태어났다. 카뮈는 『최초의 인간』 1부 1장에서 자신이 태어나기 직전 부모가 알제를 떠나 국경지대의 농장으로 가면서 겪은 고통스러운 여행 경험과 출산에 대해 매우 상세하게 묘사했다. 그리고 2장에서는 그 후 34년이 지나 아버지의 묘지를 찾는 자신을 그렸다. 묘지를 찾을 때는 아무런 감정이 없었으나, 아버지의 묘비에서 그가 29세에 죽었다는 사실을 확인하자 "기막힌 연민의 감정"을 느끼고 그 속에서 몸부림친다.(『최초의 인간』 37) 카뮈가 태어난 이듬해인 1914년 제1차 세계대전이 터졌고, 징

집당한 아버지는 곧 전사해 카뮈가 40년 만에 찾은 그 무덤에 묻혔다.

카뮈의 아버지와 달리 그의 어머니는 오래 살았다. 우리 모두에게 어머니는 소중하지만, 카뮈는 특히 어머니에 대해 끔찍한 애정을 가졌다. 알제리 독립을 반대한 이유는 어머니가 그곳에 살고 있기 때문이라고 공공연히 말했을 정도였다. 독립전쟁이 벌어지는 혼란에도 불구하고 어머니를 파리로 모시지 않은(노벨상도 받았으니 돈이 없지도 않았겠다) 이유를 알 수 없지만, 교만한 대영제국주의자처럼 말하자면 알제리를 어머니와 바꿀 수 없다는 식이었다. 어머니는 본래 귀가 어두웠으나, 아버지의 죽음으로 충격을 받아 말하기도 힘들어져 거의 침묵 속에서 평생을 살았다. 읽지도 쓰지도 못했다. 그랬기에 더욱 사랑했으리라. 그러나 당시 여자들의 5분의 1이 문맹이었으니 그것이 특이한 점도 아니었다. 과부가 된 그녀는 카뮈 형제를 데리고 알제의 할머니 집에서 살면서 농가의 가정부 등으로 일했다. 전사한 남편으로 인해 정부로부터 연금이 지급됐으나 충분하지 못했다. 카뮈는 평생 자신이 가난하게 자란 점을 강조했다. 특히 공산주의를 비난할 때 가난을 경험하지 못하고 공산주의를 떠드는 자들이라고 비난했다. 카뮈는 가난을 힘든 노동, 극도의 절약, 생존을 위한 생활이 낳는 윤리 의식으로 긍정적으로 보고 자기 사상의 중요한 부분으로 삼았다. 그러나 카뮈의 집안은 당시 알제리 수준에서는 중류 정도라고 할 만했다.

식민지의 피식민지 선주민들은 그렇게 '긍정'될 수 없을 정도로 더욱 비참했다. 그렇다고 해서 카뮈의 가난 찬미를 부정적으로 볼 필요는 없겠으나, 적어도 카뮈의 가난은 식민지 선주민 일반의 상황보다는 나은 것이었다. 그렇지만 카뮈가 경험한 가난은 식민지의 독립을 부정하게 만드는 근본 요인으로 작용했다. 즉 식민지에서는 알제리 선주민과 같이 프랑스 이주민도 모두 가난한 노동자였기에 결코 독립에 의해 추방되어서는 안 되고, 함께 살아야 한다고 생각한 것이다.

초중등학교의 모범 학생

카프카, 사르트르, 오웰을 비롯한 여러 20세기 지식인들이 부모와 가정에 대한 비판으로 시작하여 학교에 대한 비판으로 나아가는 점은 카뮈의 경우 가정은 물론 학교의 경우에서도 다르게 나타난다. 이는 기독교라는 종교가 유럽 대륙에서는 가정과 학교를 통해 이데올로기적인 억압의 체제로 작용한 반면 식민지의 카뮈에게는 거의 작용하지 않은 점과도 관련된다. 구성원 대부분이 이슬람교를 믿는 알제리에서 태어난 카뮈에게는 처음부터 기독교가 문제시되지 않았다.

제1차 세계대전에 참전한 유공자의 자녀라는 이유로 학비와 의료비를 면제받고 카뮈 형제는 공립초등학교를 다녔다. 당시 학교에서는 학생이나 선생이나 검정 교복을 입고 군대식 교육을 수행했다. 교과서는 식민지에서 별도로 만든 것이 아니라 프랑스 본토에서 사용하는 것들이었다. 교실 벽에는 파리의 명승지 사진이 붙어 낙원을 연상하게 했고, 아이들은 프랑스가 조국, 프랑스인이 선조라는 교육을 받았다. 일본이 '내선일체'라는 이름 아래 조선에서 조선인 아이들에게 오로지 일본 것만 가르친 것과 똑같았다. 물론 아랍계 학생들에게도 그런 교육이 당연히 강요되었다.

아랍계 학생들은 그 분위기에 반발했을지 모르지만, 카뮈 같은 프랑스계 학생들이 반항했으리라고 기대하기는 힘들다. 아버지가 없는 가난한 가정 출신 카뮈는 자신에게 조금이라도 친절하게 대하는 교사가 있으면 아버지 같은 고마운 존재로 받아들였다. 바로 2학년 담임인 루이 제르맹이 그랬다. 카뮈가 뒤에 노벨문학상을 받았을 때 특별히 감사를 표한 선생이었다. 그는 카뮈의 선생이기 이전에 아버지를 대신하는 사람이었다.

초등학교를 졸업하면 형이 그랬던 것처럼, 아니 당시 알제리 아이들이 모두 그랬듯이 카뮈도 노동을 해야 했다. 그러나 제르맹은 카뮈가 장학금을 받아 중등학교 리세로 진학하면 좋겠다고 권유했다. 할머니는 이에 반대했으나, 어머니가 동의해 그는 중등학교에 장학생으로 입학할 수 있었다.

리세라고 불린 중등학교에서 카뮈와 같은 장학생에게는 아침과 점심식사가 제공됐다. 카뮈에게 고마운 일이기는 했으나 한편으로 수치감을 동시에 안겨주었으리라. 게다가 비슷한 형편의 아이들과 함께 다닌 초등학교 시절과는 달리 중등학교에서 카뮈는 빈부갈등을 심각하게 느껴야 했다. 카뮈의 집에는 신문도, 책도, 라디오도 없었다. 그래서 중등학생 카뮈와 가족 사이에서는 "침묵이 점점 크게 자리잡아 갔"고 학교에서도 "가족들 얘기를 꺼낼 수 없었"다.(229) 카뮈는 학교에서 어머니의 직업을 서류에

써넣어야 했을 때 '하녀'라고 쓰며 "갑자기 수치심을 느끼는 것과 동시에 수치심을 느낀다는 사실 자체가 또 수치스러웠다"고 하면서 그러나 "집안 형편이 달라지기를 바라지 않았으며 비록 절망적으로밖에 사랑할 수 없다 할지라도 있는 그대로의 어머니가 가장 사랑하는 존재임에는 변함이 없었다"라고 말한다.(231)

우리나라에도 빈부갈등이 있지만, 식민지 알제리의 그것은 더욱 심했다. 특히 방학이면 프랑스로 휴양을 떠나는 급우들과 달리 카뮈는 이런저런 아르바이트를 해 학비를 벌어야 했다. 물건을 파는 아르바이트를 싫어한 그는 그 후 모든 장사를 싫어하게 됐다. 부잣집 아이들이 프랑스를 조국이라고 부르는 것과 달리 카뮈에게는 "조국이라는 개념은 별다른 의미가 없는 것이어서" "프랑스란 그저 각자가 등에 업고 내세우거나 가끔 각자에게 요구하기도 하는 명분일 뿐이었다."(234-235)

20세기 초엽 프랑스의 교육이란 철저히 국가주의적이었기에 그 세례를 완벽하게 벗어나기란 쉽지 않았으리라. 예컨대 역사 교과서는 프랑스가 알제리를 침략하기 전 알제리는 무정부 상태였고, 따라서 프랑스의 정복은 선주민 자신이 희망한 것이었으며, 일부 광신적인 선주민들의 저항에도 불구하고 알제리에서는 언제나 평화가 유지됐고 문명화가 진행되고 있다는 식으로 쓰였다. 이는 앞의 1장에서 2021년 10월 현재 프랑스 대통령이 말하는 바 그대로이다. 프랑스에 의한 선주민의 대량학살 등에 대해서는 물론 한 마디도 없었는데, 이는 과거나 지금이나 마찬가지다. 이러한 교육은 카뮈의 알제리관에 지대한 영향을 끼쳤다. 카뮈의 사회주의가 빈부갈등에 초점이 모이고, 알제리의 민족독립과는 무관하게 인식된 것도 모범생 카뮈가 받았던 교육의 영향이었다.

    교육만이 아니라, 알제리 사회 자체가 당연히 그랬다. 카뮈가 17세였던 1930년에는 알제리 정복 100주년을 기념하는 성대한 행사들이 이어졌다. 우익이든 좌익이든, 기독교 신자든 비신자든 간에 식민주의적 제국주의를 숭배했다. 프랑스인 90만 명이 600만 명의 선주민을 다스리는 데 아무런 문제가 없었다. 특히 수도 알제에는 백인이 17만 명, 선주민이 5만5천 명에 불과했기 때문에 카뮈에게는 다수 백인의 세상이 당연한 것으로—어릴 적부터—뇌리에 박혔으리라. 물론 선주민 중에는 소수의 급진적인 민족주의자들이 있었다. 그러나 프랑스계 지식인 중심의 공산당은 그들을 배척하고, 민족이 아닌 계급이란 말로 모든 문제를 설명했다. 우리는 그것과 똑같은 생각을 훗날 공산당에 입당하는 대학생 카뮈로부터 그의 평생에 걸쳐서 보게 된다.

프랑스 문화

이제 카뮈가 교육을 통해 프랑스 문화를 어떻게 받아들였는지 살펴보자. 흔히 프랑스를 문화의 나라라고 한다. 그러나 문화란 말을 어떻게 보느냐에 따라 이야기는 복잡해질 수 있다. 나는 한국 문화란 말처럼 프랑스 문화란 것이 과연 있을 수 있는지 의문을 갖는다. 우리가 프랑스 문화라고 하는 것은 대체로 파리 문화를 말하는데, 그것은 프랑스 시골 농민의 문화보다도 런던이나 뉴욕과 같은 대도시 문화에 더 가깝다. 또한 파리 안에서도 그 대다수인 노동자의 문화가 아닌 소수의 지식인 문화를 우리는 프랑스 문화라고 말한다. 한국 문화라는 것도 마찬가지가 아닐까? 우리가 프랑스 문화라고 부르는 것은 중앙집권적 구조와 지배 집단이 만든 하나의 이데올로기에 불과하고, 사실은 파리 중심의 몇 문화인 활동을 뜻하는 데 그친다. 한국

문화라는 것이 실제로는 서울에 사는 몇 문화인의 그것에 불과한 것과 마찬가지다.

프랑스란 어떤 나라인가? 프랑스를 가본 사람은 알겠지만, 그곳은 국토의 반 이상이 농지다. 국토의 3분의 2 이상이 산지인 우리나라에 비하면 지리적 조건이 대단히 좋은 나라다. 끝없는 지평선만 보아도 금방 알 수 있다. 그런 점에서 프랑스는 전형적인 농업국이다.

프랑스 사람이나 언어를 흔히 라틴계라고 한다. 이는 기원전 2세기 말부터 5백 년간 로마가 프랑스 지방을 지배한 데서 출발한다. 그러나 프랑스라는 나라가 생기는 것은 기원후 4세기부터 게르만족인 프랑크족이 쳐들어와 서로마제국을 멸망시키고 5세기 말 프랑크왕국을 세운 뒤다.

왕국의 시조인 크로비스가 가톨릭으로 개종한 뒤 프랑스는 지금까지 기본적으로 가톨릭 국가다. 그러나 18세기에 와서 가톨릭 대신 '문명'이라는 이념을 계몽주의가 제공했다. 그 세기말의 프랑스혁명은 이런 '문명'의 본질인 자유의 혁명으로 나타났다.

여기서 우리는 혁명 후 다시 중앙집권적 보편주의를 주장하는 자코뱅* 측과 지방분권적 개별주의를 주장하는 지롱드* 측으로 나누어졌음을 주의할 필요가 있다. 양측의 투쟁 끝에 자코뱅의 승리로 끝나지만, 중앙집권이 완전히 이루어진 것은 20세기 초엽이었다. 프랑스에서는 아직도 자코뱅에 대한 찬양이 일반적이나, 카뮈는 뒤에 그것을 부정하고 지롱드적 전통을 따르게 되어 프랑스인들로부터 적대시된다.

한편 프랑스는 18세기부터 본격적인 제국주의 국가로서 식민지 정복에 들어갔다. 여기서 '문명국' 프랑스가 '야만국' 식민지를 정복한다는 '문명의 사명'이라는 이데올로기가 나타났고, 그것은 곧 인종차별주의를 형성했다. 그런 인종차별주의의 그림자를 가리기 위해 '프랑스=자유와 인권, 민주주의의 나라'라는 이데올로기를 더욱 강화해야 했는데, 그래야만 정당성이 주어진다고 생각했음은 두말할 필요가 없을 것이다.

그 같은 이데올로기의 형성에 결정적으로 기여한 것이 1882년 르낭*이 쓴 「국민이란 무엇인가」라는 글이었다. 프로이센과의 전쟁에서 패한 뒤, 국민통합의 필요성을 절감하여 쓴 이 글에서 그는 '국민이란 의지적인 동의와 연대에 의해 성립되는 정신적 원리'라고 강조했다. 르낭이 주장한 국민은 한국이나 일본 또는 독일에서처럼 혈통주의에 따르는 것이 아니라, 인권선언과 그 속에 규정된 자유·

평등·박애와 같은 정치이념에 따른 것이다. 그리고 그것에 의해 성립된 정치적 공동체는 인류 진보의 최첨단 이상을 실현하는 문명국가라고 주장되었다. 즉 문명화라고 하는 것이 프랑스 국민의 가장 본질적인 조건이고, 그것은 프랑스에만 한정되지 않고 전 세계에 널리 퍼져야 하며, 이렇게 되는 것이 인류의 운명이라는 논리에서였다.

따라서 문명화하지 않은 지역의 식민지화는 프랑스의 사명이고, 야만인 그들에게 문명에의 동화를 강제함은 정당한 것이 된다. 나치즘에 의한 만행 못지않게 알제리나 베트남에서, 심지어는 프랑스 국내에서도 문명화라는 이름으로 프랑스 정부에 의한 만행이 행해진 것은 바로 그런 이념에 따른 것이었다. 카뮈는 프랑스혁명에 대해 자코뱅이 아닌 지롱드의 입장에서 그런 만행을 비판했으나, 식민지문제에 관한 한 르낭 류의 '문명의 사명'에 입각한 태도를 지녔다.

문학, 결핵, 그르니에

카뮈는 17세 무렵인 1930~1931년 사이에 결핵에 걸려 입원했다. 카뮈 자신이 말한 대로 과도한 운동, 피로, 과도한 태양에 노출된 탓이었다. 유공자 자녀인 그는 무료로 입원했다. 병원에서 그는 가난한 해방 노예였던 에픽테토스*의 글을 읽으며 고대에 흥미를 느꼈다. 에픽테토스는 '인내하라, 단념하라'고 가르치고, 있는 그대로의 자연을 인식하며 그것에 일치시키는 수련의 철학을 주장해 뒤에 파스칼 등에게 영향을 미쳤다. 카뮈 역시 부분적으로, 그 자연 철학의 영향을 받았다.

당시에는 죽을병이었던 결핵에 걸려 고통받던 소년이 삶에 허무를 느끼고 감수성이 계발되어 문학에 관심을 갖게 된 건 어찌 보면 당연한 수순이었으리라. 그는 병을 통해 힘을 얻은 지드의 『아맹타스』를 바이블처럼 읽었고, 새로 살게 된 이모부 집에서 발자크*, 위고*, 졸라* 등의 전집과 발레리*, 모라스* 등의 책을 읽었다. 카뮈는 아나키스트 이모부가 "인간들 일반에 대하여, 그리고 특히 그의 가게에 찾아오는 부르주아 고객들에 대해서 극도로 가혹한 멸시감을 표시하곤 했다. 야유와 저주에 있어서 그는 눈부신 데가 있었다"고 뒤에 회상했다.(『작가수첩3』22)

아나키즘을 무엇이라고 할 것인가에 대해서는 여러 가지 논쟁이 있을 수 있으나, 내가 자유·자치·자연을 그 내용으로 하는 것이라고 보는 한 카뮈는 적어도 17세 이후 죽을 때까지 아나키스트였다. 카뮈가 그 세 가지에 평생 신념을 지녔다고 하는 것을 누구도 부정할 수 없다. 그는 무엇에도 구속되지 않는 인간의 자유에 대한 가장 명백한 신념을 지녔고, 국가가 아닌 지역 자치의 사상을 견지했으며, 태양과 바다로 상징되는 자연에 대해 누구보다도 뜨거운 열정을 표명했다.

사실 내가 뒤에서 카뮈를 비판한 알제리 식민지문제에 대해서도 그가 주장한 것은 알제리 주민의 자유와 자치라고 하는 측면에서 이해될 수도 있다. 카뮈는 프랑스 정부측이 주장하는 식민지배의 존속도 부정하고, 알제리 선주민이 주장하는 알제리 국가독립도 부정했다. 문제는 그가 알제리에 사는 소수 프랑스인의 잔류를 전제로 한 공동체의 자치를 희망한 점인데, 이것이 식민지 지배의 청산이라고 하는 점에서 문제가 된 것이다.

본질적인 의미에서 아나키즘이 국가가 아닌 사회를 주장하는 한 카뮈의 사상에도 경청할 만한 구석이 있다.

카뮈는 장 그르니에의 영향을 많이 받았다.

그러나 식민지문제에 관한 한 그러한 자치의 주장에는 동의할 수 없는 측면이 분명히 있다. 왜냐하면 자유를 압살한 식민지 침략 세력은 자치의 대상이 될 수 없기 때문이다. 단재 신채호를 비롯한 일제강점기 우리 아나키스트들은 누구보다도 민족독립을 주장했는데, 그들이 주장한 자치는 어디까지나 민족독립을 전제로 한 것이었다. 결국 이러한 모순 때문에 카뮈는 알제리 문제에 대해 만년에는 침묵하게 된 것이다.

아나키스트들 대다수가 공산당을 경험하고 나서 그것으로부터 벗어났듯이 카뮈도 청년 시절에 그런 경험을 한다. 뒤에서 살피겠지만, 카뮈의 공산당 경험은 사실 공산주의자로서라기보다 아나키스트로서의 그것이었기에 그는 곧 공산당을 그만두었다.

1931년 10월 카뮈는 다시 학교에 갔다. 대학입학자격시험에 응시하지 못해 재수를 했기 때문이다. 이번에도 그는 좋은 교사를 만난다. 우리나라에도 그 전집이 나올 정도로 유명한 장 그르니에*다. 그가 병으로 누워 있던 카뮈의 집을 방문한 것을 카뮈는 평생 잊지 않았고, 그 후 죽기까지 그를 존경했다. 인간적으로 존경했을 뿐만 아니라, 사상적으로도 그르니에의 영향을 많이 받았다. 아니, 그르니에가 카뮈에게 미친 영향은 절대적이었다. 신비주의자인 그르니에는 카뮈에게 그리스 철학자, 파스칼*, 몰리에르*, 쇼펜하우어*, 니체*, 키르케고르*를 체계적으로 가르쳤다. 카뮈가 뒤에 대학 졸업 논문으로 헬레니즘과 기독교 정신을 비교 분석한 것도 그르니에의 영향이었다.

혹자는 우리나라의 고등학생에 불과한 카뮈가 철학을 공부했다는 데 의문을 가질 수 있다. 그러나 이는 카뮈가 조숙한 천재였다는 뜻이 아니다. 프랑스 중등학교가 우리와 달리 철학교육을 했기 때문이다. 1871년에 시작된 제3공화정은 전통적인 종교교육을 포기하고 지식 전달이 아닌 지식의 창조를 목표로 하는 철학교육을 시작했다. 카뮈가 철학을 배운 1930년대는 특히 무엇보다도 자유를 중시한 새로운 철학교육 이념이 지배한 시절이었다. 즉 교사는 학생의 인격과 자유를 존중하고, 교조적이 되지 않는 조건으로 교과과정의 개별 주제에 대하여 자신의 견해를 주장하는 것이 허용되었다. 따라서 강의에서 필기는 금지됐고, 교과서 사용도 교사가 교과서에 매몰된다는 이유로 권장하지 않았다.

이러한 철학교육의 목표는 삶의 여러 문제에 대해 자주적 판단을 내릴 수 있는 민주적 시민의 양성에 있었다.

따라서 종래의 심리학, 논리학, 윤리학, 형이상학과 같은 과목 구분을 1960년에 폐지하고, 지금은 자유, 자연, 역사, 언어, 폭력, 무의식, 죽음 등 약 50개의 주제를 설정하여 과거의 위대한 사상을 참고하면서 그 현대적 의의를 자각시키고 사색하도록 교육하고 있다. 프랑스 대학의 철학교육도 마찬가지다. 우리나라도 프랑스에서 유행하는 철학을 수입할 것이 아니라, 프랑스 철학교육의 그런 방법론부터 철저히 배웠으면 좋겠다.

1930년대 카뮈가 배운 철학은 아직 그 정도의 것은 아니었지만, 그르니에라는 탁월한 스승의 지도로 주체적인 사색을 할 수 있었다. 물론 그르니에로부터 배운 그리스 철학은 그르니에가 독자적으로 정립한 것이 아니라 프랑스 중등학교 철학교육에서 의무처럼 가르치게 되어 있는 내용이었다. 그리스 철학과 데카르트와 칸트가 철학교육의 3대 축을 이루고 있었다.

1968년 이후 그런 전통 철학에 대한 도전이 제기됐으나, 지금도 서양 고전철학을 중심으로 한 교육은 전혀 변하지 않고 있으며, 중동이나 아시아 철학은 전혀 언급되지 않는다. 하물며 1930년대 카뮈가 철학을 배울 무렵은 그야말로 서양 일색이었다.

이 같은 교육에 따라 형성된 중등학교 시절 카뮈의 의식세계는 프랑스인 이주민의 그것이었지 피식민지인 알제리인의 것은 아니었다. 이 의식세계는 17세의 소년에게 문학적 감수성을 일깨우는 요인이 되었는데, 이에 관해서는 『최초의 인간』에서 찾아볼 수 있다. 그러나 그가 『최초의 인간』이라고 부른 인간에서 알제리인은 제외됐다. 이를 그가 받은 교육 탓으로 볼 것인지 당시의 사회 상황 탓으로 볼 것인지는 알 수 없다. 다만 분명한 것은 알제리인은 처음부터 그의 관심 대상이 아니었다는 점이다. 독서 역시 프랑스인의 저작에 한정됐다.

대학 시절과 결혼

1932년, 카뮈는 리세의 입시준비반(카뉴)에서 대학 진학 준비를 계속했다. 당시 학생들은 보통 반체제적인 옷차림을 즐겼으나(우리나라에서도 일제강점기에 퇴폐적인 옷차림이 유행했다), 카뮈는 회색 프란넬 양복에 작고 둥근 펠트 모자를 쓰고, 청색 바탕에 흰 물방울무늬가 있는 넥타이를 매고, 흰 양말에 니스 칠한 구두를 신고 다녔다. 이런 부르주아 카뮈의 모습은 그 뒤 죽을 때까지 지속되어 그가 정말 부르주아를 싫어했는지 의심하게 만들기도 한다.

당시 카뮈는 니체에 매료되어 그의 글을 베끼기도 하고, 상징주의 시인 베를렌느*를 모방한 시를 그르니에가 관여한 잡지에 싣기도 했으며, 대학이 주최한 학력경시대회에서 상을 받기도 했다. 당시 그는 앞에서 본 지드, 말로*와 함께 성서, 니체, 도스토옙스키, 바르뷔스*, 그르니에 등이 쓴 책과 잡지를 탐독했다.

'신은 죽었다'란 말로 우리에게도 유명한 니체는 인간이 운명이나 유한성에 굴복하거나 신의 나라로 도피해서는 안 되고, 도리어 그것과 대결하여 극복해야 한다고 가르쳤다. 또한 그는 이성에 따른 합리와 자유를 강조한 근대도 인간의 가치나 존엄성을 무시한 채 효율성과 유용성에 의해서만 판단한다고 비판했다. 지금도 끝없이 논의되는 니체는 카뮈에게 위대한 스승이자 동시에 극복되어야 할 적이었다.

1933년에 카뮈는 「무어인의 집」을 썼다. 위에서 본 여러 작가, 특히 니체의 영향을 통해 카뮈가 스스로 현실에서 느끼는 민족 대립을 나름으로 해결하고자 한 시도였다. 이때부터 카뮈는 알제리의 프랑스인과 아랍인이 함께 사는 공동체를 구상했다. 그러나 그 집은 사실 프랑스가 알제리 정복 100주년을 기념하기 위해 지은 식민 통치의 상징인 건물이었다. 그만큼 카뮈는 식민지 현실의 실상에 대해서는 무지했고, 기본적으로 지배자 프랑스인의 입장이었다.

1933년 가을, 20세의 카뮈는 알제 대학 철학과에 입학해 3년간의 대학생활을 시작했다. 당시의 대학은 학사과정 2년, 석사과정 1년으로 구성됐으나, 사실 대학은 교수의 지도를 받아 자기 나름의 연구를 계속하는 독학생들이 서로 만나는 장소와 같은 곳이어서 지금 우리의 대학과는 많이 다른 곳이었다.

이즈음 카뮈는 작가가 되기로 결심한다. 그리고 당시 서른두 살이었던 앙드레 말로를 발견했다. 말로가 쓴 『인간의 조건』에 나오는 주인공 키요는 상하이의 공산주의자로 프랑스 식민세력에 대항하여 파업을 일으킨다. 그러나 프랑스는 중국과 협정을 맺고 키요의 항복을 요구했고, 이를 거부한 키요는 결국 처형당한다. 개인적 운명을 초월하여 대의명분을 위해 죽는 키요의 영향으로 카뮈는 곧 공산당에 가입했다. 키요의 죽음은 뒤에 카뮈의 여러 작품에 나타난다.

카뮈는 1934년 6월, 21세의 나이로 20세의 시몬 이에와 결혼했다. '결혼이란 자연의 이치를 거스르는 감옥'이라고 했던 평소의 주장에 반하는 것이었으나 이는 '절망과 모험심'에서 비롯된 '공생에의 갈망'이기도 했다. 그러나 갈망이 컸던 만큼 실망도 컸다. 그의 결혼생활은 별거, 그리고 1940년의 이혼으로 끝났다. 시몬은 마약중독자였고, 너무나 자유분방했다.

공산당 연극 활동

1930년대의 유럽은 시끄러웠다. 1920년대의 불황, 특히 1929년의 세계적 공황을 계기로 당시 이탈리아와 독일을 뒤덮은 파시즘에 대항하여 프랑스에서는 사회당을 필두로 한 연립내각이 결성됐다. 1936년 4월 총선에서 좌파가 378석을 차지하여 우파와 중도파의 222석을 눌렀다. 스페인에서도 공산당과 아나키스트들의 연립내각이 성립되었다.

알제리 국회의원 10명도 우익 1명을 빼고는 좌익이거나 좌익에 가까웠다. 그래서 좌익들은 노동조합법, 주

40시간 노동, 실업 구제 기금과 같은 노동조건의 개선과 함께 이교도 학교 보호를 요구했다. 프랑스에서는 파업의 결과 6월에 주 40시간 노동과 15일의 유급휴가가 허용됐다. 그러나 알제리에서는 선주민의 빈곤 문제가 더욱 심각해졌다. 아랍 지식인들은 프랑스 문화에 반기를 들고 선주민의 문화 전통을 살리자는 운동을 펼쳤고, 이어 아랍인들에게도 시민권을 인정하라는 데까지 나아갔다. 그 결과 1936년, 알제리 역사에서 처음으로 아랍인에게도 프랑스의 시민권을 인정하자는 법안이 나왔으나, 알제리의 식민주의자 단체의 압력에 의해 무산됐다. 카뮈는 오랫동안 그 안을 알제리 문제 해결을 위한 가장 이상적인 것으로 지지했다.

이처럼 아랍인들의 요구에 대항하여 유럽계 이주민들이 뭉쳤기 때문에 알제리의 유럽계 좌익 지식인들은 소수로 몰락했다. 1934년 말에서 1935년 봄 사이에 카뮈는 그르니에의 권유로 공산당에 입당한다. 그러나 아랍인에게 권리를 주자는 운동 목적 때문은 아니었다. 그는 마르크스나 엥겔스의 책을 읽지도 않았다. 그런 그가 공산당에 입당한 보다 직접적인 계기는 "사람들을 독살시키는 그 모든 불행과 고통이 줄어드는 것을 보는 것이 간절한 바람"

이었기 때문이다. 카뮈가 바란 것은 "조금 더 많은 정의, 만인의 자유, 내일에 대한 두려움 없는, 더 나은 조건의 안정된 노동, 그리고 특히 보편적인 평화"였다.(토드 148, 재인용) 카뮈는 공산당에서 주로 문화 관계, 특히 당이 공인한 '노동극단'의 활동에 몰두했다.[1] 이것이 바로 카뮈가 평생 끝없이 되풀이한 연극 활동의 시작이었다.

1930년대는 프랑스 문학의 황금기였다. 당시 알제리에도 파리를 중심으로 한 프랑스 문학이 속속 소개되었기에 카뮈는 말로, 지드, 바르뷔스, 롤랑*, 마르탱 뒤 가르*, 니장*, 모랑*, 아라공*, 드리외 라 로셀*, 게에노*, 모루아*, 뒤아멜*, 장 리샤르 블로크*, 초현실주의자들, 바타유* 등등을 읽었을 것이다.

1935년 6월, 지드, 말로, 아라공, 니장 등은 암스테르담-플레옐 위원회를 창립했는데, 이 단체는 그 후 5년간 몽테를랑 같은 우익을 제외한 대다수 프랑스 작가들과 영국의 헉슬리나 포스터, 러시아의 파스테르나크 등이 규합했을 만큼 국제적인 규모로 성장했다. 당시 카뮈는 알제의

---

1 『르베스크』 40쪽은 카뮈가 기자 시절 연극을 했다고 하나, 오류이다. 또한 김화영은 이를 '작업극단'으로 번역하나(『칼리굴라·오해』 251), 그 원어인 'Travail'의 우리말 번역으로 과연 적합한지 의문이다. 노동이란 말을 기피하는 탓인가?

암스테르담-플레엘 위원회를 이끈 사람 중 하나였다. 프랑스의 인민전선에 따라 설치된 그 위원회는 명백히 사회주의적인 성격이었고, '노동극단'도 그 활동의 일환이었다.

당시 카뮈와 함께 활동한 퐁세가 말했듯이 그 극단은 "마르크스주의로 무장한 대학교수나 학생, 예술가, 화가, 조각가, 건축가, 그리고 일반적으로 당원 혹은 정치운동원인 노동자들과 프티 부르주아"를 규합하고자 했다.(『칼리굴라·오해』251)

카뮈에게 맡겨진 최초의 일은 말로의 소설 『모멸의 시대』를 무대용으로 각색하는 작업이었다. 연극은 실직자들을 위한 기금을 조성하기 위해 공연되었다. 나치의 취조를 겪다가 도망치는 공산주의자의 이야기였는데, 카뮈는 말로의 원작과 달리 주인공의 감옥생활과 취조, 아내와의 재회, 관객도 참여하는 군중 집회 장면을 연극에 집어넣었다.

대체로 성공적이었던 그 공연에 이어 카뮈는 고리키*의 『빈민굴(밑바닥에서)』, 벤 존슨*의 『말없는 여인』, 아이스킬로스의 『사슬에 묶인 프로메테우스』 등을 공연했다. 배우 전원이 아마추어였고, 여기서 나온 수익은 전액 국제노동자 구호기금에 보내졌다. 한편 카뮈 자신도 2년 전 스페인의 아스튀리에서 터진 광부의 반란을 소재로 한 희곡 『아스튀리의 반란』을 공동 집필했다. 그러나 상연 직전 극우파였던 알제 시장에 의해 금지당하는 바람에 대본을 비밀리에 출판하게 되었고, 이 일을 계기로 정치 단체를 결성하기에 이른다.

카뮈는 모든 단원이 함께 참여하는 연극을 중시했고, 심리적 교양극 대신 계몽적인 행동 연극이라는 앙토냉 아르토*의 연극 개념을 지지했다. 서양 예술에 격렬한 신체의 차원을 도입한 시인이자 극작가인 아르토는 뒤에 카뮈의 『페스트』 집필에도 영향을 미쳤다.

부조리

카뮈는 1936년 봄에 이미 공산주의에 회의를 표명했다. 스승인 그르니에가 공산주의의 교조성에 회의를 표명한 것과 같이 카뮈도 정의를 위한다는 미명하에 저질러지는 어리석은 일은 거부해야 마땅하다는 각오를 보여준다. 특히 아랍인들이 비합법 활동으로 구속되었음에도 공산당이 침묵하자 카뮈는 공산당을 비판하고 아랍인들, 특히 메사리 하지가 이끈 '북아프리카의 별'이라는 단체에 관심을 둔다. 그러나 카뮈는 아랍 민족의 독립이라고 하는 측면이 아니라, 프롤레타리아 계층으로서의 아랍 민중의 해방이라는 측면에 관심을 가진 터였다. 카뮈가 아랍 민족의 독립문제에 집중한 것은 1950년대 아랍 민족해방전쟁이 시작된 뒤였는데, 그 후로도 독립에는 반대했다. 카뮈는 1937년 여름, 공산당에서 제명된다. 사상을 고치라는 당 간부의 요청을 거부한 탓이었다.

1937년 5월, 그의 첫 에세이집인 『안과 겉 L'envers et l'endroit』이 출판됐다. 모순된 두 세계의 조화를 추구한 이 책은 우리나라에서도 번역되었으나, 카뮈 자신의 말처럼 '서투른' 초기 작품으로 그다지 중시하지 않아도 좋으리라. 나로서는 알제리나 아랍의 이야기가 전혀 등장하지 않는 것이 이상할 따름이다.

일제강점기 조선에서도 교사가 가장 안정된 직장이었듯이 1936년 대학 졸업 후 카뮈도 교사가 되고자 했다. 그러나 결핵을 앓았던 병력 때문에 교원자격시험에 필요한 건강증명서 발급을 거부당했고, 이어 병역도 면제받았다. 이 시기에 우리는 카뮈의 '부조리'에 대한 최초의 각성, 『이방인』의 주제에 대한 의식적인 최초의 언급을 볼 수 있다.

> *세상 사람들이 흔히 생각하는 것(결혼, 출세 등)에서 삶의 의미를 찾으려고 했는데 패션잡지를 읽다가 문득 자신이 얼마나 자신의 삶(패션잡지에서 말하는 바로 그러한 삶)과 무관한 존재였는가를 알아차리게 되는 사람.(72)*

그러나 알제리에 사는 아랍인들처럼 '부조리'를 매일매일 느끼고 경험하는 사람이 또 있을까? 백인이 주류인 미국에서 흑인만큼 '부조리'를 느끼는 사람들이 또 있을까?『이방인』에서 뫼르소가 느끼는 부조리보다 이유도 없이 죽어간 무명의 아랍인만큼 부조리한 삶을 산 사람이 또 있을까?

카뮈는 1938년 10월부터 〈알제 레퓌블리캥*Alger-Republicain*〉의 기자로 일했다. 인민전선을 지지한 그 신문은 당시 알제에서 간행된 좌우익 신문과 달리 권력과는 무관한 '검소한 계급의 신문' '노동자들의 신문'을 표방했다. 당시 좌익은 의회의 다수파였으나, 좌익 운동은 후퇴하고 극우파가 득세했다. 이는 독일에서 거세어지고 있던 반유대인 운동의 바람이 알제리에서도 격심하게 불었다는 것, 그리고 우익 신문들이 그 바람을 주도했다는 것과도 연관된다.

프랑스에서 발간되는 모든 신문은 프랑스혁명의 정신을 우선하는 전통이 있다. 이는 프랑스혁명 이래 지금까지 유지되는 것으로, 신문이 인권을 주장함과 동시에 언론의 자유를 확보하는 방향으로 발전하는 데 영향을 주었다. 그래서 프랑스 신문에서는 기자들이 1인칭으로 자신의 눈으로 자신만의 고유한 표현 방식으로 기사를 쓰는 것이 일반적이고, 따라서 편집진으로부터도 기자는 비교적 자유롭게 기사를 쓸 수 있다.

카뮈도 예외가 아니었다. 아마도 프랑스 신문이 대체로 그러했기 때문에 기자 초빙을 수락했으리라. 만일 그가 한국인이었다면 기자가 되고자 하지 않았으리라. 게다가 〈알제 레퓌블리캥〉은 이제 막 시작하는 새로운 신문이어서 의욕에 넘쳤다. 카뮈는 주로 문화예술 행사와 서평, 그리고 후기 창작에 도움이 된 재판 취재를 담당했다. 특히 알제리인 피고인과 증인이 고문을 당한다는 사실을 알리고, 반정부 운동가들의 영장을 기각시키는 영향력을 발휘했다. 그러나 카뮈는 알제리 사람들의 희망을 식민지에의 동화로 보았다. 사실 그들이 요구한 것은 독립이었는데 말이다.

1937년 여름 카뮈는 '세계를 바라보는 집'의 자유롭고 지적인 분위기를 사랑한 프랑신 포르를 만났다. 고향인 오랑과 알제를 오가다가 1938년 4월 그녀는 오랑에서 임시 교사가 됐다. 그해 두 사람은 그리스 여행을 계획하고, 곧 결혼할 참이었다. 그리고 5월, 카뮈는 에세이 『결혼Noces』을 발표한다. 이는 자연아 카뮈의 태양과 바다에 대한 예찬이었다.

『결혼』의 옮긴이는 이 책을 지드의 『지상의 양식』과 그르니에의 『섬』과 더불어 20세기 프랑스의 시적 산문집 3대 걸작이라고 했다.(5) 특별히 시비를 걸 생각은 없으나 식민지 수도 알제의 비참을 아는 이상 "인종의 아름다움, 인간의 흡족함, 자신의 풍요함" 운운한 데에는 저항감을 느끼지 않을 수 없다.

카뮈가 찬양하는 알제는 티파샤의 태양이나 제밀라의 바람처럼 고대 그리스가 부활한 알제이다. 알제리 바닷가의 나체 목욕은 "2천 년 역사상 처음으로 육체가 바닷가에서 벌거벗은 알몸의 모습을 드러낸 것이다." 특히 마지막 산문 '사막'은 제목과 달리 알제리 국토의 대부분인 사하라 사막이 아니라 이탈리아를 찬양하는 내용이다. 지오토와 토스카나는 일체가 되어 "감동 따위가 아니라 정염의 수련, 금욕과 쾌락의 혼합, 인간과 대지가 가난과 사랑

의 중간 지점쯤에서 서로를 규정하게 하는 대지와 인간에 공통된 어떤 울림"이라는 교훈을 준다.(56)

카뮈가 1954년에 출판한 『여름*L'Été*』에도 1939~1940년에 쓴 두 편의 글이 포함되어 있다. 즉 「미나타우로스 또는 오랑에서 잠시」와 「편도나무들」이다. 같은 알제리의 도시인데도 카뮈는 고향인 알제만 찬양했고, 오랑은 혐오했다. "유럽과 중동의 모든 악취미가 여기서 서로 만났다"(80)라고 하면서 말이다. 그 오랑은 뒤에 『페스트』의 배경 도시가 된다.

파농의 성장

파농의 성장

파농은 자신의 성장에 대해 카뮈처럼 많은 기록이나 창작을 남기지 않았다. 작가인 카뮈와 달리 파농은 의사이자 혁명가였고, 카뮈의 47년 생애보다 파농의 36년 생애가 짧았던 점도 원인일지 모르지만 자기 자신의 삶을 잘 드러내고자 했던 카뮈와 달리 파농은 "나는 내 과거를 이야기하지 않는다. 내 과거를 증거해 보일 뿐이다"라고 했다.(셰르키 35) 게다가 그는 카뮈처럼 조상이나 아버지를 신비화하려고 들지도 않았다.

파농은 1925년 7월 20일, 마르티니크섬 세관의 하급 공무원인 아버지(인도인계)와 상점을 경영한 어머니(프랑스계 혼혈 사생아)가 낳은 남녀 각 4명인 자녀 중의 3남(8명 중 다섯째)으로 마르티니크의 수도 격인 포르-드-프랑스에서 태어났다. 파농은 뒤에 『검은 피부, 하얀 가면』에서 고향 도시를 다음과 같이 묘사했다. "궁지에 몰린 죄인처럼 실로 따분하고 답답한 느낌"을 주며, "이 도시는 한심하게 붕괴되었다. 이 삶 역시."(『검은 피부, 하얀 가면』 24) 이 점도 알제리를 극찬한 카뮈와 달랐다.

가난했던 카뮈와 달리 파농의 집은 그곳 형편으로는 극소수 상류에 드는 가정으로서 도시 중앙에 아파트가 있었고, 집에는 요리하는 사람과 가정부를 두었다. 그리고 자녀들은 모두 6년제인 중등학교 리세를 마치고, 그중 5명은 프랑스의 대학에 유학했다. 당시 초등학교에서 중등학교로 진학하는 비율은 4퍼센트에 불과했고, 프랑스 대학에 유학하는 경우는 그 비중이 더욱더 낮았다.

생후 1년 만에 죽은 카뮈의 아버지와 달리 파농의 아버지는 파농이 22세가 된 1947년에 죽었다. 아들에 의해 신비화된 카뮈의 아버지와 달리, 바람둥이 기질이 농후하고 언제나 불평을 늘어놓는 독설가였던 파농의 아버지는 아들에게 무관심의 대상일 뿐이었다. 그의 독설은 파농 형제 모두에게 그대로 이어졌다. 하지만 파농에게 더욱 깊은 영향을 끼친 사람은 사생아로 자라 강인한 생명력과 권위를 뽐낸 어머니였다. 백인 어머니와 흑인 아버지 사이에서 태어난 그녀의 외가는 알자스 지방의 하우스펠더 가문이었다.(셰르키 48) 카뮈가 자기 집안을 알자스 출신이라고 잘못 믿고 대단한 의미를 부여한 것과는 달리, 파농의 외가는 정말 알자스 출신이었으나 파농은 알자스 출신의 조상 따위를 의식한 적이 없다.

파농의 부모는 서로 사이가 좋지 않았으나 모두 자녀교육에는 열심이었고 엄격했다. 그러나 아이들 중에서 피부가 가장 검었던 파농은 백인 계열임을 자랑한 어머니로부터 사랑을 받지 못했다. 그런 탓인지 파농은 부모나 형제자매에 대한 어떤 추억도 남기지 않았다. 27세가 된 1952년, 고향을 떠난 그는 두 번 다시 고향에 돌아가지 않았다. 그리고 1953년 이후 죽을 때까지 머물렀던 알제리를 자신의 조국으로 생각하여 그곳에 묻혔다.

파농은 어린 시절부터 백인의 세계관에 젖었다. 그가 『검은 피부, 하얀 가면』에서 '앙티유인은 무의식적으로 백인이고 백인으로 행동한다'고 되풀이하여 주장한 것 역시 자신의 고백이었다. 이런 의식의 기저에는 먼저 가정교육으로서 "검둥이처럼 울지 말라"는 어머니의 말, 그리고 고유어인 크레올어를 사용하지 못하게 한 금지가 있었다. 파농이 인용한 다음 시가 그 사실을 잘 보여준다.

우리 엄마는 배운 걸 잘 적는 자식을 원해

역사 과목을 따라가지 못한다면

잘 차려입고

일요 미사에 가지도 마

그런 아이는 우리 집안의 수치야

그런 아이는 빌어먹을 자식이야

입을 다물어, 프랑스어로 말해야 한다고

그토록 일렀잖아

프랑스의 프랑스어

프랑스인의 프랑스어

프랑스다운 프랑스어.(20)

그의 어머니는 그에게 프랑스어 노래를 불러주었다. "검둥이와는 아무 상관이 없는 프랑스어 연가를 불러주었다. 내가 말을 안 듣거나 너무 떠들면 '검둥이처럼 굴지 말라'는 소리를 들었다. 얼마 후에 우리는 백인의 책들을 읽기 시작하고 점점 유럽에서 건너오는 편견, 신화, 속설에 동화되었다."(182)

이를 가능하게 해준 것은 학교 교육과 종교 교육이었다. 어린 파농이 학교에서 하는 글쓰기 공부에서 제일 먼저 배운 것도 '나는 프랑스인이다'라는 문장이었다. 그리고 역사 시간에는 프랑스의 역사를, 지리 시간에는 프랑스의 지리를 배웠다. 대부분 아프리카 노예의 후손들인 검둥이 아이들이 모국인 아프리카의 역사나 지리를 배우지 않고 식민지배자의 역사와 지리를 배운 것이다. "교사들은 어린이들이 크레올어를 말하지 않도록 면밀히 항상 감시"했다.(29) 역사 교사는 끝없이 앙티유인의 선조가 프랑스인과 같다고 가르쳤고, 프랑스의 민요를 앙티유의 민요로 가르쳤다. 신문, 만화, 영화, 포스터, 라디오가 '하얀 무의식'을 심었다. 이는 카뮈의 경우도 마찬가지였다.

어린 시절, 파농에게 가장 흥미로웠던 것은 영화였다. 특히 미국 서부영화나 프랑스 역사영화에 등장하는 보안관이나 영웅 또는 탐험가 스타는 소년 파농에게도 당연히 영웅이었다. 그리고 미국 보안관이 무찌르는 인디언이나 프랑스 군인이나 탐험가들이 죽이는 식인종은 그들에게도 적이었다. 파농은 그 스타들의 사진을 벽에다 붙였으리라. 그리고 그들을 흉내 내며 놀았으리라. 인디언을 죽이는 보안관 놀이나 선주민을 죽이는 탐험가 놀이를 골목에서 즐겼으리라. 프랑스 파리의 풍경 사진을 걸어놓고 나이 들면 그곳에 가서 살 것을 꿈꾸었으리라. 또는 그곳에서 공부하고 출세하여 고급 관료가 되어 금의환향하는 꿈도 꾸었으리라. 험프리 보가트를 특히 좋아해 그의 모습을 모방하기도 했던 카뮈도 마찬가지였다.

이와 관련하여 파농이 뒤에 『검은 피부, 하얀 가면』에서 한 설명을 몇 가지 인용해보자. 이러한 설명은 지금 우리 아이들에게도 그대로 적용될 수 있다.

> 모든 사회, 모든 집단에는 공격성의 형태로 비축된 에너지가 방출될 수 있는 수로, 출구가 존재하고, 또 존재해야 한다. 어린이 교육기관에서의 놀이, 집단치료에서의 심리극이 그것을 지향하고, 더 흔하게는 청소년용 그림 주간지들이 그렇다.—각 사회 유형은 당연하게도 저마다 적절한 형태의 카타르시스를 요구한다.— 타잔 이야기, 열두 살짜리 탐험가들 이야기, 미키마우스의 모험, 그리고 모든 만화책이 실제로 집단 공격성의 방출을 지향한다. 그것은 어린 백인들을 대상으로 백인들이 쓴 책들이다. 그런데 바로 여기에 비극이 있다. …그런데 늑대, 악령, 악, 미개인은 언제나 검둥이 아니면 인디언으로 나타난다. 아이들은 언제나 자신을 이야기 속 승자와 동일시하므로, 흑인 검둥이 아이는 백인 아이만큼이나 쉽게

'검둥이 악당들에게 먹혀버릴 위험이 있는' 탐험가, 모험가, 선교사가 된다.(145)

파농은 여기서 레그면의 『만화의 정신병리학』에 나오는 다음 부분을 인용했다.

> 미국인들은 현대에 와서 보어인들을 제외하면 자기들이 들어와 자리 잡은 땅에서 토착민의 기억을 완전히 쓸어버린 유일한 국민이다. 미국이 잘못된 국민의식을 진정시키기 위해 할 수 있었던 것은 오직 '사악한 인전(Injun)'[1] 신화를 꾸며내는 일뿐이었다. 그다음에 성경과 총으로 무장한 침입자들에 맞서 성공은 못했지만 자기 땅을 수호한 명예로운 홍인종이라는 역사상이 재도입되었다.(146)

또한 아이들은 학교에서 프랑스의 역사를 국사로 배우고 탐험가나 문명 전도사, 야만인에게 진리를 가져다준 백인과 자기를 동일시한다. 그래서 흑인 아이들은 주관적

---

[1] 인디언을 경멸하여 부르는 말.

으로 백인의 태도를 취하고 자신을 흑인으로 생각하지 않는다. 파농은 이를 『검은 피부, 하얀 가면』에서 '문화적 수용'[1]이라고 불렀다.(183) 파농은 자신이 문화적 수용이라고 부른 것의 의미를 이해한 것은 14세 때였다고 말한다.(185) 그리고 훗날 『대지의 저주받은 사람들』에서 그러한 식민지 상황에서 선주민은 모두가 공격적이 된다고 분석했다.

> 식민화된 인간은 자신의 골수에 깊이 감춰진 이 공격성을 자신의 동포에게 터뜨린다. 이럴 때 흑인들끼리의 싸움이 일어나는 것이다. …선주민은 식민지 질서를 접하면서부터 항구적인 긴장 상태에 빠져든다. 이주민의 세계는 선주민에게 적대적이고 그들을 경멸하지만, 동시에 선주민이 부러워하는 대상이기도 하다.(『대지의 저주받은 사람들』 73)

어린 파농 역시 그런 식민지의 아이들처럼 정신의 외상을 입은, 난폭하고 공격적인 성격이었다. 그의 형제는 모두 스포츠에 열광했고 특히 파농은 단거리 달리기와 축구

---

[1] 김남주는 '문화적 강제'라고 번역한다.(191)

에 소질을 보였으며, 축구 경기 시에는 언제나 공격에 앞장 섰다. 카뮈처럼 축구를 좋아한 것이다. 그러나 카뮈와 달리 파농은 언제나 싸움판에서 살았다. 반면 마르티니크는 엄격한 기독교사회였고 여성 혐오가 일반적이었던 탓으로 파농도 여성에게는 관심이 없었다. 이 점도 카뮈와 다르다.

파농의 전기를 쓴 셰르키*는 1958년 파농과의 대화에서 들은 것을 감동적으로 기록했는데, 파농이 10세 때 겪은 그 일을 여기서도 기록해둘 필요가 있다. 당시 초등학교에 다니던 파농은 급우들과 마르티니크 노예들을 해방한 어느 영웅의 추모비를 찾았다. 거기서 그는 왜 사람들이 노예들의 고통에 대해서는 말을 꺼내지 않는지 의문을 갖게 된다.

그날, 나는 처음으로 사람들이 나에게 들려주는 역사는 어떤 사실에 대한 거부를 바탕으로 쓰인 역사라는 것과 사람들이 나에게 가르치는 질서는 왜곡된 질서라는 것을 깨달았다.(51)

셰르키는 그때의 추억이 파농의 인격 형성에 큰 영향을 미쳤다고 보았다.

1935년, 프랑스 귀속 3백 주년

파농이 10살 되던 1935년, 마르티니크에서 프랑스 귀속 3백 주년을 기념하는 잔치가 성대하게 거행되었다. 대량학살과 강제이주의 결과 유럽계, 아프리카계, 인도계, 아시아계, 레바논계의 사람들이 크레올로 형성된 3세기. 백인을 정점으로, 흑인을 저변으로, 혼혈 물라토를 중간에 두고, 인도인과 중국인이 주변에, 시리아인을 산재시킨 거대한 인종의 나선형이 형성된 3세기.

그동안 마르티니크는 단 한 번도 프랑스로부터 떨어지지 않았다. 수많은 마르티니크 사람들이 그 '위대한 조국' 프랑스를 사랑하여 조국을 위해 아낌없이 목숨을 바쳤다. 마르티니크 사람들은 언제나 조국의 점호에 "예"라고만 답했다. 그들은 프랑스인이라는 권리에 우쭐하여 무엇이나 바쳤고 그것을 자랑했다. 그들은 프랑스 식민지 역사에서 가장 우수한, 가장 철저히 복종한 학생이었다.

귀속 3백 주년을 기념하는 문학작품집이 출간되었고 식민지의 시인이나 소설가들은 조국을 예찬하는 글을 기고했다. 누구는 설탕과 바닐라 향기를 고답적으로, 누구는 낭만주의식으로, 누구는 상징주의풍으로, 누구는 고

전주의 형식을 빌려 조국에 대한 충성을 노래했다.

그 30년대에 마르티니크는 검은색에 치욕의 낙인을 찍었고, 혼혈 물라토의 이데올로기에 복속했다. 이것이 바로 그 20년 뒤에 파농이 『검은 피부, 하얀 가면』에서 '유색화(乳色化)'라는 이름으로 고발한, '탈색'의 이데올로기다.

검은 피부를 없애라, 곱슬머리를 없애라, 야만의 아프리카나 인디언의 비참을 생각하게 하는 모든 것을 버려라. 자기보다 흰 피부의 사람과 결혼하여 인종을 구원하라. 그러면 논리적으로 진화를 희망하는 사회 속에서 문화적으로도, 인종적으로도 희지 않은 모든 흔적을 없앨 수 있으리라. 팔다리를 모두 잘라버려라.

그러나 언제 어디서나 반항은 있다. 과거 노예제 시대에는 도망친 노예의 목을 잘랐다. 그들은 개처럼 죽임을 당했다. 그전에는 선주민인 카리브족이 마지막까지 저항했다. 그 후에는 인도인 쿠리나 중국인들이 도망하여 산적으로 출몰하기도 했다. 그야말로 철저히 감시되고 탄압을 당했어도 운명에 저항하고 운명을 거절하는 유일한 방법이었던 '도망'은 끝없이 이어졌다.

3백 주년 기념식이 성대하게 치러진 2년 뒤인 1937년, 새로운 형태의 도주가 나타났다. 무법자나 무뢰한 외에는 그 누구도 숲속으로 도망치는 사람이 없었던 시대였다. 새로 등장한 도망은 매우 지적인 탈주였다. 십여 명의 젊은이가 마르티니크의 부패한 사회에 대해 '정당방위'라는 제목 아래 마르크스주의적이고 프로이트주의적인 초현실주의의 선언문을 발표한 것이다. 그 결론은 다음과 같았다.

> 지구에서 가장 개탄할 존재인 유색 부르주아 출신인 우리는 관청, 정부, 의회, 공업과 상업, 기타의 시체에 대해 다음과 같이 선언한다.—그리고 이것은 철회되지 않는다.— 이 계급의 배반자인 우리는 배반의 길을 나아가는 한 어디까지나 나아갈 것이다. 그들이 사랑하고 존경하는 모든 것에, 그리고 그들이 중시하고 즐거워하는 모든 것에 침을 뱉는다.[1]

열렬하면서도 난폭한 위 선언문은 지식인들이 느낀 문화적 소외, 유색 엘리트층의 집요한 프랑스화에 대해 당당하게 '아니다'라고 선언한 것이었다. 이 선언을 읽은 독자 중에 에메 세제르*가 있었다(12세인 파농은 아직 그 독자가

---

1 *Légitime Défence*, réédité par Jean Michel Place, Paris, 1979.

아니었다). 그 선언문은 뒤에 세제르가 네그리튀드, 즉 흑인성을 주장하게 해준 토대가 되었다.

에메 세제르와 흑인성 운동

세제르는 파농과 마찬가지로 마르티니크섬에서 1913년에 태어났다. 카뮈와 동갑이고 파농보다는 12년 연상이었다. 세제르의 아버지도 파농의 경우처럼 하급 공무원이어서 세제르는 일찍부터 쉴쇠르 리세(파농이 다니기도 했고 세제르에게 배우기도 한)에서 교육을 받고, 19세에 프랑스로 유학하여 프랑스 최고의 수준을 자랑하는 국립사범대학에서 문학을 공부하고 1939년에는 교사 자격시험에 합격했다.

그는 어린 시절부터 독서와 시작(詩作)에 몰두했다. 특히 장려한 언어감각을 보여준 위고*나 말라르메*로부터 문학의 기본을, 니그로를 자처한 랭보*와 로트레아몽*으로부터 서구적 합리주의에 대한 이의제기와 무한한 자유에 대한 열광을, 그리고 랭스턴 휴스*를 비롯한 흑인 시인들로부터 흑인의 권리 요구를 배웠다.

세제르는 파리에서 흑인 시인 레오폴 상고르*를 만나 아프리카를 '발견'하게 된다. 흑인에 대한 우월성을 자랑한 마르티니크에서 차별을 의식하며 자란 그에게 아프리카의 전통 문학과 예술의 발견은 그야말로 충격이었다. 1934년 그는 〈흑인학생〉 지를 창간하고 흑인성을 주장하기 시작했다. 어느 지역 출신임을 부정하고 모두 같은 '흑인학생'임을 주장한 것이다. 그리고 프랑스 고전주의풍으로 썼던 자신의 시를 부정하고 초현실주의의 영향을 받은 반-시적인, 야만적일 정도로 자유로운 해방적 시를 쓰기 시작했다. 그 속에서 그는 이상화된 아프리카를 향한 불멸의 귀환, 자신이 태어난 고향 섬으로의 귀향을 그렸다. 이렇게 그려낸 섬의 이미지는 현실적인 비참함과 더불어 정신의 거대한 파도로 소생했다. 그는 자신이 인간임을, 자신이 살아 있음을, 그리고 그것의 가치를 표명해야 했다.

1939년, 세제르는 흑인 해방을 노래한 『귀향수첩』을 발표했고, 그해 마르티니크에 돌아와 파농이 다닌 리세의 문학교사가 되었다. 현대문학의 최고 걸작이라고 하는 『귀향수첩』은 최근 우리말로 번역됐다. 그러나 그의 이름은 우리말로 된 불문학사 책에서 거의 언급되지 않는다. 이 책은 제목과 달리 고향의 아름다움을 노래하지 않는다.

자연의 아름다움도 전혀 언급되지 않는다. 대신 이 책에는 모든 비참함이 있다. 식민지의 비참, 사탕수수밭 일상의 비참, 확산된 정신적 비참, 검은 인간의 절대적인 자기 부인(否認) 같은 것들이다. 세제르는 이렇게 선언했다. "이 땅은 수 세기 동안 높은 소리로 말해왔다, 우리는 짐승이라고."[1] 이러한 말은 파농의 책들에서 더욱 강하게 나타난다.

---

1 A. Césaire, Cahier d'un retour au pays natal, in revue Volonté, no 20.

4장

1940년대의 카뮈와 파농

_부조리와 차별

카뮈의 부조리

전쟁

카뮈가 『페스트』를 처음으로 구상한 1939년 9월, 프랑스는 폴란드를 침략한 독일에 선전 포고를 했다. 그러나 카뮈는 이런 행동이 부당하다고 주장했다. 스페인 시민혁명에 침묵함으로써 파시스트 정권이 승리하게 두었던 프랑스가 폴란드를 위해 전쟁한다는 것은 말도 안 된다고 생각한 것이다. 제1차 세계대전으로 발생한 전사자는 약 145만 명이었는데, 이 어마어마한 숫자는 사람들에게 여전히 충격으로 남아 있었다. 당시 프랑스에는 절대적 평화주의를 주장하는 세력도 있었고, 8월의 독소불가침조약을 정당화하여 급격히 평화주의로 변한 프랑스 공산당은 물론 우익 중에도 독일과의 전쟁을 반대하는 세력이 있었다. 그러나 여론의 대세는 참전이었다. 중도좌파인 급진사회당 정부는 공산주의 혁명을 두려워하여, 또한 독일이 생존을 보장받아야 한다는 요구에 근거하여, 그 이상의 영토 확장을 허락할 수 없다는 이유로 선전 포고를 한 것이다.

그런데 절대적 평화주의자였던 카뮈가 징병에 지원했다. 당시는 재혼까지 생각한 시기가 아닌가? 그런데도 왜 자원을 했을까? 애국주의나 영웅주의를 혐오한 그에게는 그런 요소가 전혀 없었다. 이유는 전쟁에 나서는 무고한 노동자 출신 병사들에게 연대감을 느끼고 공감했기 때문이다. 즉 자신도 그들 민중과 조금도 다름이 없는데, 그들은 전선에 내보내고 자신만 후방에서 편히 사는 게 부당하다고 느낀 탓이었다. 전쟁은 카뮈에게 가장 부조리한 상황이었다. 그러니 당연히 참여해야 한다. 카뮈의 결단은 매우 감동적이다.

바로 이 같은 이유 때문에 이 전쟁이 아무리 추악한 것이라 할지라도 그 전쟁과 무관하게 있을 수 없는 것이다. 물론, 그리고 무엇보다 먼저, 나에게—아무런 두려움 없이 죽음을 내기에 걸고서 내 생명의 위험을 감수할 수 있는 나에게— 그렇다. 그리고 다음으로 이 변명의 여지가 없는 살육을 향해 가고 있는 무명의, 체념한 모

든 사람들—내가 온통 형제같이 여겨 마지않는—에게 그렇다.(『작가수첩 1』 193)

다른 사람들의 어리석은 짓과 잔혹함에 대한 것이라 할지라도 유대 관계에서 벗어나려는 것은 헛된 일이다. '그런 건 난 모르는 일이다'라고 말하는 것도 불가능하다. 함께 협력하거나 투쟁하거나 둘 중의 하나다. 전쟁과 거국적 증오를 호소하는 것만큼 용서하기 힘든 것도 없다. 그러나 일단 전쟁이 터지고 나면 자신에게 책임이 없다는 구실로 멀찍이 물러나고자 하는 것은 헛되고 비겁한 일이다. 상아탑은 무너졌다. 자신에 대해서건 타인에 대해서건 자기만족은 금물이다.

밖에 서서 어떤 사태를 판단하는 것은 불가능하고 부도덕하다. 이 부조리한 불행을 멸시할 권리를 지니기 위해서는 그 불행의 한가운데 서 있어야 한다.

한 개인의 반응은 그 자체로서는 아무런 중요성이 없다. 그것이 무엇엔가 소용되긴 하겠지만 아무것도 정당화해주지는 못한다. 딜레탕트적 태도를 취하면서 자신의 환경을 초월하여 멀리 떨어져 있고자 하는 것은 가장 보잘것없는 자유 의지의 표방일 뿐이다.(200-201)

따라서 카뮈는 징집을 피하려고 황급히 수술을 받는 사람들을 증오했다.(190) 전쟁에 나서는 형제들에 대한 배신이라 여겼기 때문이다. 그러나 카뮈는 건강상의 이유로 지원을 거부당했다.

권력 비판

1939년의 카뮈는 그 누구도 소련을 비판하지 않았을 때 소련을 제국주의라고 비판했다는 점에서도 두드러진다. 당시 좌익들은 히틀러에 대항하려면 소련을 지지해야 한다는 입장이었으나, 카뮈는 소련을 맹수 나라에 속한다고 명확하게 비판했다. 그는 공산주의와 마찬가지로 나치도 종교나 다름없다고 보았다. 그러나 한편으로 카뮈는 전쟁 추이를 너무나도 안이하게 낙관하여 히틀러를 만족시킬 수 있는 어떤 타협이 이루어질 수도 있다고 생각했다. 이러한 낙관적인 입장은 알제리 독립에 대한 그의 태도에서도 잘 나타난다.

1939년 말 카뮈는 나치즘, 파시즘, 프랑코주의뿐만 아니라 유럽의 모든 기존 제도를 거부해야 한다고 주장하고,

"어떤 사람, 정파, 신앙, 심지어는 어떤 계급이나 정부에 대한 숭배도 아닌" "정당이나 조직의 일원이 되는 것을 거부하는" 아나키즘을 주장했다. 그것은 "경제를 공유화하면서 사회 전 구성원의 물질적, 정신적 조건을 개선하기 위해 생각하고 노력할 때, 아니 그럴 때만 존재하는" 아나키즘이었다.

전쟁은 큰 무력 충돌 없이 '기묘한 전쟁'으로 불릴 만큼 평온한 상태로 1940년 5월까지 정체되었다. 그러나 식민지에서의 상황은 달랐다. 알제리에서는 검열이 강화되었고, 카뮈는 이에 대항하여 삭제된 부분을 백지로 남겨두거나 고전 문학을 게재하는 식으로 검열에 대항했다. 그러나 신문은 1940년 1월 정간(停刊)되었고, 카뮈는 문제를 야기했다는 이유로 해고당한다.

실직한 카뮈는 오랑으로 갔다. 그곳에서 신문사 일자리를 찾았으나 여의치 않자 가정교사를 하다가 파리로 가서 〈파리-스와르*Paris-Soir*〉 사에 취직했다. 그 신문은 프랑스어로 '썩는 곳'이라는 뜻인 '푸리수아르'로 불릴 정도로 권력에 추종하는 성향이었으나, 호구지책으로 삼지 않을 수 없었다. 그 신문만이 아니라 파리 자체가 카뮈에게는 경박하고 천박하게 느껴졌다.

미미가 살던 지붕 밑 방은 마천루로 변했지만 그 심장은 변함이 없다. 그 심장은 썩어있다. 감상적인 것, 눈에만 즐거운 것, 자기만족, 인간에게는 너무나 견디기 어려운 대도시에서 인간이 스스로를 방어하기 위하여 만들어 놓은 이 모든 끈적거리는 피난처들.(244)

6월 14일 파리가 함락된 뒤 프랑스는 중부 비시에 세워진 비시 정권이 지배하는 남부와, 독일군이 지배하는 북부와 남부의 서쪽 일부로 나누어졌다. '자유지구'로 불린 남부에서는 어느 정도의 언론 자유가 인정됐다. 〈파리-스와르〉도 그 지역으로 옮겨졌다. 프랑스는 두 조각으로 나누어진 것이 아니라 사실은 산산조각이 났다. 특히 파리의 문학계는 사방으로 갈라졌다. 작가들은 모두 정치화되어 자신들이 지지하는 정당이나 단체의 행동 지침에 매달리거나, 책임을 회피한 채 개인의 창의력에만 매달려 허무주의에 빠졌다. 예컨대 지드는 비관주의, 드리외*는 승리자에 매달렸고, 생텍쥐페리*는 페탱*을 저주하면서 드골까지도 꺼렸다. 말로는 휴가를 갔고, 아라공은 상황에 적절한 시를 썼다. 모두 갈팡질팡했다.

1942년, 파리에서는 레지스탕스 활동이 시작됐다. 그

<파리-스와르>

러나 공산주의자들은 소련과의 관계로 인해 함구했다. 카뮈는 그 시기 전에 파리를 떠났기에 당연히 레지스탕스에 합류할 수 없었다. 카뮈는 절망과 혼미 그리고 가난 속에서 이혼하고 11월에 재혼한다. 엎친 데 덮친 격으로 신문사가 극도의 경영난에 처하는 바람에 카뮈는 다시 실직했고, 처가가 있는 알제리 오랑으로 간다. 그리고 그곳에서 1941년 초부터 1942년 여름까지 『시지프 신화*Le Mythe de Sisyphe*』 『이방인』 『칼리굴라*Caligula*』를 거의 완성하고 레지스탕스 활동에 참여한다.

『이방인』

1942년 7월에 출판된 『이방인』은 알제에 사는 평범한 월급쟁이 뫼르소가 어머니의 임종 소식을 듣는 것으로 시작된다. "오늘 엄마가 죽었다. 아니 어쩌면 어제. 양로원으로부터 전보를 한 통 받았다."(21) 종래 번역이었던 '어머니'가 아니라 '엄마'라고 번역하는 의미를 강조한 우리말 번역자의 열렬한 주장에도 불구하고 그것은 전혀 인간적이지 못하다. '엄마'든 '어머니'든 그 죽음은 그에게 아무런 의미가 없다. 누구의 죽음과도 다를 바가 없다. 그래서 휴가를 신청하자 싫어하는 눈치의 사장에게 그는 "그건 제 탓이 아닙니다"라고 말한다. 역시 자기 탓이 아니라는 듯이 그는 어머니의 주검을 보고도 울지 않는다. 뿐만 아니라 다음 날 수영장에서 만난 여자에게 사랑도 고백하지 않고 성행위를 하고, 여자가 돌아간 뒤 열 시까지 잠을 잔 뒤 정오가 되도록 자리에 누워 담배를 피운다.

말하자면 삶에 큰 의미를 부여하지 않는 것이다. 그렇다고 세상살이에 환멸을 느꼈다거나 권태로워하는 것도 아니다. 그는 먹고 마시고 일광욕을 즐기며 영화도 본다. 하지만 게으름뱅이는 아니다. 그냥 성실한 회사원이다. 우리와 같은 보통 사람이다. 그러나 그는 '정직'하다. 여기서 '정직'하다는 것은 우리가 보통 사용하는 의미와는 다르다. 즉 소설의 처음에서처럼 그는 모든 문제에 대해 무관심하기에 거짓말할 필요도 없는 것이다.

카뮈는 "반항. 자유란 바로 거짓말을 하지 않을 권리다. 사회적인 면(작건 크건)에서 그리고 윤리적인 면에서 진실한"이라고 말했다.(『작가수첩 2』 163) 그러나 그것이 성관계까지 나눈 애인에게 사랑한다고 말하지 않는다는 반항이나 자유라면 조금 어색하다. 그런 생활 속에서 뫼르소는 뚜쟁이와 가깝게 되어 그와 아랍인 사이의 싸움에 말려든다. 그러던 중 어느 날 해안을 서성이다가 아무런 동기도 없이 아랍인을 살해하여 체포된다. 아니, 동기가 없는 것은 아니다. '태양이 너무도 눈부셨다'는 이유가 있다. 그러나 그것도 반항이나 자유라고 하기엔 매우 어색하다.

뫼르소는 심문과 재판을 받는다. 변호사를 지정하지 않은 그에게 법에 따라 관선 변호사가 지정된다고 예심판사가 말하자 뫼르소는 매우 '편리하다'고 생각한다. 그러나 예심판사의 심문은 뫼르소에게 '장난'처럼 여겨진다.(86) 뫼르소를 무죄로 만들고자 노력하는 변호사와도 뫼르소는 의견이 맞지 않는다. 심문에서 보통의 살인자라면 울면서 항의하고 자신이 우발적인 사고에 말렸음을 보여주어야 하나 뫼르소는 철저히 자신의 사건에 무관심하여 심문하는 예심판사를 놀라게 한다. 엄마의 죽음에 슬펐느냐는 질문에 대해 뫼르소는 "정확하게 설명할 수는 없다"고 답한다. "물론 나는 어머니를 사랑했지만 그러나 그런 것은 아무 의미도 없다."(87)

이에 예심판사는 하느님을 내세우며, "비록 하느님을 외면하는 사람일지라도, 하느님을 믿는 법"이라고 말했다.(91) 그러나 뫼르소는 하느님도 자신과 무관하다고 느낀다. 변호사는 사건을 유리하게 끌고 가기 위해 뫼르소에게 몇 가지 주의를 준다. 예컨대 어머니 장례식에서 슬퍼했다고 진술하라고 종용하지만, 뫼르소는 이마저 거부한다. 상대방이 나이프를 꺼내긴 했지만, 얼마든지 피스톨로 위협하면서 도망칠 수 있었다는 이유로 뫼르소의 행위는 정당방위를 인정받지 못한다. 게다가 네 발이나 발사했으므로 과잉방위나 과실치사를 면하기도 어렵다. 더욱이 뫼르소가 '태양 때문에'라고 발포 이유를 설명하자 검찰도, 판사도, 심지어 변호사까지도 살인죄 성립을 인정한다.

재판이 뫼르소의 인간성에 대한 비난으로 전개되자 변호사가 말한다. "도대체 피고는 어머니를 매장한 것으로

해서 기소된 것입니까, 살인해서 기소된 것입니까?"(119) 이에 검사는 답한다. "범죄자의 마음으로 자기의 어머니를 매장하였으므로, 나는 이 사람의 유죄를 주장하는 바입니다."(120) 재판의 불합리성이 상세히 묘사되면서 분노를 자아내지만, 뫼르소는 정상참작이 될 만한, 혹은 자신에게 유리한 어떤 증언도 하지 않는다. 어머니 장례식, 애인과의 희극 영화 관람 및 해수욕 등 비인간적인 행위들을 증거로 채택해도 항의하지 않는다. 상고도 하지 않는다. 처형 직전 목사가 찾아와 회개할 것을 권하지만 기도조차 거부한다.

그런 그는 사형을 받고서야 비로소 모든 허위와 감상에서 벗어나 자유롭게 자신을 주장하면서 삶을 마감한다. 마지막까지 그는 이 세상에 대해 '이방인'이었다. 결국 죽기 직전에 뫼르소는 '세계의 정다운 무관심에 마음을 열'고 행복을 느낀다. 살아남고자 하는 의지를 불러일으키는 극한 상황에서 느끼는 자유라고도 할 수 있다. 그러나 죽어가는 뫼르소에게는 그것조차 무의미하다.

재판소설?

『이방인』은 언뜻 도스토옙스키의 『죄와 벌』을 연상하게 한다. 주인공 라스콜니코프도 아무런 이유 없이 권태 속에서 노파를 살해한다. 나폴레옹식 영웅주의 따위는 동기가 아니다. 뫼르소의 경우에도 이유가 있다면 너무나도 뜨거운 햇빛 때문이다. 그러나 살인 후의 과정은 다르다. 『죄와 벌』에서는 성모 마리아와 같은 쏘냐가 주인공을 구원하나, 뫼르소의 경우 신은 철저히 거부된다. 아니 어쩌면 두 소설의 결론은 같은 것인지도 모른다. 쏘냐가 러시아의 대지를 상징하듯이, 뫼르소도 밤에 빛나는 별빛을 보고 죽은 어머니를 생각하며 평화를 얻기 때문이다.

『이방인』은 범죄소설 또는 재판소설이라고도 할 수 있다. 하나의 살인사건에 대한 재판과정을 묘사했기 때문이다. 그러나 그것은 범죄나 재판 자체를 분석하고자 한 것이 아니라 범죄라는 일탈과 재판이라는 사회 질서를 대조시켜 질서에서 벗어난 일탈자를 통하여 우리의 현대 사회를 상징적으로 풍자한 것으로 보아야 할 것이다. 이는 뫼르소에게 범죄가 무의미하듯 재판도 무의미하게 묘사되는 점에 나타난다. 심문 과정에서는 그가 변호사를 세우지 않아 관선 변호사가 지정되는데, 당시 알제리에서 과연 그러했는지는 의문이다. 지금 한국에서도 반드시 그렇지 못하지 않은가? 그 밖의 재판과정도 간단한 한국의 경우와는 달리 복잡하게 이어진다.

『이방인』에 대한 서평은 극단적이었다. 이해할 수 없다는 견해도 있었으나, 나름대로 이해했다고 피력한 모리스 블랑쇼와 사르트르도 있었다. 블랑쇼는 '소름 끼치는 운명의 도구'인 재판을 언급하면서, "소위 합리적인 사람 중에서 아직도 재판의 정신착란적인 성격과 그 집행관들(판사·변호사·증인 등)의 우스꽝스러움을 인정하지 않는 사람이 많다는 것이 신기할 따름이다"라고 평했다.(토드 509, 재인용) 즉 『이방인』을 재판을 비판하는 소설로 본 것이다.[1]

사르트르도 비슷한 입장이었다. 그는 1943년 『이방인』을 볼테르 풍의 "은근한 풍자와 아이러니한 초상화(가령 뚜쟁이·예심판사·검사 등)를 담고 있는 짧은 계몽주의적 소설"이라고 보았다.(『이방인』 178) 재판에서 흔히 '비난해야 하는 것은 죄이지 죄인이 아니다'라고 한다. 그러나 우리 재판에서도 그렇지만 죄를 따지기 이전에 그 죄를 뉘우치는

---

1 르네 지라를 비롯하여 일찍부터 이런 주장은 대두했다. 한국어 논문으로는 유기환, 「현대사법사회에 대한 한 가지 비판- 『이방인』」,《논문집》, p.61-80.

죄인에 대해 단죄하는 경향은 어느 시대, 어느 나라에도 있다. 뫼르소의 재판에 대해서도 그런 점이 문제로 여겨졌던 것인데, 그러나 그 점이 이 소설의 포인트는 아니다.

소설이 출판되고 나서 13년 뒤 카뮈 자신도 그것의 '미국판' 서문에 간단한 해설을 썼다. 즉 뫼르소는 사회가 자신에게 요구하는 감정을 느끼지 못한다는 것이다. 이를 카뮈는 "거짓말하는 것을 거부"하는 것, "자신의 감정을 은폐하지 않"는 것, 그리고 (이렇게 함으로써) 동시에 "사회는 즉시 위협당한다고 느끼게" 마련이라고 말한다.(10)

지금까지 『이방인』은 카뮈를 거세 콤플렉스의 희생자로 보는 정신분석학적 견해로부터 카뮈를 식민주의의 지지자로 보는 견해까지 다양한 평가를 받아왔다. 『이방인』에 그려진 형사사법의 절차는 카뮈가 소설을 쓸 당시의 알제리 형사사법과는 전혀 다른 것으로, 당시 알제리의 형사절차는 그야말로 야만적이었다. 프랑스인이 알제리인을 햇빛 때문에 쏘아 죽였다고 해도 별로 문제가 되지 않을 정도의 상황이기도 했다. 여하튼 카뮈의 어떤 소설에도 알제리인은 주인공으로 등장하지 않았다.

이 작품에서 아랍인은 피살자로 등장한다. 카뮈 작품에서는 처음이다. 그러나 아랍인은 뫼르소의 총에 맞아 죽는 사람일 뿐, 살인을 다룬 소설에서는 당연히 등장할 그의 부모나 친구는 전혀 등장하지 않는다. 말하자면 피해자의 입장은 이 소설에서 철저히 배제된다. 뫼르소는 식민지에 대해 긍정도 부정도 하지 않고, 단지 낯설어하는 이방인이다. 식민지 민중과 유럽인은 서로의 존재를 인정하지 않는다.

사이드는 1978년의 『오리엔탈리즘』에서 오리엔탈리즘적인 어느 저자의 책을 비판적으로 언급하면서 그의 이론적 지주인 "카뮈의 식민지적 멘탈리티가 결코 혁명과 아랍인에 대해서 동지가 되지 못했"다고 말했을 뿐 그것을 자세히 설명하지는 않았다.(543) 더욱 상세한 설명은 1993년의 『문화와 제국주의』에서 볼 수 있다.

사이드가 본 『이방인』

사이드에 의하면 "카뮈의 전기를 쓴 사람들은 모두 카뮈가 알제리에서 프랑스인 젊은이로 성장했다고 말하나, 그는 언제나 프랑스와 알제리의 투쟁의 낌새로 가득 찬 분위기 속에 살았다. 그러나 그는 그 낌새의 대부분을 모른 체했고, 만년에는 알제리를 두고 그곳의 무슬림 선주민에 대항하여 투쟁하는 프랑스인의 특이한 의지로 노골적으로 바꾸어 언어, 이미지, 그리고 지리적인 이해로 표현했다." "카뮈가 만년에 알제리 독립을 위한 민족주의자의 요구에 대해 공공연히, 심지어 단호하게 반대했을 때, 그는 단지 예술가로서의 경력의 최초로부터 알제리에 대해 표상한 것을 같은 방법으로 반복한 것에 불과했다."(351-352)

이런 카뮈의 생애와 관련되어 사이드는 "카뮈의 소설에서 한때 그 소설과 무관하다고 생각된 것, 즉 1830년에 시작되어 그 뒤 카뮈가 살았던 시대와 카뮈 소설 자체에까지 흘러들어간 프랑스 제국주의 정복의 너무나도 명백한 현실을 찾아내야 한다고 주장"한다.(543) 가령 사이드는 카뮈의 『이방인』에서는 "프랑스 식민주의 역사 전체" "알제리 국가의 파멸" "그 후 독립 알제리의 대두(카뮈는 이에 반대했다)"가 배제됐다고 본다.(543)

> 카뮈의 완고함은 뫼르소가 죽인 아랍인의 출신을 전혀 밝히지 않고 아무것도 아니라고 설명한다. 따라서 오랑의 비참한 상황도 아랍인의 죽음을 중심으로 표현하는 것이 아니라 (결국 인구통계로 본다면 아랍인의 죽음이 압도적으

로 많았지만) 프랑스인의 의식을 표현하는 것에 관련되어
있다.(157)

이는 가령 월남전쟁을 비판적으로 묘사한 〈지옥의 묵시록〉 같은 미국 영화에도 월남인은 여전히 주변적인 배경으로만 등장하고 월남전쟁의 희생자나 비판자가 미국인 중심으로 묘사되는 것과 마찬가지다. 사이드에 의하면 카뮈가 "'서양의식'이라고 하는, 너무나도 얄팍한 것을 대변할 뿐만 아니라, 비유럽세계에서의 서양의 지배를 대변한 사람"(167)이라는 비판과도 연결된다.

『이방인』도 『페스트』도 아랍인의 죽음에 대한 것이다. 그러나 아랍인의 죽음에 의해 조명되고 암묵리에 강조되는 것은, 프랑스인 등장인물이 빠진 양심과 자기반성의 곤경일 뿐이다. 나아가 카뮈가 너무나도 생생하게 묘사하는 시민사회의 구조—시청, 사법기구, 병원, 식당, 클럽, 오락, 학교—는 비프랑스계 주민을 통치하고 있음에도 불구하고, 철저히 프랑스적인 것으로 나타난다. 알제리 시민사회에 대한 카뮈의 묘사와, 프랑스 학교교과서의 설명은 놀라울 정도로 일치한다. 즉 그의 장·단

편 소설이 이야기하는 것은, 알제리 토지의 소유권을 철저히 차단당한 무슬림 주민들, 즉 평정되고 처형당한 주민들에 대해 프랑스가 승리한 뒤의 결과이다. 카뮈는 이러한 방법으로 프랑스의 우월성을 확인하고, 그것을 강화하는 가운데, 프랑스가 알제리 무슬림에 대항하여 전개한 1백 년 이상의 통치권 운동을 논의하지도 반박하지도 않았다.(157)

『이방인』과 『페스트』의 알제리 묘사는 카뮈가 살았던 알제리 현실과 전혀 다르게 당시 프랑스 정부의 선전물 묘사와 같았다고 사이드는 비판한다. 사이드 자신이 비판한 오리엔탈리즘이나 제국주의 문화의 전형이라고 보는 것이다.

이는 카뮈의 『이방인』이 훌륭한 재판 비판 소설로도 이해되는 점과 배치된다. 나는 그러한 해석의 가치를 전적으로 부정하지 않는다. 그러나 이를 당시의 알제리 재판을 묘사한 소설로 읽는다면 분명히 문제다. 사이드에 의하면 "카뮈의 장·단편 소설은 프랑스에 의한 알제리 착취에 관한 전통, 용어, 법, 담론전략을 정확하게 보여준다. 이 거대한 '감정의 구조'에 카뮈는 가장 정확한 윤색을 부여했고,

최종적으로 진화시켰다." 그래서 사이드는 "카뮈의 작품이 식민주의의 딜레마를 제국 측이 변형시킨 것으로 보아야 한다"고 주장한다. "여기서 과거 프랑스의 폭력행위를 상기하게 되면, 그 의식은 단축되고 고도로 압축된 생존—어디로도 갈 수 없게 된 공동체의 생존—을 기념하는 것이 된다."(360) 그래서 사이드의 카뮈 평은 혹평에 이른다.

> 인간의 조건이란 지금도 카뮈의 사회적·문학적 명성이 의존하는 것이다. 그러나 프랑스의 영토강탈과 정치적 통치권을, 그것이 알제리의 민족주의에 대한 공감과 공통의 인식을 저해하는 것으로 먼저 판단하고, 이어 그것을 거절한다고 하는, 더욱 어렵고 도전적인 선택이 언제나 존재했기 때문에, 카뮈의 한계는 더는 구제할 수 없을 정도로 마취적인 것으로 보인다.(361-362)

『시지프 신화』

『이방인』을 보다 정확하게 이해하려면 『이방인』과 거의 동시에 쓰인 『시지프 신화』를 읽어볼 필요가 있다. 카뮈는 부조리한 인간의 상징으로 시지프를 발견한다. 시지프는 바위를 산꼭대기까지 끌어올리나 바위는 다시 떨어지고 그는 다시 들판으로 내려간다. 카뮈는 "이 세상은 모순, 이율배반, 불안 또는 무능이 지배하고 있는, 이루 말로 표현하기 힘든 것"이라고 본다. 이는 물론 1938년부터 1941년 사이 그가 경험한 세계에 대한 관찰의 결론이다. 그러나 카뮈는 "우리를 끊임없이 괴롭히는 유럽을 뒤덮고 있는 이 묘지들은 정말 무시무시하"나, 히틀러로 상징되는 "정복자로부터는 어떤 것도 영속할 수 없다"고 주장한다.

이방인은 동시에 부조리의 정열로 나아간다. 부조리에서 희망을 찾고자 한다. 그러나 그것이 '내세의 삶에 대한 희망'이라면 그것은 "삶 그 자체를 위해서가 아니라 어떤 거창한 관념, 삶을 초월하고 그 삶을 승화시키며 삶에 어떤 의미를 주며 삶을 배반하게 되는 사람들의 속임수"이다.(22) 자살도 부조리에 대한 해결이 아니다. 결국 남는 것은 부조리 속에서 버티는 것인데, 카뮈는 그것을 반항, 자유, 열정이라고 부른다.

카뮈는 "인간은 비합리적인 체계 앞에 서 있으나, 그는 그 안에서 행복과 이성의 욕망을 느낀다"고 주장한다. 그리고 "개인은 아무것도 할 수 없지만, 또 모든 것을 할 수도 있다" "나는 투쟁의 편에 서 있다"고 선언한다. 그것을 카뮈는 스포츠 활동과 연극 활동, 특히 사랑으로 본다. 그래서 『시지프 신화』에는 바람둥이의 전형인 돈 후안이 자주 등장한다.

> 사랑하면 사랑할수록 부조리는 더욱 견고해진다. 돈 후안이 이 여자에서 저 여자로 전전하는 것은 결코 애정 결핍 때문이 아니다. …모든 여자를 똑같은 열정으로, 그때마다 자신의 모든 것을 다 바쳐서 사랑하기 때문이다. […] 어떻게 드물게 사랑해야만 많이 사랑하게 된단 말인가.(107-108)

> 이 세계의 비참과 위대함: 세계는 진실을 제시하지 못하지만 사랑을 준다. 부조리가 지배하고 사랑이 부조리에서 구원해준다.(『작가수첩 1』 135).

물론 카뮈가 말하는 사랑은 남녀 간의 사랑만이 아니다. 그것은 인간애, 동지애, 우정을 포함한 모든 사랑이다. 카뮈는 『시지프 신화』를 쓴 뒤 출판사에 보낸 '작가의 말' 초고에서 다음과 같이 썼다.

티치아노의 그림 <시시포스>

현대의 지성계는 허무주의에 시달리고 있다. 거기서 벗어나려면 그 병을 잊어버리고 뒤로 되돌아가야 한다고들 말하고 있다. 다시 말해 '회귀'다. 중세, 원시 정신 그리고 소위 말하는 '자연적인' 삶과 종교와 낡은 해법의 창고로 되돌아가는 회귀다. 그러나 이 진통제가 정녕 유용한 것이 되려면, 몇 세기 동안 이것이 가져다준 것들을 부인하고, 우리가 정확히 알고 있는 것을 짐짓 모르는 체하면서, 또 지울 수 없는 것을 지워야 할 것이다. 그러나 그것은 불가능한 일이다. 그 반대로 이 에세이는 부정과 함께 살면서 그것을 진보의 법칙으로 삼으라고 제안하고 있다. 이것은 또 현대의 지성에 대해 믿음과 신뢰를 보여주고 있다.(『작가수첩 2』 32)

<콩바>

카뮈를 비롯하여 파시즘에 저항한 모든 사람이 1944년 8월의 파리 해방을 열렬히 맞이했다. '레지스탕스에서 혁명까지'라는 부제로 발행된 〈콩바Combat〉지는 날개 돋친 듯 팔렸다. 카뮈는 논설에서 다음과 같이 주장했다.

이제 싸우는 파리는 내일부터 스스로 통치할 것을 바라고 있다. 그것은 권력을 위해서가 아니라 정의를 위해서이고, 정치를 위해서가 아니라 도덕을 위해서이며, 자국의 지배를 위해서가 아니라 그 영광을 위해서이다. […] 우리는 지체없이 참된 민중과 노동자의 민주주의가 실현되기를 희망한다. […] 자유와 정의가 그 모든 보장을 회복하는 헌법, 자유의 정책이 거짓이 아닌 근본적인 구조개혁, 독점과 기존의 재정적 이해관계의 가차 없는 파괴, 예외 없이 모든 동맹국에 대한 명예와 충성에 근거한 외교정책. 현재 상태에서 이는 하나의 혁명이다. 그것은 조용하고도 질서 있게 수행될 수 있으리라.[1]

위의 글에서 우리는 카뮈의 아나키스트적인 면모를 더욱 확실하게 읽을 수 있다. 그는 부와 특권의 중앙집중, 기업의 관료주의적 노동 위계구조에 명백히 반대하고, 부의 재분배를 주장했다. 나아가 관료주의적 공산주의를 거부하고, 동시에 자본주의의 부정의를 수정하여 빵과 자유를 보통 사람들에게 제공하는 아나키즘적 개혁을 희망했다.

---

1 Emmett Parker, *Albert Camus: The Artist in the Arena*, Madison: University of Wisconsin Press, 1065, p.74. 재인용.

당시 카뮈는 부르주아에 반대했으나, 그가 반대한 부르주아란 어디까지나 정치적, 경제적인 부패와 연결된 거대자본의 소유자를 뜻했다. 그는 결코 사유재산의 사회화를 주장하지 않았고, 공산주의자들이 말하는 계급의 타파를 주장하지도 않았다. 즉 소규모 사유재산의 철폐까지 포함하는 재산 질서의 전면적 개혁을 주장한 것이 아니었다.

카뮈는 시민 스스로 확보한 자유와 정의는 중시한 반면 조국이 바로 국가권력이라고 하는 생각에는 반대했다. 그래서 이미 레지스탕스 운동에서 드러난 것처럼 각 당파 간의 세력 다툼에 대해 우려를 표시했다. 또한 카뮈는 1944년 10월의 논설에서 "우리는 정치혁명이 그것과 병행하며 그것에 진정한 차원을 부여해주는 도덕 혁명이 없이는 불가능하다"고 주장했다. 또 한 달 뒤 그는 사회정의란 주로 사람들이 "인간의 문제는 세부에 들어가면 복잡하지만 원칙에 있어서는 단순하기 때문에" "상식적인 몇 가지 진리들을 인정하기를 요구한다"고 썼다.[2]

〈콩바〉는 특이한 신문이었다. 우선 전문가가 아닌 아마추어들의 신문이었다. 카뮈는 그 신문의 편집장이었는

---

2 제임스 D. 윌킨슨, 이인호 김태영 옮김, 『지식인과 저항』, 문학과지성사, 1984, 110쪽 재인용.

데, 기자 경력이 있는 사람은 아예 받아들이지 않았다. 덕분에 당시 진보적인 문인들이 대거 참여했다. 즉 사르트르, 보부아르, 지드, 베르나노스, 레리스, 아롱 등이었다. 그들은 편집회의도 없이 독자적으로 글을 썼다. 그리고 신문사에 들어오는 구독료 등의 돈을 커다란 바구니에 쌓아두고 저녁에 함께 나누어 썼다. 그들은 파시즘으로부터의 참된 해방은 소유욕과 권력욕에서 벗어나는 인간성의 변화에 있다고 주장했다.

카뮈는 프랑스 민주주의를 위해 싸우고 전사한 식민지 선주민들에게 정치적 인권을 주어야 한다고 신문에 썼다. 그와 동시에 식민지에 프랑스인과 선주민의 공동체를 세워야 한다고도 주장했다. 그는 평생 이 같은 주장을 굽히지 않았다. 특히 1945년 알제리 폭동 시 프랑스에서 나오는 대부분의 신문이 보수적인 논조를 폈을 때도 카뮈는 〈콩바〉에 6회분의 「알제리 위기」라는 글을 썼는데, 여기서 그는 폭동은 프랑스의 정책이 실패해서 나온 것이며 이를 해결하려면 정치적·경제적 개혁이 필요하고, 아랍인을 프랑스 시민으로 인정하고, 알제리에 자율적 정부를 세우고, 알제리 농업 발전을 위해 원조를 아끼지 말아야 한다고 주장했다.

적어도 1945년 이후 그는 당시 유일한 희망으로 보였던 공산당에 반대하는 의견에도 의문을 품게 된다. 공산당이야말로 항독 레지스탕스를 주도했던, 당시로서는 유일한 정치집단이었기 때문이다. 그래서 카뮈는 일시적으로 공산당에 다시 기울었다. 카뮈는 이미 공산당에 가입했다가 제명된 사실이 있었지만 당시에는 그 점이 크게 문제시되지는 않았다.

『페스트』

해방된 지 2년이 지난 1947년, 이데올로기의 양극화는 더욱 뚜렷하게 나타났다. 물론 당시는 우익이 차츰 기반을 잡아가던 시점이었다. 이에 대해 좌익은 드골주의를 파시즘에 접근하는 위험 세력으로 간주하기 시작했다. 카뮈는 그해 6월 『페스트』를 출간했는데, 이 소설은 당시의 이데올로기 양극화 현상을 바탕으로 이해해야 한다.

우리가 한때 경험했던 저 어처구니없는 세계, 사람 하나 죽이는 것쯤을 파리 한 마리의 죽음 정도로 여겼던 그

무지한 세계, 저 뚜렷이 규정된 야만성, 저 계산된 광란, 현재가 아닌 모든 것 앞에서의 무시무시한 자유를 가져왔던 저 감금 상태, 제풀에 죽어 넘어지지 않는 모든 자를 아연실색하게 하던 저 죽음의 냄새… 무력함과 공포의 쇠사슬에 묶여 자기 차례를 기다리고 있던 그 어리벙벙한 민중.(306)

이 소설의 무대는 1940년대 알제리 오랑이다. 첫 부분에서 카뮈는 오랑을 "눈을 끌 만한 특이한 것도 없고, '초목도 없고 넋도 없는 도시'"(19)로 다섯 쪽에 걸쳐 장황하게 묘사한다. 이런 도시에 사는 사람들은 지겹게 살아간다. 병자의 아내에게 오직 "죽었습니다"라고만 말하는 노동자 집안 출신 의사 베르나르 리유도 그렇다. 그의 아내는 먼 곳에서 죽어가고 있다.(36)

도시를 어슬렁거리기만 하는 장 타루도 마찬가지다. 그는 판사인 아버지가 새벽마다 사형을 집행한다는 사실을 알고 집을 뛰쳐나왔다. 그는 "사람을 죽게 하고 그 죽게 하는 행위를 정당화하는 일체의 것을 거부하기로 결심했다."(260) 그 외에 최하층 시청직원으로 살면서 아내에게 버림받고 밤에 시시한 소설을 끄적이는 데에서 삶의 보람을 느끼는 조셉 그랑, 취재 차 들렀다가 곧 파리로 돌아가 애인을 만나고자 하는 기자 레몽 랑베르가 있다.

그들이 사는 도시에 4월 어느 날 페스트가 퍼진다. 처음에 사람들은 별로 놀라지 않는다. 그러나 도시는 격리되고 계엄령이 선포된다. 이런 페스트 상황에 대해 사람들은 세 가지 대응을 보인다.

첫째, 페스트가 '이 고장 사람이 아닌' 자신과는 무관하다고 확신하고 도피로만 찾는 랑베르의 도피적 태도이다. 둘째, 페스트가 신이 내린 재앙이라고 설교하며 회개하라고 외치는 예수회 신부 파늘루의 초월적 태도이다. 셋째, 리유와 타루, 그리고 그랑처럼 페스트와 싸우기 위해 보건대를 조직하는 윤리적 반항의 태도다. 랑베르는 끝없이 탈출을 시도하다가 마지막에는 보건대에 합류한다.

『페스트』의 주제는 연대의식이다. 그것은 이미 카뮈가 1939년 제2차 세계대전이 발발했을 때 자신은 반전주의자인 데다가 재혼을 목전에 두고 있으면서도 전쟁에 참여해야 한다고 주장한 이유와 같다. 이러한 문제의식은 특히 신문기자 랑베르에게 절실했다. 그는 동참을 호소하는 리유에게 항변한다. "하지만 난 이 고장 사람이 아닌데요!" 그러자 리유는 답한다. "지금부터는 유감입니다

만, 선생은 이 고장 사람입니다. 다른 사람들처럼 말입니다."(99)

랑베르는 결국 '혼자서만 행복해진다는 것은 부끄러운 일'임을 깨닫는다.(218) 랑베르가 변하듯이 신부도 변해 동참을 결심한다. 그 결정적인 계기는 한 아이의 처참한 죽음이다. 그 죽음을 지켜보며 리우는 신부에게 내뱉는다. "이 애는 적어도 아무 죄가 없습니다."(227) 신부는 페스트와 유사한 병증으로 죽는다.

사람들은 불안에 떨지만, 페스트로 이득을 보는 사람들도 있다. 그중 하나가 모종의 혐의로 구속 직전에 처해 페스트가 퍼지기 전날 자살을 기도했던 코타르이다. 페스트로 인해 경찰이 그에게 무관심해지자 암거래 등으로 이익을 보고, 그 이유로 마지막에 다시 체포된다.

페스트가 만연한 절망적인 도시에서 페스트와 싸우는 인간 군상을 그린 이 소설이 제2차 세계대전의 참상을 경험한 사람들에게 감동을 주었을 것은 분명하다. 즉 그들에게는 페스트=침략국, 보신주의자 코타르=대독 협력자, 의사 리유 등의 투사=레지스탕스로 보였을 것이다. 페스트는 독재와 나치즘, 파시즘과 프랑코주의를 포함했고, 특히 스탈린주의를 뜻했다. 당시의 말로와 같이 카뮈는 중요한 위험이 서쪽의 미국이 아니라 동쪽의 소련에서 나타날 것이라고 생각했다. 서쪽의 불의와 동쪽의 잔인함에 대항해 카뮈는 『이방인』의 개인적 반항에서 집단적 반항으로 넘어갔다.

『페스트』에 드러난 문제점과 카뮈의 자세

『페스트』에 대해서는 호평과 함께 혹평도 있었다. 특히 소설에서 가장 강조된 보건대 활동을 통해 악에 대한 투쟁을 강조한 점을 들어 '보이스카우트 소설'이라고 야유한 비평가도 있었다. 앞에서 나는 『페스트』가 전체주의에 대한 비판이라고 했다. 그러나 페스트를 전체주의를 상징하는 것으로 보기에는 문제가 있다. 전체주의는 살인, 보복, 밀고, 고문 등으로 점철되나, 페스트란 질병에서는 그런 윤리적인 문제가 발생할 수 없다. 따라서 비평가들은 비인격적인 질병을 내세워 이를 압제자로 상징하고, 억압받는 소수 인격을 이와 대치하는 레지스탕스로 과도하게 이상화했다고 비판했다. 보이스카우트 운운하는 비아냥 역시 이와 같은 맥락이었다.

또한 비평가들은 『페스트』에서 이야기 전개에 따라 작가의 관점이 변한다는 점을 지적했다. 앞부분에서 오랑시의 시민들과 시청은 대단히 수동적으로 묘사된다. 한참 뒤에 그들은 실수를 깨닫게 되는데, 이는 히틀러에 대한 유화정책의 실패, 또는 마르크 블로크*가 1940년 프랑스가 패배한 이유 중 하나로 들었던 국가 운명에 대한 무관심에 대한 카뮈의 비판으로 볼 수 있다. 그러다가 소설의 마지막에서는 시민들에게는 죄가 없는 것처럼 묘사된다.

이러한 문제점은 『페스트』가 1939년에 구상되어 1947년에 완성되기까지 8년간에 걸친 카뮈 자신의 사고의 변화에서 기인한다. 그 8년의 전반기인 4년간 카뮈는 나치의 위협에 어떻게 대처할 것인가를 고민했으나, 후반기인 4년간은 전후의 소련 공산주의 및 미국 자본주의라는 새로운 전체주의에 어떤 식으로 저항할 것인가를 고민했다.

카뮈가 『페스트』로 상징하는 비인격성은 결국 국가라는 비인격성, 특히 관료제라고 하는 비인격성의 묘사로 이해할 수밖에 없다. 따라서 그 떼죽음은 모든 종류의 국가라는 이름 아래 자행된 온갖 대량살육을 상징한다. 그리고 그것에 저항하는 인간의 용기란 나치하의 레지스탕스만이 아니라, 모든 국가에 저항하는, 아니 국가 자체를 거부하는 아나키스트적인 자세로서만 올바르게 이해될 수 있다.

당시 대다수 지식인과 달리 항상 노동자들과 접촉했던 카뮈는 두 개의 노동운동을 구별했다. 하나는 중앙집중식, 사회주의적, 영웅주의적, 반민주적임을 자처하는 소련식 인민민주주의의 노동운동, 또 하나는 아나키즘인 프루동주의자, 혁명적 사회주의자, 민중주의자들의 노동운동이었다. 카뮈가 지지한 것은 후자였다.

구체적으로 카뮈는 영국과 북유럽의 노동조합의 자율권을 인정한 제3의 사회주의를 지지했다. 그는 생산수단과 분배의 공유화가 상정하는 장점을 인정하면서 자본주의와 시장경제의 자유기업을 넘어서는 제3의 길을 모색했다. 특히 카뮈는 스페인 아나키스트와 같은 변두리 저항인들이 보여준, 인간의 고결함을 지키는 명예를 존중했다.

파농의 차별

제2차 세계대전과 인종차별 경험

1939년 9월, 프랑스와 영국이 독일에 선전포고를 하자 독일군은 마르티니크섬에도 폭탄을 투하했다. 섬사람들은 공포에 사로잡혔다. 그해 파농은 포르 드 프랑스의 쉴쇠르 리세에 입학했으나 학교는 곧 휴교에 들어갔다. 파농의 어머니는 파농과 그의 형 조비를 섬의 반대편에 사는 삼촌 댁에 보냈다. 독서를 즐긴 삼촌은 파농 형제에게 문학과 철학을 가르쳤고, 이들은 전쟁을 둘러싼 정치와 도덕에 대해 토론했다.

1940년 봄, 나치가 알사스 국경을 넘어 프랑스를 침공하고 6월에 파리가 독일군에 함락되자, 마르티니크 사람들은 분노했다. 프랑스에 나치의 괴뢰정부인 패탱의 비시 정권이 수립되자 카리브해에 주둔한 프랑스군도 거기에 협력했다. 나치는 카리브해 프랑스 해군에게 장기 휴가를 부여하고 무기한 상륙을 허락했다. 레지스탕스를 소탕하기 위해서였다.

그 결과 프랑스 해병대와 그들의 가족 1만 명 이상이 포르 드 프랑스에 머물게 되었고, 조용하던 섬마을은 별안간 군사요충지로 변하여 모든 시설에서 흑백이 구별되는 등 엄청난 인종차별과 탄압이 가해졌다. 당시 그곳의 인구는 4만 명을 조금 넘었는데, 그중 백인은 20분의 1 정도밖에 되지 않았다. 그런데 갑자기 약 1만 명의 백인이 나타난 것이다. 다른 사람들과 마찬가지로 파농 역시 처음으로 인종차별을 느끼게 되었다. 게다가 술에 취한 병사들은 섬사람들에게 폭력과 강간을 일삼았다.

그전에도 인종차별이 아예 없었던 것은 아니었지만, 중류 가정에서 자란 파농에게는 심각하게 다가오지 않았다. 그러나 별안간 다수가 된 백인에게 받은 사회 전반의 차별은 감수성이 강한 나이의 그에게 커다란 충격이었다. 더구나 프랑스군은 사회주의자와 자유주의자를 감금하는 것도 모자라 검열까지 시행했고 특히 BBC방송을 청취하지 못하게 막았다.

1940년 9월, 1년간 휴교했던 리세가 다시 열리면서 파농은 형 조비와 함께 부모의 집으로 돌아와 학교를 다녔다. 그곳에서 그는 당시 교사였던 에메 세제르의 수업을 들었다. 고향에 돌아온 세제르는 당시로서는 가장 출세한 지식인으로 여겨졌으나 그는 선진 프랑스의 문화를 전파하기는커녕 그것을 부정하는 네그리튀드—검은 것이 아름답다—를 주장하여 사람들을 놀라게 했다. 아니 프랑스를 절대적으로 신봉한 섬사람들은 그를 혐오하여 미치광이로 취급했다.

그러나 1940년 인종차별이 거세어지자 섬사람들은 그들의 인권을 주장하는 세제르를 주목하기 시작했고, 곧 젊은 학생들의 존경을 받게 되었다. 파농 형제도 그의 수업에 참여하여 보들레르와 로트레아몽과 같이 주류에서 밀려난 시인들의 작품을 새로이 이해하게 되었다. 파농은 세제르의 문체를 그대로 모방한 글을 쓰고 세제르의 연극 활동에도 적극적으로 참여했다.

인종차별과 탄압 속에서 1941년 세제르는 〈트로피케〉지를 창간하여 마르티니크의 문화를 주도하기 시작했다. 검열이 심해지자 난해한 초현실주의 형식의 시로 저항했지만 소용없었다. 세제르의 잡지는 결국 엄격한 검열을 피하지 못해 군대로부터 위협을 당했고 출판이 금지되는 운명에 처한다. 그러나 〈트로피케〉는 마르티니크 청년들에게 깊은 영향을 끼쳤다. 문학작품과 함께 노예제, 민간전승, 동식물, 아프리카 흑인문학과 쿠바 문학 들을 소개한 이 잡지는 창간 4년 뒤인 1945년에 결국 폐간되었다. 정치가 문화를 압도하기 시작했기 때문이다.

〈트로피케〉에 실린 작품들은 1941년 5월, 초현실주의의 주창자인 앙드레 브르통이 페탱이 다스린 타락한 프랑스를 피하여 마르티니크에 도착함으로써 프랑스에 널리 알려졌다. 그와 함께 아직은 그리 알려지지 않은 구조주의 인류학자인 클로드 레비-스트로스*와 혁명가 빅토르 세르주* 등도 마르티니크에 망명했다. 세 사람을 비롯한 프랑스 망명 지식인들은 마르티니크의 나병 환자 수용소에 갇혀 치욕적인 심문을 당하다가 일시적으로 풀려났는데, 그때 세제르를 비롯한 마르티니크의 시인들과 만났다. 브르통*은 그 경험을 바탕으로 『마르티니크, 뱀을 유혹하는 섬』을 썼다.

그들은 부르주아의 위선과 기독교의 허위를 비판하고 신성불가침의 이성을 불신한다는 점에서 의기투합했다. 세제르는 몇 세기에 걸친 노예제도와 문화적 소외로 인해 밑바닥에 묻힌 흑인의 영혼을 해방시키고자 했다. 흑인은 과학에 대한 신앙으로 마비된 백인들보다 대지에 가깝고, 돌·강·바다·바람에 가깝다고 주장했다. 그는 프랑스어 안에서 혁명을 생각했고, 백인이 사용하는 언어의 내부에서 흑인의 언어를 말하고자 했다.

무의식의 해방과 자동기술을 신봉한 초현실주의 작가 브르통이 세제르에 의해 강직하게 표명된 신앙고백에 감동한 것은 당연한 일이었다. 초현실주의자는 자신이 누군지 모르는 니그로와 같았다. 그들은 인간 속에서, 모든 인간 속에 사람들이 압살하고자 한 니그로를 발견했다.

그 결과 최초로 식민지 문학이 본국 문학을 모방하는 수준을 벗어나 본국 문학과 대등하게 성립되었다. 세제르는 식민지인의 절규를 형상화하여 모방의 터부를 파괴했다. 물론 세제르가 초현실주의 형식을 빌린 것은 사실이나 그 영향력은 점차 희미해졌다.

마르티니크 문학은 세제르의 네그리튀드에 의해 비로소 시작되었다고 해도 과언이 아니다. 네그리튀드는 선주민의 존재—그토록 집요하게 고통받던 검은 얼굴—와 마르티니크의 원초적인 모태를 복권시켰다. 본래 적극적이었던 존재들이 식민지화를 통해 약소하고 부정적인 것으로 폄훼되었던 내면의 아프리카를 복권시킨 것이다.

파농에 대한 세제르의 영향은 절대적이었다. 파농은 『검은 피부, 하얀 가면』에서 서인도제도인이 "흑인임을 시인하고 그들의 요구를 당당하게 소리 높이 외치는 소리가 들리게 된 것은 세제르가 출현하면서부터"라고 말했다.(158) 또한 『아프리카 혁명을 향하여』에서 앙티유인의 피부색에 관한 가치관을 바꾼 세 사건을 언급하면서 제일 먼저 세제르의 귀국을 들었다.

물론 뒤에서 보듯이 파농은 네그리튀드를 비판한다. 비단 파농만 그런 것이 아니라 네그리튀드에 대한 비판은 일찍부터 제기되었다. 네그리튀드 논의 자체가 목적한 바는 아니었지만, 그것 역시 서양이라는 하나의 환상을 또 다른 환상으로 대치한 것에 불과하다든가, 외부의 흑인 세계를 가져옴으로써 크레올 문화의 현실을 무시했다든가, 크레올어로부터 탈주하여 프랑스어에 매료되었다든가, 과거의 고답파 수입과 마찬가지로 프랑스의 초현실주의를 수입한 데 불과하다든가, 결국은 소외된 그리스-라틴제를 수입하여 문화적 공론화의 논리에 빠졌다든가 하는 비판들이었다.

드골과 파농의 참전

마르티니크에 엄습한 인종차별의 충격은 그러나 백인에 대한 분노로 이어지지 않았다. 파농의 조국은 여전히 프랑스였다. 그러한 판단에 결정적으로 이바지한 것은 전파를 타고 온 드골의 목소리였다. 드골은 프랑스 본토에서와 마찬가지로 마르티니크 섬사람들에게도 비시 정권은 반역자이고 진정한 프랑스 국민이 아니라고 외쳤다. 따라서 섬사람들을 차별하는 자들은 반역의 배신자에 불과했다. 그래서 조국이 위기에 처했다고 판단한 1943년 1월, 18세의 리세 2년생이었던 파농은 레지스탕스에 합류한다.[1] 마르티니크에서 10킬로미터 정도 떨어진 도미니카의 열대우림 지역에 있는 프랑스 해방군에 들어간 것이다.

파농이 서너 달 군사훈련을 받을 동안 미국은 마르티니크에 대한 무역을 중단했다. 결국 경제적 궁핍은 극대화되었고 마르티니크의 프랑스군은 접전 없이 해방군에 항

---

[1] '자하르' 8쪽은 파농이 왜 백인에 대항하는 투쟁이 아닌 이 전투에 참가했는지에 대해 의문을 던지고 있다. 그러나 당시의 어린 파농에게 그런 민족의식이 있었는지 의심스럽다. 오히려 당시 마르티니크 청년들에게는 조국인 프랑스를 구하기 위한 레지스탕스에 참가하는 것이 당연했다고 봄이 옳다. 게다가 그는 그를 돌보지 않은 어머니를 걱정한다든가, 3남의 입장에서 형제자매를 걱정할 필요도 없었다.

복했다. 파농도 마르티니크로 돌아왔다.

당시 마르티니크에서는 젊은이들이 전쟁에 참여하는 사례가 거의 없었으나 파농은 1944년, 의용군에 입대하여 최연소 지원병으로 북아프리카 전선에 투입되었다. 그런데 전선에서 유럽인과 선주민은 차별되었다. 파농과 같은 서인도제도 출신자들은 유럽인으로 취급되었으나 숙소는 백인들의 그것에 비해 너무나도 형편없었다. 그곳에서 만난 북아프리카인들 역시 흑인을 차별했다. 그곳에서 당한 엄청난 인종차별을 그는 『검은 피부, 하얀 가면』 4장에서 다음과 같이 충격으로 기록했으나, 역시 그 이유에 대해서는 심각하게 생각하지 않았다. 그는 여전히 스스로를 프랑스인이라고 생각했기 때문이다.

> **나는 10여 년 전에 북아프리카인들이 유색인을 혐오하는 것을 확인하고 놀란 일이 있었다. 그곳 사람들과 접촉하기란 정말 불가능했다. 나는 이 적의의 이유를 깨닫지 못하고 아프리카를 떠나 프랑스로 왔다.(101)**

그러나 당시의 그에게 차별은 그저 놀라움일 뿐이었다. 차별이 있으면 있을수록 파농은 프랑스인으로서 프랑스를 위해 열심히 노력해야 한다고 마음먹었고, 그 와중에 전선에서 다치기도 하여 무공훈장까지 받는다. 그러나 차별의 현실은 없어지기는커녕 더욱 거세어졌다. 흑인 '전쟁 영웅'은 백인 포로들보다 더 못한 대접을 받았다. 파농은 만민의 평등을 위해 싸웠건만 차별이 여전한 현실에 분노했다. 그래서 당시 부모에게 보낸 편지에 다음과 같이 썼다.

> 제가 무엇 때문에 이곳에 왔을까요? 낡은 사상을 지키기 위해? 만약 제가 돌아가지 못하거든 당신의 아들이 적과 맞서 싸우다 죽어갔다는 사실로 위안을 삼으시기 바랍니다. 그러나 부디 대의를 위해 목숨을 바쳤노라고 말하지는 마세요. 대신 이렇게 말하세요. 하느님이 당신의 아들을 서둘러 데려가신 건, 교사, 종교인과 정치인들의 잘못된 가르침 때문이라고요. 그들이 더는 세상의 빛이 되어서는 안 되기 때문이라고요. 저는 잘못되었습니다.(엘렌, 128-129 재인용, 단 번역은 수정됨)

유학 시절의 인종차별 경험

전쟁이 끝나고 1945년 10월, 마르티니크로 돌아온 파농은 리세에 복학했다. 그리고 그해 대학입학자격시험의 구술시험에 합격한다. 필기시험은 이미 그전에 합격한 터였다. 이때부터 그는 서구의 지식인들, 특히 니체, 야스퍼스, 키르케고르, 헤겔, 사르트르, 그리고 세제르의 책을 읽기 시작했다. 특히 인종차별의 심리를 분석한 사르트르의 『반유대주의와 유대인』을 읽고 감명을 받았다.

그는 당시 마르티니크의 정치에도 민감하게 반응했다. 세제르를 중심으로 마르티니크 사람들은 프랑스 본국과의 평등을 요구했다. 파농은 세제르를 위한 선거운동에 투신하여 마르티니크의 기반 시설 향상과 자치권의 획득을 위한 지방 주민의 지지를 호소했다.

세제르는 공산당 후보로 포르 드 프랑스의 시장, 그리고 국회의원에 당선되었다. 공산당 세력이 너무나도 약했던 그곳에서는 정말 놀라운 일이었는데, 이는 전쟁 동안에 프랑스를 배신한 지배계급에 대한 반발로 민중들이 급격하게 공산당에 기울어진 탓이었다.

그러나 법적인 평등은 사회적·경제적 평등을 가져오

지 못했다. 평등은커녕 본국에의 예속은 더욱 심해졌다. 지금도 마르티니크섬의 대부분은 5퍼센트에 불과한 백인 식민자의 후손들이 장악하고 있다. 세제르는 1956년 공산당이 스탈린주의에 젖어 있고 식민정책에 무관심하다는 이유로 탈당하고 자치를 주장하기 시작했고, 1993년까지 국회의원을 지냈다. 그러나 지금까지도 마르티니크는 독립을 이루지 못하고 있다.

파농은 군에서 무공훈장으로 무엇이든 공부할 수 있는 장학증서를 받았다. 그러나 무엇을 해야 할지 결정하지 못했던 탓으로 방황을 거듭하며 유럽 유학을 꿈꾸었다. 그는 뒤에 『검은 피부, 하얀 가면』에서 이렇게 말했다. "자기 섬에 갇힌 흑인은 출구라고는 없는 환경에 넋이 나가 유럽의 이 부름을 한 줄기 공기 구멍으로 실감한다."(21)

파농은 한때 세제르나 사르트르에 공명하여 희곡 공부를 할 생각도 했으나 비현실적이라는 생각에 포기한다. 그리고는 비교적 짧은 시간에 학업을 마칠 수 있는 치의학을 공부하기로 마음먹고 1946년 파리로 갔다. 그러나 파리에 도착하자마자 그는 떠날 결심부터 하게 된다. 파리에 흑인이 너무 많고, 치과대학에는 어중이떠중이가 매우 많으며, 너무 따분하다는 이유에서였다. 그래서 곧 리옹 대학교로 옮겨 의과대학에 등록한다. 외과의사가 되기 위해서였다.

리옹에는 흑인들이 드물었다. 의과대학생 4백 명 가운데 흑인은 몇 명밖에 없었다. 전쟁을 거친 후의 대학 사정은 그다지 좋지 못했다. 파농처럼 장학금을 받은 제대군인들을 대거 수용하기 위해 창녀촌을 대학 기숙사로 급조했기에 주거 환경도 너무나 열악했다. 더욱 고통스러운 것은 그가 흑인이란 것, 그것에 대한 주변의 호기심과 동정이었다. 당시 파농이 가장 바란 것은 군중 속에 묻히는 것, '프랑스적인 것'도 '백인성'도 다 없애는 것이었다. 그는 백인성이라는 권위에 도전했다. "어떻게 해야 그들이, 있는 그대로의 나, 나도 무엇인가를 줄 수 있는 인간이라는 사실을 인정해줄 것인가?"

정신의학 공부

그럼에도 파농은 리옹에서 유럽의 매력을 한껏 호흡했다. 수많은 문학과 철학책을 섭렵했으며, 4편의 희곡 작품을 쓰기도 했다. 이는 『검은 피부, 하얀 가면』에서 파농이 인용하는 수많은 사상가의 이름들로도 짐작된다. 우리가 알 만한 사람만 해도 헤겔*, 니체, 야스퍼스*, 프로이트*, 아들러*, 융*, 라캉*, 피아제*, 메를로-퐁티*, 사르트르, 세제르 등이고 그 밖에도 수많은 사람이 등장한다. 그중 특히 니체와 사르트르 그리고 세제르가 주목된다. 인간의 의지를 강조한 니체는 열등감에 사로잡힌 파농에게 자신감을 회복하게 해주었다. 이는 카뮈가 청년 시절에 니체에 심취했던 것과 흡사하다. 또한 사르트르의 『존재와 무』에 심취하면서 자아에 대한 인식과 재정립을 배웠고, 그가 1948년 네그리튀드 시작품을 소개한 『흑인 오르페』에도 공감했다.

『검은 피부, 하얀 가면』에서는 특히 세제르가 끝없이 인용된다. 문체, 이미지, 용어에서도 그의 영향이 드러날 정도다. 그러나 무엇보다 파농에게 가장 큰 영향을 미친 것은, 세제르가 식민지의 문화적 강제에 대항하여 흑인성의 길을 발견했다는 점이다. 당시 마르티니크는 세제르의 운동 덕분에 인정받게 되었고, 알리온 디옵이 창간한 《아프리카의 오늘》 잡지를 통해 네그리튀드 운동은 그곳에서 더욱 적극적으로 진행되었다.

파농은 또한 리옹에서 노동운동에 뛰어들었고 흑인

학생운동에도 가담하여 자신의 자아를 재정립했다. 직접 등사기를 밀어 《탐탐》이라는 잡지도 발간했다. 그리고 처음으로 연애를 하여 어떤 여학생에게 아이를 낳게도 했으나 그 후 결혼한 백인 여성 조시 뒤블레와 사랑에 빠졌다. 그러나 그는 곧 자신이 아무리 프랑스적인 지성인이 되고자 해도 자신은 흑인에 불과함을 통절하게 느끼기 시작했고 그것을 말로 토해내지 않을 수 없게 된다. 수백 년, 수백만 명이 그런 차별을 당했지만, 언제나, 아무도 말하지 않았다. 파농은 달랐다. 그는 처음으로 입을 떼었다. 그것이 바로 1949~1950년 사이에 쓴 『검은 피부, 하얀 가면』이다.

파농은 처음엔 외과의사가 될 생각으로 의대에 진학했으나 의대에서 자신이 수술에 서투르다는 것을 알고서 외과를 포기했다. 앞에서 보았듯이 그는 당시의 사상 조류였던 실존주의에 깊은 영향을 받았는데, 야스퍼스를 비롯하여 실존철학이 현상학을 매개로 정신의학과 연결되었다는 점을 인지하고 파농은 정신의학에 관심을 보인다. 그러나 더욱 직접적인 계기는 그 자신의 경험에 있었다. 본인이 겪은 인종차별 문제로 인해 스스로 정신질환을 경험했다는 바로 그 점 말이다.

파농은 1949년부터 3년간 정신의학을 공부하고

1951년 11월에 학위논문 「정신착란과 유전성 중추신경계의 퇴행으로 인한 정신병 증후군. 프리드리히의 성적 망상에 대한 하나의 사례 연구」를 제출했다. 그러나 그 논문은 본래의 논문이 심사에서 거부당했기에 쓴 대안에 불과했다. 본래의 논문은 「흑인의 인간성 회복을 위한 에세이」라는 제목이었다가 다시 「흑인과 백인의 인간성 회복을 위한 에세이」로 바꾼 것이었다. 그 내용을 다시 수정 보완한 것이 『검은 피부, 하얀 가면』이다.

파농의 학위논문은 비록 대안으로 제출된 것이었으나 그 자체가 무가치한 것은 아니었다. 즉 종래의 유전적 심리학을 비판하고 정신질환자의 문화적 세계관의 중요성을 강조하여 환자의 증상이 아니라 환자의 정신에 영향을 주는 외부적 요소를 발견함이 의사의 사명이라고 주장했기 때문이다.

"나의 육체여, 나로 하여금 항상

물음을 던지는 인간이 되게 하소서."

_프란츠 파농

5장

카뮈와 파농의 1950년대
_반항과 반란

카뮈의 반항

『반항인』

결핵의 재발로 카뮈는 남프랑스 산악지대로 갔다. 그곳에서 그는 『반항인』을 완성했고, 1951년 10월에 출판된 『반항인』을 스승 그르니에게 바쳤다. 그르니에는 카뮈를 공산당에 가입하도록 했으면서도 마르크스의 메시아주의적인 교조주의에 반대했다는 이유에서 카뮈 사상의 아버지였기 때문이다.

『반항인』에서 카뮈는 프랑스혁명을 재평가했다. 당시 프랑스에서 프랑스대혁명은 민주주의 그 자체로서 그것을 비판하는 것을 반동으로 간주하는 분위기였다. 특히 1950년대에는 마르크스주의 역사학이 그런 주장을 더욱 명확하게 지지했는데, 우리나라에도 널리 소개된 조르주 르페브르*, 알베르 마티에즈*, 알베르 소불* 등이 그 예다. 따라서 역사학자도 교수도 아닌 카뮈가 프랑스혁명을 재평가한 것은 당시로서는 충격적인 일이었다. 역사학계에서 프랑스혁명에 대한 재평가가 이루어진 것은 27년 뒤인 1978년, 역사학자 프랑수아 퓌레*에 의해서다.

우상 파괴자인 카뮈는 프랑스혁명의 영웅인 로베스피에르*와 생-쥐스트*를 공격했다. 카뮈는 그들의 광신적인 면을 지적했다. 즉 자코뱅당의 혁명에는 이상적인 목적을 위해서라면 수단이 비열해도 괜찮다고 생각하는 측면이 있어서 유혈극이 난무했던 변화 초기처럼, 마치 파렴치한 종교를 설립하려는 것처럼 보인다고 말했다. 특히 루이 16세의 처형을 찬양하는 태도를 비판했다.

물론 카뮈는 프랑스혁명의 역사적 의의와 민주주의의 가치를 부정하지는 않았다. 그러나 그는 1789년의 시각에서 1917년을 재검토하면서, 혁명과 그 상징체계가 갖는 가장 살인적인 측면을 비판했다. 이는 공산당의 시각과는 전혀 반대되는 것이었다. 1950년대 프랑스와 다른 여러 나라 마르크스주의자들은 프랑스혁명의 자코뱅 후계자로 볼셰비키를 들었으나, 이와 반대로 카뮈는 프랑스혁명의 공포정치를 공산주의 혁명에 의한 소련 공포정치와 연결하여 그 둘 모두에 의문을 제기했다.

공산당을 비판하는 이 책이 나올 무렵 공산당에는 많은 지식인이 남아 있었다. 우리가 아는 사람들로 앙리 르페브르*, 로제 가로디*가 있다. 뒤라스가 1949년, 모랭이 1951년 각각 공산당을 떠났으나 공산당의 주류는 여전히 지식인들이었다. 당시 카뮈는 지식인 사회에서 고립된 편이었다. 그러나 국제적으로는 고립됐다고 볼 수 없었다. 『반항인』집필의 막바지였던 1950년 6월, 서베를린에서 프랑스의 지드, 레옹 블룸, 아롱, 모리악, 영국의 쾨슬러와 러셀, 미국의 더스패소스, 싱클레어, 번햄, 이탈리아의 실로네가 참가한 '문화의 자유를 위한 총회'가 열렸다. 카뮈는 그 회의에 참석하지는 않았지만 '자유인 선언'에 서명했다. 그 선언은 "지식인의 자유에는 무엇보다 먼저 사상과 말의 자유가 포함된다. 특히 이 자유가 지배자의 자유와 대립될 때일수록 더 그러하다"고 주장했다. 여기에 카뮈는 "'아니오'라고 말하는 권리가 박탈될 때 인간은 노예가 된다"라는 메모를 붙였다. '선언'은 이어 "전체주의 국가의 논리와 행동이야말로 인류가 역사와 문화에서 겪는 가장 큰 위협임에 틀림없다"고 주장했다.

    카뮈는 『반항인』에서 혁명이 아닌 반항을 통해 부조리를 극복하고자 했다. 진정한 반항은 자신의 존엄성을 지키면서 굴욕을 거부한다는 것이다. 이 부정은 자유와 정의에 대한 긍정으로 변하는 형이상학적 반항이다. 이러한 반항을 통해 인간은 자신의 조건으로부터 해방되고 인류의 통일성을 재창조한다.

카뮈는 신으로부터 벗어난 인간이 역사 속으로 들어가면 형이상학적 반항이 역사적 혁명이 되어, 형이상학적 반항을 부정하고 새로운 부조리와 살인의 충동이 생기고, 죄악을 정당화한다고 보았다. 그 역사를 1917년 전후로 본 카뮈는 권력을 쟁취하려는 좌우익 혁명가들은 미래 인류의 행복이라는 미명하에 투옥과 살인을 정당화했다고 주장했다.

카뮈가 『반항인』을 쓴 4년 뒤 레이몽 아롱의 『지식인의 아편』이 나왔고, 25년 뒤 장-프랑수아 르벨의 『전체주의의 유혹』이 나왔다. 그러나 당시로서는 프랑스의 경우 카뮈뿐이었다. 물론 세계적으로는 이미 오웰*과 포퍼*가 그런 주장을 했다. 포퍼와 카뮈는 여러 가지로 유사했다. 이를테면 포퍼는 예측을 역사적 예측과 건설적(기술적) 예측으로 나누었다. 역사적 예측이란 어떤 사건을 막기 위해 우리가 어떤 방법도 쓸 수 없는 경우의 것이고, 건설적 예측이란 우리가 어떤 결과를 얻고자 하는 경우 취할 수 있는 방도이다. 역사적 예측은 건설적 예측과 달리 무조건적인 예언의 기초가 된다. 포퍼는 역사가들이 항상 역사적 예측에만 기울었다고 하고 이를 역사주의의 잘못이라고 비판한다.

『반항인』은 무엇보다도 전체주의에 대한 비판의 책이다. 전체주의의 전형인 히틀러의 경우 모든 문제는 권력과 효율성에 의해 군사화되고, 그 결과 인간은 당원이면 기계장치의 톱니바퀴로서 총통을 위한 도구에 지나지 않게 되고, 총통의 적이면 기계장치의 소모품에 지나지 않게 된다.(206) 같은 현상은 소련에서도 반복됐다. 전체주의 지배자는 오로지 말하고 명령하는 반면, 피지배자는 오로지 침묵하고 복종한다. 그리고 이처럼 전체주의의 공포와 조작된 언어의 산물인 개인은 인간의 연대성으로부터 철저히 단절된다. 전체주의는 인간의 무한한 순응성에 대한 확신과 인간 본성의 부정을 전제로 한다. 이러한 전체주의의 뿌리가 바로 자본주의라고 카뮈는 말한다.

잘못된 반항

『반항인』 1장 처음에서 카뮈는 반항인을 "'아니다'라고 말하며 거부하되, 동시에 '그렇다'라고 말하며 체념하거나 포기하지 않는 사람"이라고 한다. 가령 노예가 주인에게 '아니다'라고 반항하는 경우에도 마음속에는 '아니다'를 낳게 하는 '그렇다'라는 무엇이 있다는 것이다. 반항에는 개인적인 경우도 있지만(뫼르소, 마르타, 칼리굴라), 집단적인 경우도 있다(타루, 디에고, 칼리아예프). 따라서 "나는 반항한다. 고로 우리는 존재한다"는 것이다.

카뮈는 추상적인 이데올로기의 근원을 계몽주의 시대에서 찾았다. 즉 교회의 통제가 사라지면서 개인적 자아실현을 위해 '형이상학적 반항'을 하거나, 역사의 진보를 추구하는 '역사적 반항'을 하게 됐다는 것이다.

'형이상학적 반항'은 세 가지로 나타난다. 절대적 부정, 구원의 거부, 절대적 긍정이다. 그 셋에 사드, 이반 카라마조프, 니체가 각각 대응된다. 카뮈는 사드를 전체주의 찬양자로 본다. 성(性)으로 상징되는 사드는 도덕이 추방된 절대 자유의 세계를 추구한다. 27년간 감옥에 갇혀 쾌락이 기계화된 세계를 꿈꾸다 미친 사드는 수많은 쾌락의 범죄를 낳는다. 한편 사랑으로 상징되는 이반 카라마조프는 사랑의 이름으로 신을 심판했다. 이어 카뮈는 절대적 긍정의 개인주의자로 슈티르너와 니체를 다룬다. 니체 역시 사드나 이반처럼 미친다. 그는 신을 대신하는 인간의 새로운 창조를 주장하지만, 그것은 허위와 폭력과 광신을 초래했다. 마찬가지로 카뮈는 당시까지 문학의 영웅으로 받들어진 아르퇴르 랭보도 비판한다. 랭보는 밀림 속에서 식민지 산물을 암거래한 식민주의자이기도 했다. 카뮈는 랭보처럼 천재 시인으로 받들어진 로트레아몽도 비판한다. 그들을 선배로 모신 브르통과 같은 초현실주의자에 대해서도 카뮈는 그가 "가장 단순한 초현실주의적 행동은 권총을 들고 거리에 나서서 군중들을 향해 무작위로 방아쇠를 당기는 것이다"라고 한 말을 비판하고, 결국 초현실주의들은 자코뱅과 볼셰비키와 한패라고 비판했다. 그러나 이 점에 대한 카뮈의 비판에는 문제가 있다. 당시 미국에서 돌아온 브르통은 소련에 반대하여 공산당의 공격을 받았기 때문이다.

다음 '역사적 반항'은 1793년 신의 대리자로 여겨진 왕을 살해하여 반항이 혁명으로 변한 날부터 시작된다. 그 근거는 루소의 『사회계약론』이다. 루소의 제자 생-쥐스트가 왕을 시해한다. 그리고 이성의 종교가 시작된다. 루소의 일반의지는 보편적 이성의 법률로 나타나지만, 인간의 천성이 선량하지 못하다면 그 정당성은 상실되고 모든 것을 범죄로 만들어버리기에 결국 전제정치를 낳는다.

카뮈는 마르크스의 정의에 대한 정열과 정치에 대한 관심을 찬양한다. 카뮈는 마르크스를 부르주아적 예언자인 동시에 혁명적 예언자로서 기독교 유산을 물려받았다고 본다. 한편 마르크스주의는 투쟁을 유발하므로 혁명적이기도 하나, 자본과 프롤레타리아 양쪽이 다 같이 마르크스를 저버렸다. 그가 점점 더 집중되리라고 본 돈은 분산됐고, 더욱 가난해지리라고 본 프롤레타리아는 생활수준이 높아졌으며, 없어지리라고 본 중소기업이나 농업은 더 많이 늘었다. 민족적 대립이 없어지기는커녕 1914년 제1차 세계대전을 야기했다.

또한 1917년의 러시아 혁명으로 계급이 없어지기는커녕 계급은 더욱 다양해졌고, 자유재산과 함께 분업제가 없어지리라고 했으나 분업제는 불가피한 것이 됐다. 사회주의는 권위적이 되었고, 소수 인원 몇 명에게 그 결정권이 맡겨졌다. 레닌은 자본주의 조직을 그대로 따라 해 승리하여 군대 제국을 수립했다.

정당한 반항

이처럼 무한한 권력의 타락을 비판한 카뮈는, 만인 평등주의에 의한 정당한 반항을 옹호한다. 그리고 그 보기로 고대인, 파리 코뮌과 아나키즘 노동조합, 그리고 예술가와 지중해인들의 삶을 든다. 즉 북유럽 대신 지중해를, 마르크스주의에 의해 타락한 헤겔과 마르크스 대신 플라톤과 아우구스티누스를 옹호한다.

카뮈는 먼저 화가들(들라크루아, 반 고흐)이나 소설가들(라 파예트 부인, 프루스트)과 같은 예술가들은 현실에 반항하면서 현실을 피하지 않았다고 본다. 예술은 현실의 일부인 아름다움과 현세적이고 감지할 수 있는 초월성을 고양한다. 예술은 자연과 역사를 접합시켜 개별적인 것과 보편적인 것의 화해를 실현한다. 그러나 이는 순수한 형식주의와 전적인 리얼리즘이라는 두 개의 함정을 피해야만 가능하다. 정의를 무시한 예술은 니힐리즘이고, 완전한 리얼리즘은 선전으로 타락할 여지가 있다. 참된 창조는 반항이다.

또한 카뮈는 아나키즘 노동조합운동인 생디칼리즘을 옹호했다. 생디칼리즘은 코뮌과 마찬가지로, 관료적이며 추상적인 중앙집권주의에 대한 부정, 그것도 현실을 위한 부정이다. 반항은 무엇보다 가장 구체적인 현실, 즉 사물들과 인간들의 살아 있는 심성과 존재가 투명하게 드러나 보이는 직업이나 마을 등에 기반을 둔다. 이는 밑으로부터 위로 완성되고자 했다. 그러나 위로부터 밑으로 완성되고자 하는 20세기 혁명은 정치이자 이데올로기로서 공포정치 및 현실에 가해지는 폭력을 피할 수 없다.

카뮈는 제1인터내셔널에서 마르크스주의에 패한 프랑스 아나키즘을 정당한 반항으로 본다. 그것은 절도(節度)에 바탕을 둔다. 그것이 바로 지중해인의 삶이다. 국가에 대립되는 코뮌, 절대주의 사회에 대립되는 구체적 사회, 합리적 폭정에 대립되는 반성적 자유, 끝으로 대중의 식민화에 대립되는 이타적 개인주의 등은 고대 세계 이래 서양의 역사에 동력을 제공해온 절도와 과도(過度) 사이의 장구한 대립을 다시 한번 나타내는 이율배반들이다. 역사에서는 독재적 사상이 승리했으나 그 승리는 일시적인 것이고, 투쟁은 여전히 계속되고 있다고 카뮈는 주장한다.

『반항인』에 대한 비판

『반항인』이 출간되기 전, 카뮈는 로트레아몽에 대한 부분을 잡지에 실었다. 로트레아몽을 숭배한 브르통은 카뮈를 순응주의자라고 비판했고, 카뮈는 자신이 그렇지 않다고 응수하며 허무주의가 그렇다고 답했다. 책이 출간되자 〈피가로〉나 〈르몽드〉 등은 호의적인 서평을 실었고, 극우단체도 카뮈의 반스탈린주의에 찬사를 보내었으며, 노동자의 인권에 대한 배려의 역사를 갖는 영국에서도 평가는 높았다. 그러나 사회주의자들은 카뮈를 트로츠키주의자 또는 우익으로 매도했다.

사르트르를 비롯한 실존주의자들은 스탈린에 대한 평가에서 유보적인 입장을 취했기 때문에 카뮈를 저격했다. 먼저 장송이 〈현대〉지에 비판을 실었다. 그는 카뮈 사상을 '애매한 휴머니즘, 아나키즘'이라고 부르면서 루이 16세에 대한 카뮈의 연민을 조롱하고, 카뮈가 마르크스를 비판한 것은 스탈린과의 혼동에 불과하다고 비판했다. 나아가 사이비 혁명철학과 사이비 혁명사를 전파한다고 비판했다.

이에 카뮈도 〈현대〉에 반박의 글을 실었다. 사르트르

는 장송의 비평에 찬동한 것은 아니었으나 카뮈가 장송 대신 편집장인 사르트르에게 답장을 써서 사르트르를 부르주아라고 비판하고 〈현대〉가 소련의 강제수용소 문제를 무시한다고 반박했기에 그 역시 한마디 하지 않을 수 없었다. 사르트르는 자신은 마르크스주의자가 아니며 〈현대〉는 강제수용소 문제를 명확히 비판했으니 본의를 오도하지 말라고 지적했고, 소련 비판을 이유로 식민지 통치를 간과해서는 안 된다고 답했다.

이 논쟁의 핵심은 공산주의에 대한 견해차였다. 사르트르는 여전히 미래에 인간의 얼굴을 하게 될 사회주의를 믿었다. 그는 공산당에 가입하지는 않았지만 당시로서는 사회주의가 유일한 대안이라고 생각했던 탓이다. 비유하자면 사르트르는 자코뱅과 볼셰비키인 반면 카뮈는 지롱드와 멘셰비키였다. 이 논쟁은 종래 카뮈의 '반항'에 대한 사르트르의 '혁명'으로 이해되었지만, 핵심은 도리어 카뮈가 마르크스주의의 원리인 이데올로기를 비판한 것에 대해, 사르트르는 논의의 정치적 연관성에 대한 배려와 정치적 실용성의 필요를 주장한 것으로 보는 것이 옳다.

이러한 대립은 뒤의 알제리 문제에 관한 논쟁에서도 되풀이된다. 사르트르는 적극적으로 반식민지투쟁을 지원한 반면, 카뮈는 침묵했다. 카뮈는 알제리 독립이라는 이데올로기가 그 결과로서 사람들을 죽이는 한 지지할 수 없다고 여겼기 때문이다.

그러나 카뮈와 사르트르 논쟁에서 주의할 점은 두 사람이 정치사상의 차원에서는 기본적으로 크게 다르지 않았다는 것이다. 자본주의 국가의 식민지주의나 소련의 전체주의를 함께 비판했으며, 미국과 소련 어디에도 속하지 않는 중립 유럽을 희망한 점도 같았다. 또한 두 사람 모두 자본주의의 폐해를 시정하는 수단으로서 사회주의를 긍정했고, 동시에 개인의 자유를 존중할 것을 요구했다. 나아가 그러한 이념에 근거한 사회참여가 프롤레타리아 독재를 주장하는 공산당에 결코 회수될 수 없다는 점을 분명히 밝히면서 각 개인이 독립적인 존재가 되어야 함을 목표로 삼았다.

1952년 11월, 카뮈는 프랑코 지배하의 스페인을 회원국으로 받아들였다는 이유에서 유네스코를 탈퇴한다. 이어 1953년 6월의 동베를린의 노동자 시위를 지지하는 연설을 한다. 또한 1956년의 포즈난 6월 반소봉기, 헝가리 혁명을 지지하고 유럽 작가들이 유엔에 도움을 호소하도록 촉구한다. 이어 1957년에는 쾨슬러와 함께 사형 반대 공개

1956년 11월의 헝가리 혁명. 공산주의에 반대하는 헝가리 혁명군들이 파괴된 건물 앞을 지나고 있다.

1956년 포즈난 6월 봉기.
시민들이 "우리에게 빵을 달라!"는 현수막을 들고 행진하고 있다.

장을 발표한다. 당시 유럽의 좌익지식인으로서는 보기 드문 일이었다. 1956년 헝가리 폭동이 터지자 카뮈는 더욱 날카롭게 좌익지식인들을 비판했다. 그러나 1954년, 카뮈는 지중해로 돌아간다. 알제리가 아닌 지중해로 돌아간 것이다. 당시 알제리는 민족해방전쟁이 터지기 직전이었으나, 카뮈가 본 것은 여전히 그 붉은 태양이었다.

파농의 반란

『검은 피부, 하얀 가면』

1952년 봄, 파농의 『검은 피부, 하얀 가면』이 출판되었다. 당시 그의 나이는 26세, 막 의대를 졸업한 참이었다. 따라서 그 대부분은 의대 재학시절에 쓴 것이었다. 의대 공부란 어려운 것으로 소문이 나 있는데 20대 초년의 젊은 이가 이런 책을 썼다는 것은 좀처럼 믿기가 어렵다.

그는 『검은 피부, 하얀 가면』 제2장에서 그 책을 학위 논문으로 제출하고자 했다고 썼다. 그러나 포기하고 말았는데, 그 이유를 그는 "흑인의 정신적 소외에 집중했지만 다른 어떤 요소들에 침묵할 수는 없었으며, 그것이 심리학이라고 할지라도 다른 학문에 영향을 미칠 결과를 만들어낼 것"이라고 설명했다.(49) 여기서 '다른 학문'이란 무엇인가? 그는 서론에서 "흑인 콤플렉스 구조를 만드는 정서적 비정상성은 흑인 문제를 정신분석학적으로만 해석할 때 드러난다"(10)고 하면서도 프로이트가 개체발생적 시각에 기울었음을 비판하고 사회발생학 또는 사회진단학을 제기했다.(11-12)

그는 흑인이 백인문명을 접하게 될 때 보여주는 여러 가지 태도를 관찰해야 한다고 여겼다. "백인종과 흑인종의 대면이 심리적-실존적 콤플렉스 덩어리를 만들어냈다"고 본 그는 "그것을 분석함으로써 마침내는 파괴하고자 한다"(13)고 썼다. 여기서 중요한 것은 어떤 학문의 분야나 방법이 아니었다. 파농은 단지 "유색인이 자신으로부터 해방되는 것, 그것만 목표로 했을 뿐이다."(8) 이 부분에서 우리는 파농이 정신분석이 아니라 정신치료 훈련을 받았고, 직접 그 실무에 종사했다는 점을 주목해야 한다. 물론 파농은 정신분석이론의 영향을 받았고 그것을 다루었던 게 맞다. 『검은 피부, 하얀 가면』에서 볼 수 있듯이 그는 라캉, 마노니 및 아들러를 검토했다. 그러나 동시에 정신분석이론에는 반발했다.

『검은 피부, 하얀 가면』은 결코 쉬운 책이 아니다. 그것은 논리적이라기보다도 감정적인 책이고 경우에 따라서는 산문이라기보다 시에 가깝다. 우선 첫 문장을 보자.

오늘 폭발하지는 않으리라. 너무 이르거나

… 아니면 너무 늦었다.

나는 결정적인 진실들로 무장하고 있지 못하다.

(중략)

어떤 새로운 인본주의를 향해…

인간들에 대한 이해…

우리들 유색인 형제들…

나는 '인간' 너를 믿어…

인종 편견…

이해하고 사랑하기….(7-8)

『검은 피부, 하얀 가면』의 목차는 다음과 같다.

서론

1. 흑인과 언어

2. 유색인 여성과 백인 남성

3. 유색인 남성과 백인 여성

4. 이른바 식민지인의 종속 콤플렉스

5. 흑인의 실제 경험

6. 검둥이와 정신병리학

7. 검둥이와 인정
결론에 즈음하여

 이 책은 이미 위에서도 언급한 네 가지 경험에 대한 비판적인 고찰이다. 첫째, 마르티니크의 현실, 둘째, 프랑스인을 만난 것, 셋째, 북아프리카에서 식민지주의의 실상을 본 것, 넷째, 앞에서도 언급한 여러 가지의 사상을 섭렵한 것이다.

 그런데 여기서 특히 주의해야 하는 점은 그러한 경험에 입각한 '비판적' 고찰이 나온다는 점이다. 흔히 이 책은 심리학 내지 정신분석학적 비판이라고들 한다. 특히 최근에 제기된 문화연구의 입장이 그러하다. 그러나 서문에 나오는 다음 문장에서 알 수 있듯이 파농은 결코 정치적, 경제적, 사회적 분석을 무시하지 않았다. "우리가 시도하는 분석은 심리학적이다. 그러나 흑인의 진정한 탈소외는 분명 경제적, 사회적 현실들을 불현듯 자각하는 것을 의미한다."(11)

차별의 경험

파농은 『검은 피부, 하얀 가면』을 1952년에 발간했다. 하지만 그는 서문에서 "이 책은 3년 전에 쓰였어야 했다"고 말한다.(9) 책의 내용이 1949년 이전의 리옹에서 이미 결실을 맺었다는 뜻이겠다. 말하자면 피부색에 대한 고뇌와 해방에 대한 희구가 당시 극단에 이르렀다는 뜻이다. 특히 제5장인 '흑인의 실제 경험'은 당시의 자서전으로 읽을 수도 있다. 백인에게서 차별을 받는다는 의식은 백인사회 리옹에서 극단에 이르렀다.

검둥이 봐요! …엄마, 검둥이라고요! …(중략) 내 신체는 그 하얀 겨울날에 온통 슬픔에 잠겨 늘어지고 흩어지고 망가졌다. 검둥이는 한 마리 짐승이다. 검둥이는 나쁜 놈이고 검둥이는 못됐다. 검둥이는 추하다. 저런 검둥이야. 추워하네. 검둥이가 몸을 떨어. 검둥이는 춥기 때문에 몸을 떤다. 어린 소년은 검둥이가 겁나기 때문에 몸을 떤다. 검둥이는 추워서, 당신의 몸을 비트는 이 추위 때문에 몸을 떤다. 어린 미소년은 검둥이가 분노를 못 이겨 몸을 떤다고 믿고 전율한다. 어린 소년은 자기

엄마 품으로 뛰어든다. 엄마, 검둥이가 나를 잡아먹으려고 해!(111-112)

백인의 세상에서 유색인은 자신의 신체 도식을 마음껏 펼치기가 어렵다는 사실에 당면한다. 신체에 대한 의식은 오직 부정적이다. 이는 제3자로서의 의식이다. 신체주의의 모든 것이 어떤 불확실성의 분위기에 지배당한다. (중략) 나는 신체 도식 밑으로 내려가 역사-인종 도식을 만들어 보았다. 내가 사용한 요소들은 "여분의 감각, 특히 촉각, 청각, 운동감각, 시각 같은 종류의 지각에 의해 제공되지 않았다. 그것은 수많은 세부사항, 일화, 꾸며낸 이야기로 나에게 끼워 넣은 백인에 의해 제공되었다. 나는 생리적 자아를 구축해야 하고 공간의 균형을 맞추고 감각을 탐지해야 한다고 믿었다. 그런데 그들은 나에게 그 이상의 보완을 요구하고 있었다.

"저런, 검둥이네!" 그것은 길을 가는 나를 가볍게 도발하는 외부 자극이었다. 나는 슬쩍 미소를 지었다.

"저런, 검둥이네!" 그것은 사실이었다. 나는 재미있었다.

"저런, 검둥이네!" 원은 점점 죄어들었다. 나는 드러내놓고 재미있어했다.

"엄마, 저 검둥이 봐요. 무서워요!" 무서움! 무서움! 드디어 나를 두려워하기 시작했다. 나는 재미있어 죽을 지경이고 싶었다. 그러나 그건 불가능했다.(108-109)

위 글은 어떻게 흑인의 신체가 공포를 통하여, 또 '이름 부르기'와 '보는 것'을 통하여 구성되는가를 보여준다. "저런, 검둥이네"라고 말할 때 '저런'은 '지시'하는 것임과 함께 '보는 것'이다. 그것은 보아야 하는 것으로 존재하는 것의 지시, 위험한 신체를 한정하는 지시, 그리고 자기에 내재하는 위험을 자신이 지시하는 신체로 바꾸어 보내는 인종차별적 지시이다.

이러한 파농의 분석은 현대 사회에서도 마찬가지로 드러난다. 예컨대 1992년 미국의 로드니 킹 사건 시에 경찰 측 변호인은 위험에 처했던 것은 경관이고 킹이야말로 위험의 원천이었다고 주장했다. 그 증거로 변호인은 킹이 잔인하게 구타당하면서도 전혀 저항하지 않은 장면을 찍은 비디오를 보여주었다. 상식적으로 이해되지 않는 이 증거는 그러한 무저항에 의해 경관이 위험에 처할 수 있다는 뜻으로, 말하자면 킹이 경관의 폭력을 야기한 행위자라는 것을 보여준다는 것이었다. 파농이 말한 대로 흑인은 신체 그 자체가 위험한 것이다. 그래서 로드니 킹을 무자비하게 구타한 백인 경찰은 무죄가 되었다.

흑인의 자기 이해는 어떻게 형성되나

사회 내부에 지배와 억압 및 차별이라는 관계가 성립될 때, 그것은 단지 사회적 입장의 차이만이 아니라 당사자의 자기의식에도 엄청난 영향을 미친다. 사람은 주위의 다른 사람들을 참조하지 않으면서 자기를 결코 설명할 수 없다. 인간이 자기를 해석하는 동물이라고 하는 것은 바로 이 때문이다.

이러한 타인의 관점은 긍정적으로도, 부정적으로도 영향을 미치게 되고, 그것은 소수자, 특히 백인사회에 사는 흑인의 '인종성'에 관한 자기의식, 곧 '인종관'에 치명적인 악영향을 미친다. 그것이 흑인의 정신에 얼마나 강력한 영향을 미쳤는가는 이미 오랫동안 지적되어왔다.

이미 하얀 시선, 유일한 진짜 시선이 나를 해부한다. 나

는 '박혀' 있다. 미크로톰을 알맞게 조절한 후 그들은 나의 현실을 재단한다. 나는 배신당한다. 그 하얀 시선들 속에서, 나는 느끼고 본다. 내가 그저 새로 등장한 사람이 아니라 새로운 유형의, 새로운 종류의 사람이라는 것을. 아니 검둥이라니!(114)

이처럼 흑인은 백인의 눈을 통하여 창조되나, 그 경우 흑인의 표상은 다음과 같이 나타난다.

유럽에서 검둥이는 한 가지 기능이 있다. 즉 열등감, 사악한 성향, 영혼의 어두운 면을 재현하는 기능이다. 서구인의 집단적 무의식 안에서 검둥이는, 또는 이렇게 말하고 싶다면, 검은색은 악, 죄, 비참, 죽음, 전쟁, 기근을 상징한다.(181)

이러한 부정적인 표상을 부여받은 흑인은 당연히 자기에 대한 그러한 표상을 수용하는 태도를 거부하고 그것으로부터의 탈출을 희망하게 된다. 이러한 부정적 담론은 제1차 세계대전을 일으키게 된 유럽의 식민주의 속에서 형성되었다. 흑인은 '인종'으로부터 해방되기 위하여 자기이해의 방식 자체를 검토해야 했다. 그러나 파농이 말했듯이 제2차 세계대전이 끝난 뒤에도 상황은 전혀 달라지지 않았다. 따라서 흑인에게는 자신을 정당하게 설명해주는 이야기가 당연히 필요하다.

인종 구분이 갖는 의미를 심리적으로 고찰하기 위해 사용되는 것이 인형테스트이다. 이는 피부색이 다른 인형에 대한 아이들의 선호를 조사하여 그 인형의 피부색과 아동의 피부색이 어떻게 관련되는가를 조사하여 아이들이 가지고 있는 자신의 인종 인식을 분석하는 것이다. 이 테스트에 의하면 아이들은 일찍부터 인종의 차이를 알게 되지만, 그 차이의 진짜 의미에 대해서는 성인을 포함한 더욱 큰 사회에서 어떤 평가가 내려지는지를 경험하면서 알게 된다고 한다. 그 후 흑인 아동은 흑인 인형보다 백인 인형을 더욱 선호하게 된다. 그들은 자신의 '인종성'을 좋아하지 않거나 긍정하지 않게 되어 자신을 정당하게 인식할 수 없게 된다. 이처럼 흑인 아동이 백인 인형을 선호하는 것은 자신의 색을 틀리게 인식하기 때문이 아니라 흑색에 의해 표상되는 사회적 역할을 받아들이기를 거부하고, 백색에 의해 표상되는 역할을 취득하고 싶다는 희망을 품게 되기 때문이라고 볼 수 있다.

그러나 이는 단지 아이 본인의 인종 의식만이 아니다. 아이들은 인종이나 피부색에 대한 성인의 평가나 태도를 자기의 것으로 받아들이기 때문이다. 흑인 아동이 성장하면서 배우는 것은 백인 대부분이 사회적으로 높은 지위를 갖는 '주인'임에 대하여, 흑인은 대부분 낮은 지위에 있는 피사용자라고 하는 입장에 있다고 하는 사실, 아니 '상식'이다. 이는 백인에 대한 이해에도 영향을 미치게 되고, 그들에 대한 접근방법이나 몸짓에서 생활감각까지 영향을 미친다. 그리고 이때 형성된 인종관계에 대한 사고방식은 의식의 심층에서 내면화하여 자신의 인생과 세계에 대한 해석인 세계관이 된다. 백인 아동은 자기의 인종성을 긍정적으로 받아들임에 비하여, 흑인 아동은 백인과 흑인의 사회적 역할을 '현실'로 이해하게 된다. 타자의 눈을 통한 자기 이해는 여기서 인종에 대한 스테레오 타입의 수용으로 나타나게 된다.

어떤 연구에 의하면 흑인 아동이 상류 계층인 백인 가정에서 양자로 키워지는 경우 아동기에는 특권적인 입장에서 성장한 백인과 동등한 학력을 갖게 되나, 그 10년 뒤 학력을 측정하면 현저히 저하한다. 그 원인은 미국 사회 속에서 흑인이 백인과 같은 정도로 기대의 대상이 되지 않는다는 것을 흑인 아동 자신이 이해하게 되기 때문이다. 즉 흑인 아동은 사회화 과정에서 세상이 자기를 어떻게 보고 있는가를 배우고, 그것에 따라 세상이라는 거울에 투영된 자기를 모방하여 자기를 형성해간다. 따라서 아이러니하게도 백인보다 흑인이 열등하다고 생각하는 측은 백인보다도 흑인에 더욱 많이 나타난다.

이러한 상태에 놓인 흑인은 열등감을 가질 뿐만 아니라 자기와 그 집단을 비하하고 증오하는 심리까지 갖게 된다. 파농이 "앙티유인이 니그로를 혐오하는 것은 당연하다"고 표현한 것도 이런 심리에서다. 백인 프랑스를 동경하여 그것의 가치관을 수용한 결과, 즉 파농이 말하는 "문화의 비반성적 강제의 귀결"로서 고향인 앙티유와의 관련을 끊고자 하는 사람들이 그러한 인종의식을 갖게 된 것은 따라서 지극히 자연스러운 결과였다.

자신의 인종성을 부정하는 심리는 최근 흑인 간의 폭력 사태로까지 발전했다. 미국에서 20대 전반의 흑인 남성이 무기에 의해 살해되는 비율은 인구 10만 명 대 1백 명을 넘고, 이는 같은 세대 백인의 10배 이상이며, 그 대부분은 흑인 사이에서 발생한다. 이는 자기 증오의 굴절된 표현이라고도 할 수 있다. 자기의 인종성을 부정할 때 그 부정적인 표상을 갖는 자기라는 개체를 직접 부인하는—즉 위해를 가하는— 것이 아니라, 자신을 대신하여 같은 표상을 갖는 타인의 존재를 부정하는—즉 살해하는— 것을 의미한다. 소위 타살이라는 형식을 빈 '자살'이 흑인 청년층에서 나타난 것이다. 자신의 가치를 부정하는 흑인 의식의 심연은 백인 세계에서는 볼 수 없는 것이다.

흑인의 자기 긍정

이와 같이 타인에 의해 일방적으로 조작된 식민주의의 담론은 흑인의 정신생활만이 아니라 사회생활에서도 현실을 규제하는 힘을 행사한다. 그 과정에서 흑인의 문화는 식민지적 상황 속에 봉쇄되고 식민지인들은 역사에서 말살된다. 아니, 유럽의 출판물에서 없어졌을 뿐만 아니라, 역사 과정 그 자체로부터 소멸된다. 그래서 흑인은 '태만' '야만' '열등'과 같은 거대한 담론 앞에서 산발적인 저항을 하는 것 외에 달리 어쩔 도리가 없다.

이러한 상황에서 앞서 말한 1920년대의 할렘 르네상스는 미국 역사상 최초의 문화적 각성이었다. 제1차 세계대전 후 태풍처럼 불어닥친 인종주의 속에서 '아프리카=암흑의 대륙'이라고 하는 식민주의의 담론에 대항하여 아프리카의 문화적 전통을 정면에서 긍정한 그것은 지극히 급진적인 사상적 전환이었다.

그러나 인종주의는 없어지지 않았다. 제2차 세계대전에서 미국은 유럽의 나치즘이라고 하는 인종주의를 타도하기 위해 파병했으나, 국내의 인종주의는 그야말로 요지부동이었다. 유럽 전선에서 돌아온 흑인 병사들이 군복을 입은 채 살해당한 것은 이를 단적으로 보여준 사례들이었다. 인종주의가 이처럼 지배적인 사회에서는 그 가치관을 내면화한 피억압자의 의식변화 없이 사회의 관행이나 체제를 변화시킬 수 없다. 흑인의 자기의식 변화는 '흑'이라고 하는 부정적인 표상을 긍정적인 것으로 치환하는 것이어야 했다.

파농은 인종차별에 분노하며 그것에 대한 투쟁을 시작했다. 그 최초의 무기는 이성이었다. 그는 스스로 엘리트라고 자부한 의과대학생이고 지성인이었기 때문이다. 그가 확인한 모든 학문에 의해 이미 니그로는 백인과 유사하다는 것이 증명되었다. "그렇지만 환상에서 깨어나야 했다."(117) 여기서 그는 이성이 아닌 비이성에 관심을 갖게 되는데, 세제르의 다음과 같은 시를 통해서였다.

> 나의 네그리튀드는, 귀먹은 채 낮의 아우성을 향해 던지는 돌이 아니다.
> 나의 네그리튀드는 대지의 죽은 눈에 고인 죽은 물의 흰 반점이 아니다.
> 나의 네그리튀드는 첨탑도 성당도 아니다.
> 그것은 흙의 뻘건 살 속에 잠긴다.
> 그것은 천공의 불타는 살 속에 잠긴다.
> 그것은 곧은 인내심으로 어두컴컴한 낙담에 구멍을 뚫는다.(122)

> 피! 피! … 태양의 수컷 심장에 마음이 흔들리는 우리의 모든 피.(123)

파농은 "결국 나는 인정받았고 더는 아무것도 아니지 않게 되었다"고 하면서 "어지러움을 느끼며 흑인의 고대를 파고들었다."(128) "백인들은 잘못 알았다. 나는 원시인이 아니었고 더구나 반인(半人)도 아니었다. 나는 이천 년 전부터 금과 은을 세공해온 인종에 속했다." "부드럽고 세련되며 예의바른 사람들, 분명 그들의 형리, 아프리카를 제대로 약탈하기 위해 아프리카를 부서뜨리고 유린하고 모욕한 모험가 무리보다 우수한 사람들이다." "그들의 관습은 연대감, 선의, 노년에 대한 존중 위에 세워진 유쾌한 것이었다. 전혀 강제가 아니며 상호부조, 생의 기쁨, 자유로운 동의를 얻은 규율. 질서-강렬함-시와 자유."(129) 그래서 파농은 말한다. "내가 이겼다. 난 더없이 기뻤다."(131) 그러나 그 기쁨은 잠깐이었다.

흑인성을 향한 길은 하얀 가치(이성, 세계의 지배, 과학, 분석적 언어, 개인주의)에 대하여 검은 가치(감성, 세계와의 동일화, 상상력, 피의 언어, 연대감)를 대립시킴으로써 문화적 강제에 대한 비판적 입장을 수립하고 '하얀 가면'을 부정적으로 파악하는 것을 뜻했다. 그러나 '검은 피부'에 파농이 열광한 것은 잠깐이었다. "내가 사상과 지적 활동 면에서 나의 네그리튀드를 요구하려 하자, 그들은 내게서 그것을 빼앗아 가버렸다. 그들은 나의 방식이 변증법의 한 단계에 지나지 않는다고 지적했다."(131)

세제르와 함께 파농이 특히 영향을 받은 사람은 사르트르였다. 파농이 사르트르로부터 받은 영향은 후자가 쓴 두 가지 글을 통해서였다. 첫째는 1946년에 나온 『유대인 문제의 고찰』이었다. 이 글에서 사르트르가 유대인은 비유대인 백인사회에서 백인이 되든가 아니면 사라지든가 하는 양자택일을 강요당한다고 분석한 것을 파농은 식민지 상황에 대입하였다. 그런데 그러한 상황을 비관적으로 분석하기만 한 사르트르와 달리 파농은 변증법적인 해결로서 제3의 새로운 인간을 구상했다.

두 번째는 흑인문제를 다룬 『흑인 오르페』로 1948년 말에 처음 발표되었다. 사르트르는 그 글에서 흑인성을 백인성의 우월성에 대한 부정으로 설명하면서 "그것은 종결이 아니라 이행이고, 최종 목적이 아니라 수단이다"(130)라고 했다. 이를 읽은 파농은 "내 마지막 기회를 훔쳐갔다고 느낄" 정도였다고 했다.(133) 그러나 파농은 사르트르가 흑인성의 상대성은 지적했으나, "의식은 자의식에 도달하는 유일한 조건인 절대의 어둠 속에서 헤맬 필요가 있다는 것을 잊어버렸다"(133)라고 비난했다. 그리고 파농은 '하얀 가면'이라는 정(正)과 '검은 피부'라는 반(反)을 뛰어넘는 변증법으로 향하게 된다. 이는 『검은 피부, 하얀 가면』의 제6장 '검둥이와 정신병리학'에서 설명된다.

여기서 나타나는 정-반-합이라고 하는 변증법적 사고는 파농 사고의 기본틀로 그는 죽을 때까지 그것을 지켰다. 백인에 대한 흑인 그리고 그것을 극복하는 새로운 전인, 서양에 대한 동양 그리고 그것을 극복하는 새로운 세계로서의 제3세계라는 변증법이었다.

식민지의 언어와 삶

『검은 피부, 하얀 가면』의 제1장 '흑인과 언어'는 앙티유의 흑인들이 식민국의 언어인 프랑스어와 토착어인 크레올어를 어떻게 보느냐를 분석하여 그들의 콤플렉스를 밝힌다. 파농은 언어가 문화의 필수적인 요소라고 주장한다. 즉 그것은 문화를 구조화하고 사회관계를 조정한다. 그러한 언어의 획득은 바로 문화의 획득을 뜻한다.

식민지 상황에서 식민지 언어를 완벽하게 익히는 것은, 문화적으로 박탈된 식민지 선주민이 백인 사이에서 명예로운 시민권을 얻는 입장권으로 간주되며, 식민지 언어를 익히면 익힐수록 더욱더 식민지 지배민인 백인처럼 되고, 반대로 선주민성으로부터 멀어지는 것을 의미한다. 언어는 사상 표현의 도구이므로 데카르트식의 '나는 생각한다. 고로 존재한다'는 말은 '나는 말한다. 고로 존재한다'

로 변용된다.

파농이 언어현상을 중요하게 보는 이유는 "말한다는 것은 전적으로, 타자를 위해 존재하는 것을 의미하기 때문이"고, "무엇보다도 어떤 문화를 떠맡고, 어떤 문명의 무게를 받치는 것이"(17)기 때문이다.

> 식민지화된 사람은 모두—지역 문화의 독창성이 무너지는 바람에 속으로 열등 콤플렉스가 생긴 모든 사람—문명화된 나라의 언어, 즉 식민 본국의 문화와 대면하게 된다. 식민지인은 본국의 문화적 가치들을 자기 것으로 만들면 만들수록 식민지의 가시덤불에서 벗어난다.(18)

그 보기로서 파농은 선주민 출신 장교가 통역관으로 봉사하는 것을 든다. 이는 미군정 시대나 6·25전쟁 때도 나타난 현상이다. "그들은 주인의 명령을 자기 동향인들에게 옮기는 데 종사하면서 스스로도 일정한 명예를 누린다."(19) 상당 기간 프랑스에서 생활한 흑인은 완전히 변하여 금의환향한다. 프랑스에서 그는 필사적으로 프랑스식 발음법을 익히는 등, 유럽식 방식을 모방한다. 이런 경향은 지식인의 경우 더욱 심하다.

그러나 그 어떤 시도에도 불구하고 흑인은 백인이 될 수 없고 언제나 흑인이다. 백인은 항상 흑인에게 반말을 사용하여 흑인을 '밀쳐'낸다.(38) 흑인에게 반말을 지껄이는 것은 그를 흑인이라는 "이미지에 고착시키고 들러붙게 하고 그것에 가둬두는 것이다." "그는 자신이 책임질 수 없는 어떤 본질, 어떤 보여주기의 희생자이다."(36) "백인이 흑인을 언제까지나 지극히 위험한 이방인으로 보도록 만든다."(38)

그런데 여기서 파농은 선주민 언어인 크레올어를 사용해야 한다고 주장하지는 않았다. 우리는 이 점에 주목해야 한다. 그가 분석하는 대상은 백인이 되고자 프랑스어를 훌륭하게 익히려고 불철주야 애쓰는 흑인의 왜곡된 의식 구조인 탓이다.

식민지에서의 사랑

제2장 '유색인 여성과 백인 남성' 그리고 제3장 '유색인 남성과 백인 여성'은 백인 이성에 대한 흑인 남녀의 왜곡된 사랑의 심리를 분석한다. 사랑은 "세계관이 모두 보

이는 상부구조를 만들어낼 것"이기에 "진실한 실제의 사랑에는 기본적으로 무의식의 갈등에서 벗어난 심적 계기들이 동원되어야 한다."(43)

흑인 여성은 백인 남성과 결혼하고 싶어 한다. 백인 남성은 그녀의 "영주이다. 그 여자는 아무것도 요구하지도 강요하지도 않는다. 다만 자기 인생에 약간의 흰색이 들어오는 것 외에는."(44) 그리고 흑인 여자들은 백인들이 사는 고급 주택가를 꿈꾼다.

파농은 흑인의 사랑에 나타나는 심리적 왜곡을 흑인 작가의 소설을 통하여 정신의학의 관점에서 분석한다. 즉 백인 남성과 결혼하여 혈통을 희게 만들고자 하는 흑인 여성의 '비정상적 사랑의 왜곡'을, 가치 상실감—인간적 교통의 불능감, 자아의 위축— 및 백인의 인가에 의한 자기방어라고 보고, 이를 감정 과민증, 또는 과잉 보상행위라는 병리로 파악한다.

반대로 제3장에서 파농은 흑인 남성이 백인 여성을 사랑하는 경우 "내 두 손이 그 흰 젖가슴을 마음대로 어루만지는 가운데, 내가 내 것으로 삼는 것은 백인 문명과 백인의 존엄함이다"(63)라고 분석한다. 이처럼 제2장과 제3장은 인종차별 사회에서 생기는 심리적 왜곡 현상을 정신의학적으로만 보고, 흑인과 백인의 건전한 만남을 피상적으로 시도한다는 점에 문제가 있다. 물론 파농은 그러한 논의에만 그치지 않고 이러한 '식민지 민중의 의존 콤플렉스'를 분석하는 데까지 나아갔다. 따라서 지금까지의 제1-3장은 그러한 일반론을 위한 예시라고 볼 수 있다.

파농의 여성에 대한 편견

『검은 피부, 하얀 가면』제3장의 여성에 대한 분석, 그리고 뒤에서 볼 『알제리 혁명 5년』제1장의 알제리 여성의 베일에 대한 파농의 분석을 비판하는 견해가 최근의 페미니즘 논의에서 제기되고 있다. 식민지 선주민 여성의 성폭력은 우리의 '정신대' 문제에서도 볼 수 있듯이 식민지 지배의 중요한 요소였음을 파농은 분석하지 않았다. 반면 백인 여성에 대한 흑인 남성의 성폭력은 엄중하게 처벌되었다는 점도 파농은 무시했다. 여기서 '정신대'에 대한 설명을 통하여 파농을 좀 더 정확하게 이해할 필요가 있다.

1910년의 일제 침략 이래 토지조사사업에 의해 많은 농민이 토지를 잃었고, 특히 1920년대 이래 산미증식(產米

增殖) 계획에 의해 쌀을 일본에 공출해야 하는 조선의 농촌은 더욱 빈곤해졌다. 여기에 1929년의 농업 흉작과 세계적인 공황의 결과 농산물 가격이 급락하여 농촌은 극도로 빈곤해졌다. 이러한 상황에서 농촌 남성은 노동자로 도시나 일본 또는 중국(뒤에는 만주)으로 흘러들었고, 여성은 극도로 차별받는 임금 노동자가 되거나 접객업 등에 종사했다. 일제가 일본이나 조선에 공창제도를 둔 것은 그 자체의 상업적 이익과 함께 조세 수입의 중요한 근원이 되었기 때문이었다. 즉 철저한 자본주의의 논리가 적용되었다. 그런데 전쟁이 터지면서 일본과 조선의 여성은 개념이 전혀 다른 관리를 받게 된다. 일제는 일본인 여성에게는 '많이 낳아라'라고 강요했고, 조선인 여성에게는 '창녀가 되어라'라고 강요했다. 전자는 '생식의 성'이고 후자는 '쾌락의 성'이었다. 이는 또한 남성에 대한 성(병)관리이기도 했다.

이러한 일제의 성관리 제도 역시 일본이 모방한 모든 서구 제도와 마찬가지로 서구 근대국가의 그것을 모방한 것이었다. 서구 근대국가의 성관리 제도는 이미 푸코*에 의해 설명된 바 있다. 푸코는 『성의 역사』 제1권에서 근대 자본주의 국가의 생산성에 권력이 봉사했고, 노동력으로서의 인구조정이 경제에 중요한 과제였음을 인정하면서 아울러 혼인제도와 연관된 성적 욕망의 장치로 인간을 총체적으로 관리했다고 설명했다.

식민지 민중의 종속 콤플렉스란 무엇인가

제4장에서 파농은 마노니가 『프로스페로와 카리반』에서 '종속 콤플렉스'라는 개념을 사용하여 식민지화 이전에 열등감의 뿌리가 있었다고 보고, 그 개념을 '무의식의 욕망'으로 설명한 점을 비판했다. 마노니는 "모든 민족이 식민화에 적응하는 것은 아니"고, 종속 콤플렉스를 가진 민족만이 식민지화된다고 말했다.

이에 대해 파농은 무의식의 욕망이란 것도 사회적이고, 종속 콤플렉스란 것 역시 백인에 의한 식민지화에서 유래하므로 개인과 집단은 함께 바라보아야 한다고, 따라서 사회 구조의 변혁 또한 필요하다고 역설했다. 마노니는 남아연방의 가난한 백인이 경제적 요소와는 상관없이 흑인을 증오한다고 보았으나, 파농은 그것이 경제 구조의 결과라고 반박했다.(86) "경제적 장벽은 다른 요인들보다도 경쟁에 대한 두려움에 기인하고, 유럽인 인구의 절반을 이

루는 백인 인민계층을 보호하여 그들이 더 바닥으로 떨어지지 않게 하려는 욕구에 기인한다."(87)

마노니는 식민지적 착취가 다른 착취와 구별된다고 주장했으나, 파농은 이를 부정한다. "왜냐하면 그것은 모두 마찬가지의 대상, 인간에게 행해지기 때문이다."(87) 나아가 마노니는 유럽 문명이 식민지 인종주의에 책임이 없고 식민지배자에게만 책임이 있다고 주장했으나, 파농은 유럽 문명 자체가 책임이 있다고 주장한다.(89)

흑인의 정신병리

제6장 '검둥이와 정신병리학'은 파농이 의대에 재학한 시절에 겪은 임상의 경험을 기록한 것이다. 여기서 파농은 "프로이트는 정신병이 어떤 정신적 외상이나 특정한 경험에서 비롯된다고 설명했는데 이것은 흑인의 경우엔 들어맞지 않는다"고 주장한다. 그리고는 융의 '집단적 무의식'이라는 개념을 빌어와 자신을 백인으로 생각하는 '하얀' 집단적 무의식과 백인과의 접촉에서 알게 되는 '검은' 피부라는 현실 사이의 갈등으로 흑인의 정신병이 발발

한다고 설명했다. 단 융이 그 무의식을 선천적인 것, 예컨대 뇌의 구조나 유전으로 설명한 것과 달리 파농은 그것을 백인에 의해 강제된 문화 산물인 무의식적인 표상, 예컨대 생물적인 것, 성기, 동물성, 죄, 추악 등으로 설명했다는 점에서 달랐다. 파농은 이러한 문화 강제를 '반성찰적 문화강제'로 불렀다. 그러나 그것은 의식에 의해 생기며, 따라서 그 처방도 의식화에 있다.

파농은 의식의 자기회복에서 중요한 것은 먼저 흑인성을 인식하는 것이라고 주장했지만, 여기에 머물지 않고 변증법적인 차원에서 새로운 '인간'으로 나아가야 한다고 강조했다. 이 과정은 검은 피부의 타인을 이해하는 것으로 시작하지만, 결코 이해하는 데 그쳐서는 안 된다. 파농에게 있어 '이해'란 곧 '변화'를 의미했고, '진단'이란 곧 '치료'였다.

의학도로서 파농은 더는 치료할 수 없는 인체를 대상으로 한 순수인식의 행위인 해부를 경멸했다. 치료를 통한 대상의 변화라는 실천에 대한 그의 의욕은 제6장에서 자주 강조되었다. 예컨대 반투족을 '흑인의 정수'라고 본 알리우느 디오프에 대한 비판 같은 것들이다. 인종격리가 폭력에 의해 유지되고 있는 현실 세계에서 반투족의 존재

론에 대한 사색이 무슨 의미가 있는가, 라고 파농은 묻는다.(176쪽)

노예와 주인

『검은 피부, 하얀 가면』의 제7장 '검둥이와 인정'은 '검둥이와 아들러'와 '검둥이와 헤겔'이라는 두 개의 글로 구성된다. 아들러는 유럽식 개인심리학의 전형으로서, 헤겔은 주인과 노예의 분석틀로 원용되었다. 먼저 아들러에 의한 분석을 살펴보자.

서인도제도 사람들은 오랜만에 사람을 만나면 공격적인 태도를 취한다. 우월한 쪽은 과거의 위계질서를 고집하고 열등한 쪽은 그것이 변했다고 생각하는 타자에 대한 지배욕 때문이다. 이러한 열등의식은 서인도제도인 전체의 특성이다. 따라서 "우리는 개인으로부터 사회구조로 되돌아간다. 어떤 악함이 있다면, 그것은 개인의 영혼 속이 아니라 환경의 영혼 속에 자리한다."(204)

다음은 헤겔에 따른 분석이다. 파농은 자의식은 인식되거나 확인됨으로서만 존재한다는 헤겔의 말을 인용하면서 백인과 흑인 사이에는 상호인정의 계기가 없이 백인에 의해 그냥 해방되었다고 한다. 백인의 흑인해방은 흑인에게 별다른 변화를 주지 않았다. 그의 생활양식이 바뀐 것이지 그의 삶이 다른 삶으로 바뀐 것은 아니었다. 그래서 흑인은 자유의 가치를 모른다. 그것을 위해 투쟁한 적이 없기 때문이다. 투쟁이 있는 곳에 패배가 있고, 휴전이 있고, 승리가 있는 법이다. 그러므로 자신이 맺고 있는 모든 관계 속에서 인간세계를 이루는 기본적인 가치에 대한 존중심을 늘 간직하면서 능동적으로 행동하도록 인간을 교육하는 일, 이것이야말로 성찰을 통해 행동할 준비가 된 사람의 가장 최고의 임무라고 파농은 강조한다.(213)

정신적 소외를 어떻게 해결할 것인가

소외에는 여러 가지 측면이 있을 수 있으나, 파농은 주로 정신적 소외의 분석에 치중했다. 그는 『검은 피부, 하얀 가면』 마지막 '결론에 즈음하여'에서 정신노동자의 소외는 지적인 성질의 것으로서 유럽문화를 자기의 인종으로부터 탈출하는 수단으로 받아들이는 한 그는 소외되나,

반면 육체노동자의 소외는 다른 인종에 의한 착취제도의 문제이며, 하나의 인간성이 스스로 우월함을 내세우는 이질문명에 억눌려 멸시당하는 체제의 희생자라는 사실이 문제가 된다고 설명한다.(215-216)

여기서 후자의 해결책은 오직 투쟁하는 것뿐이다. 전자의 지적 소외는 중산층 사회의 창조물로서 중산층 사회란 일체의 진화, 획득, 진보, 발견이 금지되고, 미리 규정된 형태 속에서 경직되는 사회 전체, 삶이 즐겁지도 않고, 공기가 탁하고, 사상과 인간은 날이 갈수록 썩어가는 폐쇄적 사회를 말한다. 파농은 이에 대항하는 사람을 혁명가로 부른다.(216)

그리고 파농은 과거 문명의 존재를 발견하는 노력은 그러한 소외 극복에 아무런 도움이 되지 않는다고 주장한다. 사람들이 투쟁하는 것은 고유문화를 발견했기 때문이 아니라 그것은 "'단순히' 여러 가지 이유로 숨을 쉬기가 어렵게 되었기 때문이다."(218)

> 나는 어느 날, 그런 세상에 내가 있다는 것을 알게 되고, 스스로 단 하나의 권리만을 인정한다: 타자에게 사람다운 처신을 요구할 권리. 의무도 단 하나뿐이다. 내 선

택을 통해 내 자유를 버리지 않을 의무. (중략) 나는 '역사'의 포로가 아니다. (중략) 내가 나아가는 세상에서 나는 나를 끊임없이 창조한다. (중략) 나는 내 아버지들의 인간성을 말살했던 그 노예제의 노예가 아니다. (중략) 내가 나 자신의 토대다. (중략) 유색인인 나는 단 한 가지만 원할 뿐이다: 결코 도구가 인간을 지배하지 않기를, 인간이 인간을, 말하자면 자아가 타자를 노예화하는 일을 그만두기를. 인간이 어디에 있든, 내가 그 인간을 찾고 원하도록 허락되기를.

검둥이는 없다. 백인도 마찬가지다. 진정한 소통이 생겨나기 위해서는, 양쪽 모두 각자의 선조들이 남긴 비인간적 목소리에서 멀어져야 한다. (중략) 사람들이 인간 세상의 이상적 실존 조건들을 만들 수 있는 것은, 자기회복과 허물벗기의 노력을 통해서, 언제나 긴장의 끈을 놓지 않는 자유를 통해서이다.(223)

여기서 우리는 파농의 관심이 흑인을 둘러싼 외적 조건의 변혁이 아니라 흑인의 정신 내부에 집중되었다고도 볼 수 있다. 인간을 능동적-주체적인 존재로 만드는 것이 파농의 급선무였던 것이다. 그 책은 억압하는 자에 대한 고발이라기보다도 억압받는 자에 대한 호소이고, 흑인들—때로는 백인들—에 대한 우애의 메시지였다.

그렇다고 해서 파농이 그 책에 억압자에 대해 아무것도 언급하지 않은 건 아니었다. 중요한 것은 흑인문제를 바라보는 파농의 시각을 이해하는 일이다. 그는 흑인문제를 피부색이나 개인의 열등 콤플렉스 따위로 보지 않았다. 더욱 근본적인 문제, 즉 자본주의적이고 식민지주의적이며 백인의 것인 사회에 의해 착취되고 노예화되며 멸시되고 있는 흑인의 상황이 문제라고 보았다. 또한 그는 우월성과 열등성을 모두 부정하는 보편주의의 입장에 선다.

"도구가 인간을 지배하지 않기를, 인간이 인간을,
말하자면 자아가 타자를 노예화하는 일을 그만두기를."

_프란츠 파농

6장

알제리 전쟁
_절망하지 않기 위해

카뮈의 알제리 전쟁

알제리 전쟁

카뮈는 자신이 태어나 20대까지 약 30년을 살았던 알제리 사람들에 대해 항상 깊은 관심을 보였다. 알제리의 태양과 지중해 바다—이 두 가지는 알제리의 해방을 상징하는 것이었다—를 더욱 소중하게 여긴 것 같지만 그는 알제리인들에게도 깊은 애정을 가졌다. 이는 지드를 비롯한 당시 대부분의 프랑스 지식인과 다른 점이었다. 사실 이런 부분은 여러 이유에서 매우 유감이다. 일제강점기 조선에서 살았던 일본인들 역시 마찬가지였다고 누군가 말한다면, 우리로서는 일본인이나 프랑스인이나 그게 그거라고 여길 수밖에 없겠지만, 카뮈는 달랐다.

알제리인들은 오랫동안 아무런 권리를 인정받지 못한 불평등한 상태에서 살았다. 아랍인들에게 프랑스 시민권을 주고자 한 1936년의 시도가 실패한 뒤 같은 시도가 다시 나타난 것은 11년 뒤인 1947년의 선거 개혁 때다. 그러나 1948년의 선거에서 부정이 행해져 개혁의 골자는 완전히 무시됐다. 그때부터 식민지는 무너져 내리기 시작했다.

당시 알제리 아이들은 오직 프랑스어와 프랑스 문학 그리고 프랑스의 예술과 학문을 공부했다. 그것이 '성공한' 거의 유일한 사례가 카뮈였다. 나머지 대부분의 알제리 아이들은 커서 알제리의 노동자나 농민이 되었기 때문에 그런 교육이 아무런 영향을 미치지 못했다. 아니, 식민지 열등의식을 키우는 데에는 소용이 있었다.

반면 식민지 이전 북아프리카가 낳은 위대한 예술과 학문의 전통은 전혀 배우지 못했다. 만약 그런 전통이 없었다고 단정한다면 그것은 우리의 무지를 드러내는 것일 뿐이다. 우리나라에서도 〈세계사상전집〉의 한 권으로 번역된 아랍의 유명한 역사가 이븐 할둔*을 비롯한 찬란한 학문과 예술의 전통성을 지닌 인물들이 존재했으니 말이다. 그러나 그들은 19~20세기 알제리에는 존재하지 않았다.

이븐 할둔은 지금의 튀니스에서 1332년에 태어나 40대에 알제리 오랑(카뮈의 『페스트』 무대였던)에 살면서 아랍과 페르시아 및 알제리 베르베르족의 역사인 『이바르의 책』을 썼다. 특히 그 서문은 흔히 「역사서설」로 소개됐는데, 사회의 형성과 변화를 세계 최초로 고찰한 것이었다. 그러나 그 책은 19~20세기 알제리에서는 철저히 무시됐다. 카뮈도 몰랐다. 어린 시절에는 물론 배우지 못했고 성인이 되어서 죽기 전까지 몰랐다.

그러나 1830년의 알제리 침략 이후 유지된 120여년 간의 침묵은 서서히 깨어졌다. 우선 여러 아랍어가 등장하기 시작했다. 그리고 그 말들이 '반란군' '무법자' '치안' '반대파' 등의 정부 용어와 함께 신문과 책을 뒤덮기 시작했다. 그것은 알제리인이 권리를 주장하기 시작했음을 알린 신호탄이었다.

1954년 11월 4일, 프랑스 가톨릭교도들에게는 중요한 축일인 만성절 밤, 알제리 민족해방전선(FLN)은 독립을 인정하지 않으면 전쟁에 돌입한다고 선언한 무장봉기를 개시했다. 뒤에 프랑스 대통령이 된 미테랑은 당시 내무부 장관으로서 그것을 테러로 규정하고 경찰에 의해 곧 소탕되리라고 말했다. 그러나 이후 전쟁은 8년이나 이어졌다.

식민지 해방운동은 알제리만의 일이 아니었다. 이미 그해 1월 1일 베트남이 프랑스로부터 독립했고, 알제리 옆의 튀니지에서도 자치권이 인정됐다. 그러나 알제리만은

알제리 전쟁

식민지 그대로 남았다. 그만큼 알제리 프랑스인의 압력은 거세었다.

그러나 알제리 선주민의 독립운동이 약했던 것은 아니다. 알제리 민족독립 운동의 역사는 길다. 앞에서도 말했듯이 그들은 15년간 프랑스 침략에 대항해 싸웠고, 19세기 말부터 끝없이 반란을 일으키다가 제1차대전 후 조직적인 정치투쟁을 시작했고, 1945년의 4만여 명이 죽은 대학살을 계기로 더욱 적극적으로 민족운동을 전개했다.

먼저 알제리 선언 민주동맹(UDMA)과 민주적 자유의 승리를 위한 운동(MTLD)이 결성됐다. 후자는 전자에 비해 급진적이고 대중적 기반을 가져서 1947년 선거에서 절대다수당이 됐으나, 1953년 분열되어 알제리 국민운동(MNA)이 새로이 결성됐고, 1954년에는 통일과 행동의 혁명위원회(CRUA)도 결성됐다. 그리고 이와 별도로 독자적인 무장투쟁을 벌인 벤 벨라 등을 중심으로 한 민족해방전선(FLN)이 1954년부터 해방투쟁을 주도했다.

그러나 프랑스 당국은 FLN을 처음부터 폭도로 규정했다. 당시 내무부 장관 미테랑은 어떤 대화도 거부하고 전쟁만을 주장했는데, 이는 지금까지도 알제리가 프랑스의 사회당을 불신하는 원인이 되었다. 프랑스의 어떤 진보파도 식민지문제에 대해서는 극우와 다름이 없었다. 이는 프랑스만이 아니라 영국, 미국 등 어디에서나 마찬가지였다. 민주주의든 사회주의든 간에 그것은 유럽이나 미국 자국을 위한 것이지 식민지인 아프리카, 아시아, 남아메리카와는 무관했다.

식민지 당국은 병력을 증강하여 1954년 5만 명에서 3개월 후 9만 명, 1년 후에는 20만 명으로 늘어났다. 그리고 1955년에는 긴급사태법을 제정하여 위험인물의 추방, 언론집회의 금지, 주야를 불문한 가택수사, 교통 금지 등에 대한 자유재량권을 지사에게 부여했다. 그럼에도 저항은 더욱 확대됐고, 당초 3천여 명이었던 저항군은 1년 후 1만2천여 명으로 늘어났다. 과거의 MTLD의 급진파만이 아니라 UDMA 등의 온건파도 합세했다. 프랑스 당국의 탄압도 더욱 거세어져 1957년 치안 책임이 경찰에서 군부로 이전되고 잔혹한 토벌작전이 개시됐다.

그러나 정작 무너진 것은 강경정책이었다. "알제리는 프랑스다" "알제리는 본국과 함께 하나의 통일체를 구성하고, 그 통일체의 명예는 무엇으로도 위험에 빠질 수 없다" "플랑드르 지방에서부터 콩고에 이르기까지 어디서든 하나의 법만이 인정된다. 바로 프랑스 법이다"라는 정책이 차례로 허물어져 갔다.

카뮈가 경험한 알제리

전쟁이 터지자 공산당에 앞서서 사르트르는 알제리 혁명을 지지하는 선언을 했으나, 카뮈는 빠졌다. 반면 로제 마르탱 뒤 가르, 프랑수아 모리아크*와 같은 우파 성향의 작가들은 반전론을 지지했다. 카뮈는 전쟁이 터지기 전인 1954년 5월, 해외투옥자 사면위원회에 보낸 편지에서 "왼손으로는 인권선언문을 쥐고 있으면서 오른손으로는 압제의 몽둥이를 들고 있는" 프랑스 식민정책의 모순과 결점을 비판했다. 그리고 1955년 1월 편지에서는 과거에 공산당이 아랍인을 배신했다고 하며, 자신이야말로 아랍인의 진정한 친구라고 자부했다.(토드 1023, 재인용) 나아가 카뮈는 두 세력의 평화적인 화해와 단결을 바라는 이상론적인 글을 썼다. 그는 아랍인과 프랑스인이 자유롭고 평등하게 사는 혼합 공동체를 꿈꾸었다.(RRD 121)

1955년 초, 새로 임명된 알제리 총독이 개혁과 무슬림과의 통합정책을 제시했으나, 유럽계 알제리 사람들이 반대했다. 그 와중에 무장 반군의 진출 범위는 더욱 확대되었다. 카뮈는 반군의 테러를 비판하면서 사태가 곧 진정되리라고 낙관했다. 그러나 사태는 더욱 심각해져 갔다. 1955년 8월, 알제리 북부 필리프빌 부근에서 유럽인 71명과 무슬림 52명이 살해되는 사건이 터지자 정부는 1,273명의 반군을 살해했다. 이 사태를 두고 파리에 사는 알제리 출신 작가들이 양분됐다. 카뮈는 여전히 아랍인과 유럽인의 화합을 주장했으나 소수의견에 불과했다.

1955년 가을 콜레트*와 장송*이 학살의 진상을 『무법의 알제리』라는 책으로 고발하고, 프랑스의 알제리 식민정책이 실패했음을 입증했다. 또한 알제리 '무법자'들이 역사적, 정치적, 경제적, 문화적으로 정당함을 증명했다. 진보적인 여러 신문 잡지도 조금씩 그런 주장을 펼치기 시작했다. 알제리 전쟁 속행을 반대하는 지식인 행동 위원회도 설립됐다. 거기에 참여한 에드가 모랭*은 "우리는 식민 전쟁 원칙 자체에 반대하며 인권 원칙 자체를 위하여 일어서고자 한다"고 주장했다. 그 위원회에는 사르트르는 물론 뒤 가르나 모리아크도 참여했다.

그러나 참여를 거부한 카뮈는 여전히 알제리의 '국가' 독립에는 반대했다. 아나키스트인 그에게 '국가'란 인정할 수 없는 존재였다. 그는 국가인 프랑스가 알제리에 존재하는 것도 거부하고, 동시에 국가인 알제리가 존재하는 것도 거부했다.

> 당신도 알다시피 이 모든 것과 '국가'라는 개념은 아무 상관도 없습니다. 어찌 됐든 오늘날 알제리는 두 민족이 거주하고 있는 영토입니다. 저는 두 민족이라고 말했습니다. 하나는 무슬림들이고 다른 하나는 그렇지 않습니다. …알제리의 이 두 민족은 정의에 대한, 그리고 그들 조국을 유지할 똑같은 권리를 가지고 있습니다.

정당한 역사를 단념하거나 믿을 여지는 없다. 이런 점에서 보자면 프랑스의 억압은 어떤 정당화도 불가능하고, 민족해방전선의 폭력적인 방법 또한 정당화될 수 없다.(토드1056, 재인용)

카뮈는 1956년 1월, 알제리의 프랑스인들과 FLN 투사들에게 보내는 '민간인들을 위한 휴전'을 발표했다. 그러나 사르트르, 에메 세제르 등이 참여한 '북아프리카 전쟁 반대 지식인회의'는 알제리의 즉각적인 독립과 알제리 민족의 투쟁을 찬양했다. "식민체제의 폐지를 위하여" "그들 스스로 마음껏 인권을 존중하기 위하여" "알제리 문제의 평화적 해결을 위하여"였다.

특히 사르트르는 식민지정책은 알제리가 프랑스에 속해야 한다고 주장하는 우익이나 좌우 어느 쪽도 아닌 타협주의자들이 조작한 것이라고 비난하고, "착한 식민자도 있고 나쁜 식민자도 있다는 말은 거짓이다. 그저 식민자들이 있을 뿐이다. 그게 전부다"라고 주장했다. 그 말이 비단 카뮈만을 겨냥한 것은 아니었으나, 분명히 카뮈도 그 대상의 하나였다. 사르트르는 이렇게 말했다.

> 우리 프랑스인들은 이런 사실로부터 꼭 한 가지를 배울 수 있다. 식민주의가 스스로 파괴되는 중이라는 사실이다. 식민정책에서는 악취가 풍긴다. 그것은 우리의 수치다. 그것은 우리의 법을 조롱하고 풍자한다. 그것은 인종차별주의로 우리를 부패하게 만든다. 우리의 역할은 그것이 소멸하도록 도와주는 일이다. 우리가 할 수 있고 하도록 노력해야 하는 단 한 가지는 알제리 민족 측에서 알제리인들과 '함께' 프랑스인들을 식민 압제로부터 해방시키기 위해 투쟁하는 일이다.(솔랄 하 37, 재인용. 단 번역은 수정됨)

이는 사르트르가 뒤에 파농의 『대지의 저주받은 사람들』 서문에서 쓴 내용과 같았다. 그 무렵 카뮈는 알제를 찾았으나 그를 맞은 것은 '카뮈를 통곡한다'는 만장이었다. 그러나 그는 '죄 없는 민중'을 전쟁에서 제외하자고 주장하면서 『최초의 인간』 마지막 부분에서 다음과 같이 말했다.

> 땅을 돌려주시오. 가난한 사람들에게, 아무것도 가진 것이 없는, 너무나 가난해서 한 번도 무엇을 원하고 소유해본 적이 없는 사람들에게 모든 땅을 주시오. …그렇게만 되면 나는 다시 가난해지고 세상 끝 최악의 유적에 던져진 나는 미소를 짓고 내가 태어난 태양 아래서 내가 그토록 사랑했던 땅과 내가 우러러보았던 사람들이 마침내 한 데 모였다는 것을 알고서 만족스러운 마음으로 죽을 수 있을 겁니다.(『최초의 인간』 376)

그러나 현실의 프랑스는 아랍인을 억압하는 거대한 제국으로, 카뮈의 생각은 정말 꿈같은 것이었다. 반대로 전쟁은 극악무도한 학살극으로 변해갔다. 그래서 1957년 1월 카뮈는 '알제리의 불행을 부채질하지 않기 위해' 알제리에 대한 글을 더는 쓰지 않겠다고 선언했다. 동시에 그는 〈엑스프레스〉 논설위원 직도 1년 반 만에 그만두었다.

당장 식민지를 끝내고 독립을 인정하고 과거의 착취를 보상하여야 한다고 주장한 사르트르와 보부아르는 당연히 이상주의적인 카뮈를 비판했다. 미국을 비롯한 국제 여론도 프랑스를 비난했다. 물론 미국의 신식민주의적 행태를 보면 그 진의에 의심이 가는 측면도 있으나, 어떻든 이미 식민지 독립은 역사의 대세였다.

우리는 카뮈가 알제리 출신이고 알제리에 어머니나 친지가 남아 있었기 때문에 그런 주장을 펼친 그를 어느 정도는 이해할 수 있다. 그러나 그가 어머니나 친지를 포함한 유럽인들에게 가한 FLN의 폭력을 '테러리즘'이라고 규정하고, 프랑스 군대가 알제리인에게 가한 폭력을 '이상 발육'이라는 식으로 비난한 것까지는 이해할 수 없다. 그는 분명히 공적인 문제보다도 사적인 인간관계를 우선했다.(젠디히 128)

미국의 철학자 마이클 월즈는 카뮈가 어머니를 포함한 프랑스 알제리인들의 곤경 때문에 알제리의 독립에 반대했다면서 카뮈를 변호했다.[1] 물론 우리는 카뮈가 자율적인 정치공동체에서 고문, 탄압, 살인으로부터 모든 인간이 자유로워야 하고, 특히 시민으로서의 정치적 인권을 보장받아야 한다면서 알제리에 사는 모든 인간의 자유와 공존을 주장한 점을 당연히 인정할 필요가 있다. 따라서 월즈식의 동정론은 카뮈의 보편주의적이고 휴머니스트적인 측면을 간과하는 것이 아닐 수 없다.

월즈에 의하면 카뮈에게 알제리에 사는 프랑스인이나 아랍인은 모두 똑같이 중요했으나, 아랍인이 FLN에 더욱 중요했던 것처럼 프랑스인은 카뮈에게 더욱 중요했다고 말한다.[2] 그러나 카뮈에게는 기본적인 인간 존엄성의 차원에서 아랍인이나 프랑스인은 똑같은 인간이었다고 보는 것이 옳으리라. 물론 카뮈가 평생 보여주듯이 프랑스인 사회와 문화는 아랍인의 그것보다 그에게 더 중요했다. 그러나 그렇다고 해서 카뮈가 프랑스 알제리인을 더욱 중시했고, 프랑스인의 고통보다도 아랍인의 고통을 소홀히 했다고는 말할 수 없다. 도리어 카뮈에게는 알제리에 사는 프랑스인

---

[1] Michael Walzer, "Albert Camus's Algerian War", in *The Contemporary of Critics: Social Criticism and Political Commitment in the Twentieth Century*, New York: Basic Books, 1988.
[2] Walzer, 위 책, p.146.

이든 아랍인이든 그 특권계급과 민중계급을 구분하는 것이 더욱 중요했음을 우리는 그의 젊은 시절부터 볼 수 있다. 그는 자신이 멸시받은 아랍인과 구별되어야 하는 '자랑스러운' 프랑스인이라는 점을 전혀 의식하지 않았다.

『전락』

1952년 사르트르와의 결별 이후 4년간 카뮈는 작품을 발표하지 못했다. 마치 『전락』한 것처럼. '전락'은 타락이다. 차라리 타락이라고 할 것이지 왜 굳이 전락이라고 하는지 모르겠다.

줄거리부터 보자. 파리에서 변호사를 했던 '나' 장 바티스트 클레망스는 지금 암스테르담 암흑가에서 무자격으로 법률 상담을 하고 있다. 파리에 살 때 나는 가난한 사람과 법의 보호를 받지 못하는 사람들을 위해 일했다. 그러다 어느 날, 센 강의 겨울 다리에서 투신자살하는 여성을 보지만 돕지 못한다. 그 후 센 강의 다리에서 묘한 웃음소리를 듣고 자신이 이중적이라고 생각하게 된다. 2~3년 동안 나는 방탕과 망각으로 그것을 잊으려고 전락하고 결국 암스테르담의 암흑가에서 자신의 죄를 속죄하는 동시에 인류를 재판하는 판사라고 자처한다.

그러나 이 작품은 줄거리만 가지고서는 충분히 이해하기 힘들다. 첫 부분에 카뮈가 그동안 천착해온 일원론적 세계관, 즉 사랑에 의한 통일적 조화가 언급된다. 이미 『안과 겉』에서 강조된 '단순한 삶'이다. 그러나 언어와 논리가 따로 놀면서 인간의 실질과는 다른 의제가 생겨나 일원론의 세계는 분열한다. 즉 국가, 재판, 이데올로기이고, 그것들은 투쟁을 야기한다. 바로 사르트르와의 논쟁과 알제리 전쟁이 여기서 연상된다. '나'의 이중성의 한 끝은 우월성에 대한 지향, 권력의지이다. 예컨대 대독 협력자의 숙청 같은 것이다. 이런 권력의지의 본질은 자기애이다. 또 하나의 끝은 타인에 대한 친절이나, 사실은 타인에 대한 무관심이다.

『전락』은 여러 가지 의미에서 『이방인』과 유사하면서도 다르다. 일인칭 형식이라거나 애매하다는 점이 같지만, 뫼르소가 말을 아끼는 반면, 클레망스는 말이 많은 선동가이다. 전자는 사회 관습에 반항하며 자연과 죽음에서 구원을 찾으나, 후자는 야망에 불탄 남자가 허영심과 명예욕에 허우적대다가 암흑계의 기생충이 된다.

소설이 나오자 당연히 사회주의권에서는 카뮈가 반동파로 '전락'했다고 말했다. 『반항인』에서 반공산주의자로 전락하더니 이제는 식민지 피지배자들의 입장을 옹호하는 것조차 거부했다는 이유에서였다. 그러나 책은 5월에서 11월까지 15만 부 이상이 팔렸다.

『전락』은 카뮈의 자서전이 아니다. 그 자신도 그렇게 말했지만 사실 그 책은 자서전이었다. 클레망스처럼 카뮈도 자신이 죄인이고 거짓말쟁이며 위선자이고 파렴치하다고 늘 생각했다. 투신자살한 여성의 이야기도 바로 그의 아내 이야기였다. 『전락』에는 카뮈의 바람에 대한 속죄도 나온다.

1956년 2월의 편지에서 카뮈는 사르트르의 실존주의를 "혼란과 허위의식에 가득 찬 모순된 철학"이라고 비판하면서 "자유와 권위라는 문제에 대한 적절한 해결책으로 인도하기는커녕 굴종 상태로만 인도하고 있"다고 주장했다.(토드 1096, 재인용)

『알제리 연대기』
_카뮈의 식민지해방 부정의 이론

앞에서 보았듯이 카뮈는 식민지의 부정의에 대해 비판했다. 그 점에서 그는 사르트르나 파농, 사이드와 같은 입장이었다. 그러나 사르트르나 파농이 근본적인 식민지 해방을 주장한 반면 카뮈는 점진적인 식민지개선을 주장했다. 카뮈는 선주민들이 인권을 주장하고 식민지 억압을 끝내야 한다는 주장에 반대하지는 않았으나, 그러한 요구가 프랑스-알제리 사회라는 구조 속에서 달성될 수 있다고 보았다.

이처럼 카뮈는 식민지체제를 무조건 거부해야 하는 절대악이 아니라 개선될 수 있는 상대악이라고 보았다. 따라서 알제리의 사회정의는 폭력적 투쟁이 아닌 평화적 수단에 의해 달성될 수 있다고 했다. 그는 식민자나 피식민자 모두 폭력에 의존하면서 "서로를 정당화하기 위해 서로의 범죄에 의존한다"(*RRD 116*)고 비판하고, 양심의 타협을 촉구했다. 그러나 카뮈가 폭력에 반대한 이유에는 단순히 도덕적인 근거만이 아니라 알제리 민족주의에 대한 반대도 있었음을 주의해야 한다.

카뮈는 1956년 알제리에서 한 강연인 '알제리의 시민 휴전을 위한 호소'에서 식민자나 피식민자, 즉 프랑스 알제리인 군대나 선주민 게릴라 모두 폭력을 그만두고 평화 협상을 통해 갈등을 완전히 종식하자고 호소했다. 그런데 이 강연에서 카뮈는 알제리의 '두 인구'라고 하면서 '프랑스인'과 '아랍인'이라는 표현을 썼다. 즉 당시 서로 싸웠던 '프랑스 알제리인 군대'-'프랑스 군대'나 '선주민 게릴라'라는 표현은 사용하지 않았다.

그는 강연에서 프랑스인이나 아랍인이나 모두 "공통의 토양 위에서 안전과 존엄에 대한 권리"(137)를 갖는다고 주장하고, "공통의 토양과 고통에 대한 사랑으로 통일된 하나의 국가"(133)이자 '희망의 공동체'인 프랑스-알제리를 주장했다.

> 이 토양 위 여기에서 백만 명의 프랑스인들이 1세기 동안 살아왔고, 아랍계와 베르베르계의 이슬람교도들이 여기에서 수 세기 동안 살아왔으며, 그 밖에도 다양하고 활기찬 종교공동체들이 있었다. 그들 모두 역사가 그들에게 부여한 교차로에 함께 살아야 한다.(138)

알제리에 관한 한, 민족의 독립은 정열 이외에 아무런 근거를 갖지 않는 하나의 형식논리이다. 지금까지 알제리라는 나라가 존재한 적이 없다. 이 잠재적인 나라의 지도권에 대해 베르베르인만이 아니라 유대인, 터키인, 이탈리아인도 요구할 수 있는 자격을 갖는다. 현재로서는 아랍인만이 알제리 전체를 구성하는 것이 아니다. 특히 프랑스인 입식지의 규모와 역사는 역사상 유례없는 문제를 제기하기에 충분하다. 알제리의 프랑스인은 가장 강력한 의미에서 역시 선주민이다. 나아가 순수한 알제리인만으로 구성되는 알제리는 경제적 독립을 달성할 수 없다. 경제적 독립 없는 정치적 독립이란 하나의 환상에 불과하다. 지금까지의 프랑스의 노력이 불충분한 것이었다고 해도, 그것은 다른 어떤 나라도 지금 스스로 책임을 진다고 생각하지 않는 범위에까지 미치고 있다는 것이다.(145)

그러나 이러한 카뮈의 주장에는 중요한 문제점이 있다. 그는 현재의 갈등을 빚은 '역사'를 무조건 받아들여야 한다고 주장하는 것이지 갈등을 빚은 '역사'적 요인인 제국주의의 식민지지배 자체에 대한 평가는 전혀 하지 않았다. 그에게는 과거를 묻는 것이 절대 허용되지 않는다. 앞에서 말한 바와 같이 '판단'이 아니라 '이해'하라는 것이 바로 이것이다. '과거를 묻지 마라-중요한 것은 현재뿐'이라는 것이 카뮈의 입장이다.

따라서 카뮈는 지금 두 당사자인 '프랑스인'과 '아랍인'이라는 표현을 사용해 마치 그 둘이 평등한 것처럼 썼다. 그러나 그 둘은 전혀 평등하지 않았다. 1세기 전은 물론 카뮈가 강연을 한 1956년 단계에서도 그들은 실질적으로는 물론이고 법적으로도 전혀 평등하지 않았다. 심지어 카뮈는 그 다양한 민족들의 갈등이 역사적으로 오랜 기원을 갖는 것인 양 표현했다. 가령 "알제리 비극의 태고적이고 심원한 기원"(134)과 같은 말이었다. 그러나 프랑스인과 아랍인의 갈등은 극히 최근 일이고, 그런 말은 알제리 역사의 근본문제인 토지에 대한 갈등을 돌이킬 수 없도록 단순화하여 결국은 식민지배자에게 유리하게 하는 것일 뿐이었다.

카뮈는 알제리 독립은 경제적으로 파괴적인 결과를 초래하리라고 주장하고 유럽식 경제발전만이 유일한 길로서 그 "부의 파도가 대륙을 뒤덮고 심지어 우리에게까지 넘쳐흘러 우리의 문제를 과거사로 만들고 우리의 증오를 무효로 만들 것"(142)이라고 주장했다. 이는 카뮈가 세계적 시장경제의 유수효과를 위해 개별 국가의 주권을 몰수하는 아나키즘적인 것을 옹호했음을 보여준다. 그러나 이러한 것은 오늘날 신자유주의적 세계경제를 통해 보듯이 경제후진국인 제3세계의 경우에는 다시금 식민지 경제를 초래할 정도로 위험한 것일 수 있다. 카뮈는 선진국 포섭형의 식민지의 종속적 경제발전론, 즉 전혀 민족주의적이지 않은 경제정책을 주장한 것이었다.

카뮈는 한때 사회주의자로서 공산당원이었다가 공산당을 탈퇴했는데, 위 강연을 한 1956년에는 헝가리폭동이 터졌다. 당시 카뮈가 좌파지식인들을 비판했음을 고려한다고 해도 이러한 종속적 경제발전을 주장한 것은 한때 사회주의자였던 아나키스트의 사상이라고 받아들이기 어렵다. 이에 대해 경제학자나 사회과학자가 아닌 작가에게 경제정책을 요구한다는 것은 무리한 일이고 카뮈 자신 그런 경제정책을 진지하게 생각하지 않았으므로 이를 정면으로 비판하는 것은 무리라고 보는 반론이 가능하다. 그러나 이는 단순히 경제 상식적인 단편성에 그치는 것이 아니라 카뮈의 알제리관 내지 식민지해방의 비전과 관련된 사상의 일부이므로 무시해서는 안 된다. 카뮈 정도의 대가라면 경제문제만이 아니라 모든 문제에 대해서 책임 있는 지성으로서 발언하는 것이 마땅하고 우리도 그렇게 기대할 수 있기 때문이다.

『적지와 왕국』_카뮈의 식민지 해방 부정의 문학

1957년 3월에 발표된 카뮈의 단편집 『적지와 왕국 L'exil et le royaume』은 '전락'한 상황에서 새로운 길을 따라 새로운 왕국을 찾아가는 카뮈의 여정을 보여준다. 그러나 그 왕국은 그가 이미 찾았던 지중해로 되돌아가는 것이기도 하다. 이 소설집은 종래 『유적과 왕국』으로 불렸다. '유적(流謫)'이란 유배, 귀양을 말한다. 귀양이란 말이 순수한 우리말인데 왜 어려운 유적이란 말을 쓰는지 모르겠다. 이 제목은 사실 '귀양에서 왕국으로'라는 의미를 담는다. 카뮈자신 귀양이란 예속과 소유를 동시에 거절하는 유일한 조건하에서 자유로운 왕국으로 향하는 길이라고 말했다.

카뮈의 단편집 『적지와 왕국』에 나오는 첫 단편 「간부」는 부정, 불륜을 저지른 여인을 뜻한다. 그러나 소설에는 그런 스토리가 없고, 지겨운 남편과의 일상으로부터 자신을 귀양보낸 자닌이 자연의 왕국(그 이름이 부정이다)을 찾는 이야기다. 따라서 간부란 제목에는 문제가 있다. 이 소설에는 카뮈가 거의 다루지 않은 아랍인들이 등장한다. 그들은 말이 없지만 '왕국의 주인'으로 묘사된다.

그 마지막 장면에 대해 김진식은 "우리에게 거의 즉발적으로 '예술은 간음이다'라는 보들레르의 말을 연상시켜주면서, 만물 조응과 화합이 인간의 오래된 꿈, 심원한 우주적인 꿈임을 상기시켜준다"[1]고 한다. 그는 그 단편소설들이 『알제리 연대기』와 거의 같은 시기에 쓰였다거나 그 단편소설들을 쓸 때 알제리 식민지문제가 카뮈의 중요한 관심사였음을 그 소설에 대한 이해와 전혀 관련시키지 않는다. 반면 사이드에게는 그 점이 중요하다. 그는 "카뮈의 소설은 시대에 특별히 뒤처진, 어떤 의미에서는 무력화한 식민지적 감성이고, 그 감성이 제국주의의 몸짓을, 유럽에서는 이미 그 전성기가 지나간 리얼리즘 소설의 형식을 빌어 드러내었기 때문에 알려"(『문화와 제국주의』 347)진 전거(典據)로 이 작품을 설명한다.

---

1 김진식, 알베르 카뮈의 『적지와 왕국』연구, 불어불문학연구, 29-1호, 111쪽.

하늘과 사막이라는 이 부분과의 정신적 교류에 의해 열린—여기에서 6편의 단편을 설명하기 위해 카뮈가 뒤에 붙인 해설에 따르면— 알제리에 사는 프랑스인이자 식민자인 그녀가 자신의 뿌리를 발견한다. 그녀의 참된 정체성이나 정체성이라고 판명될지도 모르는 무엇이, 이 구절의 후반에서 그녀가 틀림없이 성적인 절정에 도달한 때에 나타난다. 거기에서 카뮈가 말하는 '그녀의 존재의 숨겨진 핵심'이란, 애매모호하여 말하기 곤란한 무엇인가가 있다고 하는, 그녀 자신만이 아니라 카뮈도 품은 의식을 암시한다. 여기서 그녀가 알제리에 사는 프랑스인이라고 하는 그녀의 특별한 역사는 문제가 안 된다. 왜냐하면 그녀는 그 특정한 대지와 하늘에 대해, 하나의 부수적으로 생긴 즉각적이자 직접적인 접근을 달성하기 때문이다.(349)

둘째 작품인 「배교자」는 브라질 선주민에게 혀를 잘린 선교사 다라스트가 신부를 죽이는 이야기이다. 이 작품을 기독교 비판이라고 보는 견해가 있지만(르베스크 235), 나는 유럽을 부정하는 카뮈의 사상 표현이라고 본다. 주인공은 선주민 의식을 통해 유럽 세계로부터 자신을 귀양시키고 이중성이 없는 선주민의 왕국에 자신을 기탁시킨다. 주인공은 좌파지식인이다.

넷째 작품인 「손님」에서는 마을학교 교사 다뤼가 맡은 범죄자 아랍인을 놓아주는 이야기다. 알제리 문제에 고민하던 카뮈의 입장을 읽을 수 있는 작품으로, 결국 유럽 문명의 이원성으로부터 스스로 귀양당해야 왕국을 세울 수 있다는 이야기이다. 「손님」에도 아랍인이 등장한다.

다섯째 작품인 「요나 혹은 작업 중의 예술가」는 파리에서 성공한 예술가 요나가 사람들을 피해 다락방으로 숨으나 아무것도 그리지 못한다는 이야기다. 과로로 쓰러지자 그의 캔버스에는 고독(solitaire)인지 연대(solidaire)인지 모르는 글자가 새겨진다. 그러나 그는 그 이원성으로부터 스스로를 귀양시켜 아내와의 사랑이라는 왕국으로 나아간다. 이는 『적지와 왕국』에서 유일하게 식민지와 무관한 작품이다.

마지막 작품인 「자라나는 돌」은 돌을 나르는 다라스트를 시시포스처럼 묘사한다. 시시포스와 다른 점은 다라스트가 그 돌을 끝없이 굴리지 않고 우애에 그 돌을 바친다는 점이다. 여기서 돌은 사랑과 재생의 새로운 왕국을 뜻한다.

사이드는「간부」와「자라나는 돌」에서 "카뮈가 유럽인도 해외영토에 대한 지속적이고도 만족스러운 일체화를 달성할 수 있다고 믿었다는 점"(350)을 보여준다고 한다. 그리고「배교자」는 "마치 선주민화는 불가능에 가깝고, 그것이 가능하다고 해도 결국은 절단의 결과로서만 가능하다는 것, 즉 병들고 마지막으로는 받아들이기 어려운 상실을 초래하는 절단 없이는 있을 수 없다고 말하는 듯하다"고 본다.(350) 이러한 사이드의 설명은 다른 단편 작품에도 해당하는 해석이다.

「말없는 사람들」

여기서 나는 사이드가 특별히 분석하지 않은「말없는 사람들」에 주목하려 한다. 이는 술통 제작 노동자들이 임금인상을 요구하며 파업했다가, 사용자 때문이 아니라 노동자들의 분열과 술통 제작 자체의 문제로 실패한다는 이야기다. "선박과 액체운반용 자동차가 생산되는 바람에 위기에 처한 술통제조업은 그리 신통하지 않았다."(『적지와 왕국』70) 게다가 사용자(라살)는 "형편없는 자가 아니었다."(71)

"그는 분명 자기 직공들을 아꼈다. 그리고 자기 아버지가 견습공으로 출발했었다는 말도 자주 했다."(72) 카뮈가 알제리의 갈등에 대한 해결책으로 제시하는 동화와 평등은 점심식사 장면에 나타난다. 여기 나오는 이바르는 알제리-프랑스인이고 사이드는 아랍인이다.

> 이바르는 벌써 다 먹었느냐고 물어보았다. 사이드는 무화과 몇 개를 먹었다고 말했다. 이바르는 먹기를 멈추었다. 라살을 만나고 온 뒤로 도무지 가시지 않던 언짢은 마음에서 한 가닥 따뜻한 온정이 솟아나는 것이었다. 그는 자리에서 일어나 자기 빵을 자르더니 사이드가 싫다고 사양하는데도 듣지 않고, 다음 주부터는 모든 것이 나아질 것이라고 하며 "그때 자네가 나한테 좀 주면 되지 않나" 하고 말했다. 사이드는 빙그레 웃었다. 이윽고 그는 이바르의 샌드위치 조각을 마치 배가 고프지 않은 사람처럼 가볍게 베어 무는 것이었다.(80)

사이드로 표상되는 아랍인은 프랑스-알제리인에 동화된다. 그 장면은 아름다운 평등주의로 묘사되고 있다. 그들의 일체감을 상징하는 새로운 왕국이다. 사이드와 이

바르 사이에는 시혜가 아니라 교환의 평등이 성립된다. 아랍인을 포용하는 이러한 평등사회가 카뮈가 그린 미래의 알제리다. 카뮈는 "그들도 인간이었다. 그것뿐이다. 그래서 금방 웃음을 짓고 아양을 부리고 할 기분이 아닌 것이다"(81)라고 「말없는 사람들」의 심정을 요약한다. 술통 제작 노동자는 카뮈가 어린 시절 보았던 외삼촌이었다. 카뮈는 또한 '그들이 곧 나 자신'이라고 말한다. 한편 그들의 고통도 모르고 "수공업에 대해 일장연설을 늘어놓는 친구들은 뭘 모르고 떠들고 있는 것이다."(82) 그들은 카뮈를 보수주의자니 반동주의자니 하고 비난하는 카뮈의 적인 사회주의자인지도 모른다.

그러나 「말없는 사람들」은 젊었더라면 "바다 건너 쪽으로 떠났으리라"(86)는 말로 끝난다. 카뮈 자신이 그렇게 했듯이 말이다. 그 바다 건너 쪽은 물론 프랑스를 말하는데, 이는 프랑스와 알제리의 연대를 뜻한다.

『기요틴에 관한 명상』

카뮈는 평생 사형에 반대했다. 그러나 당시 프랑스에

서는 절대다수가 사형제도에 찬성했다. 그는 『기요틴에 관한 명상 *Réflexions sur la guillotine*』에서 "지난 30년 동안 국가의 범죄가 개인의 범죄를 훨씬 능가했다"고 말하고 국가보다 개인을 우위에 두어야 한다고 주장했다. 그 글은 알제리에서 끝없이 자행된 사형에 반대하는 글이기도 했다.

1957년, 알제리의 상황은 더욱 악화되었다. 카뮈는 여전히 침묵했으나, 사적으로는 자신의 입장을 밝혔다. 알제리 출신의 어느 작가가 카뮈를 다시 비판하자 그는 편지로 답했다.

> 제가 해방의 투사들을 이해하고 찬미할 수는 있겠지만, 여인들과 아이들을 죽이는 사람에 대해서는 혐오감만 가질 뿐입니다. 그 후부터 아랍인 운동권들이 전면적으로 자행한 민간인 테러보다 알제리 아랍인들의 명분을 이보다 더 불리하게 만든 것은 지금껏 한 번도 없었습니다.(토드 1139, 재인용)

영국 잡지 《인카운터》에도 카뮈의 침묵을 비난하는 글이 실렸다. 카뮈는 스펜더에게 보낸 답장에서 두 민족의 자유를 보호하는 연방제도를 제안했다. 당시 그는 비타협적인 알제리 아랍인들이 인도차이나와는 달리 곧 프랑스 군대에 의해 진압되리라고 예상했으나, 이는 잘못된 판단이었다.

1957년 7월, 당시 미국 상원의원이었던 케네디가 미국은 알제리 독립을 승인하고 지원하도록 해야 한다는 성명서를 발표했다. 카뮈는 알제리 문제에 대해서는 계속 침묵했으나, 포로나 죄수들에 대한 서명에는 항상 참여했고 그들의 석방과 프랑스로의 이감을 위해 노력했다. 그가 관여한 사건은 150건 이상이었다.

또한 마르탱 뒤 가르, 모리아크, 그리고 영국의 T. S. 엘리엇*과 함께 헝가리 봉기자들을 위한 성명서에 서명했다. 이어 엘리엇, 실로네*, 야스퍼스와 연대하여 헝가리 당국에 의해 9년 형을 받은 작가 티보르 데리*를 위한 탄원서를 보냈다. 그러나 알제리 문제에는 여전히 침묵으로 일관하여 수많은 비난을 받았다.

노벨상을 수상하다

1957년 12월 카뮈는 노벨상을 받았다. 그 소식을 접한 직후 카뮈는 말로가 받았어야 한다고 말했다. 카뮈는 이미 1947년부터 노벨상 후보였다. 흔히 카뮈를 최연소 수상자라고 하지만(토드 1330), 42세에 상을 받은 키플링*이 최연소였다.

스톡홀름의 웁살라대학에서 카뮈는 노벨상 수상 연설로 '예술가와 그의 시대'라는 강연을 했다. 작가는 권력에 봉사하거나 굴복하지 않고 그들을 비판해야 하며, 자신이 알고 있는 것에 대해 거짓말하기를 거부하고 압제에 저항하면서 현실에 참여해야 한다는 내용이었다. 이어 스톡홀름대학에서 대학생들과의 토론이 벌어졌다. 양심적 병역거부에 대해 카뮈는 자신이 1940년까지 평화주의자로서 그 거부자들의 법적 지위를 요구했다고 답하면서도 노예 상태에 이른 평화는 옳지 않다고 답했다.

알제리 문제에 대한 토론도 이어졌다. 한 알제리인이 지난 3년간 카뮈가 알제리 문제에 대해 침묵했다고 비판하면서 알제리 해방을 외쳤다. 그러자 카뮈는 알제리 문제에 대한 기존의 입장을 되풀이하면서 테러리즘을 비판하고 "정의에 앞서 저의 어머니를 더 옹호합니다"라고 말했다. 이 말은 두고두고 문제가 됐다. 진보주의자들은 알제리의 수많은 사람의 정의에 반대해서 자신을 낳아준 어머니 한 사람을 옹호한다고 비판했다.

사람들은 다시 카뮈를 논하기 시작했다. 그 가운데서 우리는 유대계 튀니지 작가 알베르 멤미*의 신중한 견해를 참고할 수 있다. 그는 "북아프리카 출신인 카뮈는 북아프리카에 대해 말할 수 있기보다 그곳에서 자행되는 모든 것에 아예 마비되어서 침묵을 지키는 도리밖에 없었다"고 보았다.

> *그의 처지가 편안하지 않다는 것을 이해해야 한다. 사람들이 정신적으로 비난받고 있는 한쪽 편에 온 가족을 두고 있다는 것은 감정적으로나 지성적으로 편한 것이 아니다.*(토드 1191, 재인용)

1958년, 카뮈는 정신적으로나 육체적으로나 질식 상태에 처했다. 질식만이 아니라 어릴 적부터 계속된 밀실공포증에 시달리면서 자살까지 생각했을 정도였다. 카뮈에게 정치적 입장을 표명하라는 압력은 더욱 거세어졌다. 〈르몽드〉에 실은 「신화 같고 현실 같은 프랑스: 몇 가지 쓰라린 진실들」에서 암루슈는 프랑스인이 보편타당한 사명을 전달하는 프랑스를 꿈꾸면서도 그런 프랑스의 파멸인

식민주의 체제를 잊고 있으며, 그러므로 "자유주의와 휴머니즘이라는 말과 인종차별주의와 식민주의라는 행동 사이에서 전통적인 모호한 태도"를 유지할 수 없다고 주장했다. 이어 암루슈는 좌파, 우파 모두에게 책임이 있으며, 특히 좌파는 "대다수가 국수주의자인 우파들의 가면이자 알리바이일 뿐"이고, 무슬림 알제리인들은 "자유 프랑스와 제국주의 프랑스를 혼동하고 있다"고 비판하고, 알제리에는 독립 이외에 다른 길이 없다고 주장했다. 그러나 카뮈는 암루슈를 위험한 궤변론자라고 보고 다음과 같이 비판했다.

> FLN을 지지하는 프랑스 사람이 알제리 프랑스인들이 프랑스를 항상 매춘부로 보고 있다고 감히 썼을 때, 이 무책임한 사람은 지금, 예컨대 그의 선조들이 1871년에 프랑스를 선택했던 사람을 이야기하고 있음을 상기시켜주어야 할 것 같다. 고향 알자스를 떠나 알제리로 왔던 아버지들은 1914년에 프랑스 동부에서 대량 전사했으며, 그들 역시 최근 전쟁에 두 번이나 참전하여 수많은 무슬림과 함께 이 매춘부를 위해 모든 전선에서 싸워 왔었다.

카뮈는 여전히 정치와 담을 쌓고 지냈지만, 알제리 문제의 해결책으로 연방제를 지지한 드골을 만나 알제리의 모든 주민에게 시민권을 주라고 요구했다. 그러나 카뮈는 FLN과의 타협은 아랍제국의 부흥을 결과한다는 이유에서 반대했고, 그런 생각을 담아 작성한 연방제에 대한 글을 발표했다. 2년간의 침묵을 깨뜨린 글이었다. 그 글을 포함한 『시사 평론 3-알제리 연대기 1939-1958』이 6월에 나왔으나 전혀 주목받지 못했다.

알제리에 대한 카뮈의 입장은 그 책의 서문에 잘 나타나 있다. 그는 먼저 프랑스 식민지 억압정책과 알제리인의 독립정책에 다 같이 반대한다는 자신의 견해를 밝히면서 그러나 자신의 주장이 더는 먹히지 않고 오해만 받는 현실을 개탄했다.(*RRD 111-112*)

카뮈는 노동자들을 좋아했다. 노벨상을 받은 대작가로서도 그는 젊은 시절처럼 작은 노동조합을 자주 방문해 노동자들과 대화했다. 아나키스트 친구인 라자레비치가 카뮈를 "자신의 타락을 받아들이지 않는 얼마 되지 않는 작가 중의 한 사람"으로 노동자들에게 소개했다. 카뮈의 말을 들어보자.

노동의 권리를 지키는 것은 지식인의 권리를 지키는 것과 같습니다. 노조가 아니라면 노동자와 지식인이 정상적으로 만날 수 있는 곳은 어디일까요? 그런데 노동자들의 노조는 정치화되어 있는데 반해, 지식인들에게는 노조 같은 것이 없습니다. 이것을 어떻게 만들 수 있을까요? 오늘 여러분이 하는 것처럼 '인민대학'을 다시 만들어 지식인들이 이런 토론회에 참석하도록 촉구하는 일일 것입니다.(토드 1207, 재인용)

쿠데타에 의해 드골이 다시 정권을 잡고 3개월의 비상사태를 선언한 후 알제리에 공안위원회가 만들어졌다. 국수적이고 회고적이며 복수심에 가득 찬 우익의 주장이 다시 기세를 떨쳤다. 반대파는 '제국을 헐값에 팔아넘기려는' '돈에 팔린 자들' '매국노들' '외국놈들' '남색가들'로 비난당했다. 특히 군대가 그러했다.

1958년 5월, 알제리 군대의 전면 파업에 이어 시위자들이 정부 청사를 점거했으나 드골이 파견한 군대에 의해 진압된 사건이 터졌다. 사르트르는 즉각 드골을 비난했다. 그러나 카뮈는 드골에게 알제리 문제 해결에 대한 기대를 걸었다. 물론 카뮈는 동시에 양심에 따른 병역 거부자를 처벌하지 말도록 하는 법의 제정을 드골에게 요구했다.

카뮈는 여름에 그리스를 거쳐 알제리를 여행했다. 당연히 그런 한가한 여행은 사람들의 비난을 들었다. 그러나 인간 혐오증에 빠져든 카뮈에게는 반드시 필요한 휴식이기도 했다. 물론 당시 완전히 양분됐던 프랑스 언론과 지식인 사회에서 카뮈는 좌우파 모두에게 이상주의자 화성인처럼 보였다.

그때 레몽 아롱*이 『알제리와 공화국』을 발표했다. 아롱은 둘 사이에 협력은 필요하나 통합은 경제적으로 프랑스에 불리하므로 불가능하다고 주장하고 독립을 인정해야 한다고 주장했다. 드골도 그런 입장에 기울었다. 물론 카뮈는 독립을 인정하려는 드골에 반대했으나, 그것은 그야말로 시대착오적인 것이었다.

1958년 9월 19일, 알제리 공화국 임시정부가 탄생했다. 28일 헌법 제정의 찬반을 묻는 국민투표에서 98퍼센트의 알제리인들이 찬성했다. 이어 11월의 프랑스 총선에서는 드골파가 승리하고, 드골은 12월에 대통령으로 취임했다. 이에 대해 사르트르는 '슈퍼맨 1명과 짐승들' '우리는 모두 살인자'라는 극단적인 표현을 써가면서 격렬히 비판했으나 카뮈는 여전히 침묵했다.

『최초의 인간』, 최후의 카뮈

1958년 11월, 카뮈는 새로운 삶을 꿈꾸며 시골로 이사를 하고 마지막 대작인 『최초의 인간』을 쓰기 시작했다. 『최초의 인간』은 자서전적인 성격이 강하다. 1959년 봄, 그는 아버지와 가족의 뿌리를 찾고자 알제리를 여행했다. 동시에 1959년 당시의 현실에 대한 카뮈의 느낌도 읽어낼 수 있다. 그가 그 소설 집필에 빠진 그해 9월, 드골은 알제리에서 알제리 스스로 해결책을 결정하도록 요구했다. 그러나 알제리 공화국 임시정부는 독립을 요구했다. 카뮈의 희망과 달리 독립은 이제 기정사실이 되어가고 있었다. 『최초의 인간』에서 주인공에게 알제리의 어느 프랑스인 농부가 아랍인들에 대해 다음과 같이 말한다.

> 우린 서로 이해하도록 되어 있어요. 우리나 마찬가지로 멍청하고 짐승 같지만 인간적으로 같은 피예요. 아직 좀 더 서로 죽이고 걷어차고 고문하고 하겠죠. 그러고 나면 인간적으로 살아가기 시작할 겁니다. 그런 고장인걸요.(『최초의 인간』 208)

그러나 농부의 말을 빌어 표현했던 카뮈의 희망은 이루어지지 않았다.

1959년 말, 카뮈는 부에노스아이레스에서 나오는 어느 잡지와 서면 인터뷰를 했다. 당시 아이젠하워가 흐루쇼프*를 만나 정상회담을 한 탓으로 사람들은 냉전이 곧 종식되리라는 희망을 품고 있었다. 그러나 카뮈는 "권력은 그것을 가진 사람들을 미치게 합니다"라며 그런 희망을 냉정하게 부정했다.

또한 미·소의 평화적 공존 가능성에 대해서도 카뮈는 "더는 순수한 자본주의 체제도 없고 순수한 공산주의 체제도 없습니다. 권력은 서로를 두려워하기 때문에 공존하고 있습니다"라고 답했다. 그리고 그는 미·소가 아닌 유럽 통합(제3세계도 포함되는)을 대안으로 제시했다. 그리고 인류의 미래는 "주는 것입니다. 할 수 있는 만큼. 그리고 미워하지 않는 것입니다"라고 답했다.(토드 1255-1256, 재인용)

새해 1월 3일, 카뮈는 친구 가족과 함께 파리로 가기 위해 자동차를 탔다. 가는 길목에 하룻밤을 묵은 다음 날 오후, 자동차는 직선 도로를 벗어나 플라타너스를 들이받았다. 차는 완전히 박살 나고 조수석에 탄 카뮈는 죽었다. 그는 어린아이의 죽음보다 더 분노할 것이 없고, 자동차 사고로 죽는 것보다 더 부조리한 것이 없다고 친구들에게 말하곤 했다. 의사에 의하면 카뮈는 이미 양쪽 폐가 심하게 감염되어 있던 터라 자동차 사고가 아니었더라도 오래 살지 못했을 것이라 한다.

　1월 6일, 장례식이 치러졌다. 스승 장 그르니에, 친구인 르네 샤르* 등 몇 명이 참석한 초라한 장례식이었다. 시신은 그가 살던 루르마랭의 공동묘지에 안장됐다. 그리고 그해 9월, 알제에서 그의 어머니가 죽었다.

파농의 알제리 전쟁

병원 근무와 사회요법

1952년 봄 『검은 피부, 하얀 가면』을 출판한 파농은, 이어 그해 여름 5년 만에 마르티니크로 돌아와 몇 달간 어촌에서 내과 진료를 했지만, 농어촌에서는 도저히 자신이 추구하는 정치운동을 펼칠 수 없다는 것을 느끼고 절망했다. 그래서 그는 아무런 유감도 없이 고향을 등졌다. 다시는 고향으로 돌아가지 않았고, 오직 정치적인 이유에서 알제리를 조국으로 삼았다.

파농은 프랑스로 돌아갔다. 여전히 그의 정신적 고향은 프랑스였다. 그는 중앙 산악지대의 작은 마을인 생-알방-드-로제르 병원에서 정신과 의사로 1년간 근무했다. 그리고 1952년 10월, 리옹에서부터 사귀었던 뒤블레와 결혼했다.

병원에서 그는 정신병자를 진료하면서 지도교수이자 병원장인 토스켈레와의 공동 연구에 몰두했다. 토스켈레는 정치적 소신 때문에 스페인 내란 이후 프랑스로 망명한 사람으로 환자의 사회복귀를 중시한 집단정신치료의 창시자였다. 그는 환자를 격리 수용하는 종래의 정신병 치료를 거부하고 병동을 화려한 공동체로 바꾸어 환자들에게 적절한 일거리를 주고 다른 사람들과 어울리게 했다. 특히 환자가 자신의 역할을 스스로 결정하도록 고무하는 것을 정신건강 회복의 결정적인 방법으로 생각했고 의사의 회의에 환자를 참여하게 했다. 파농은 토스켈레의 치료법에 공감하여 그의 병원에서 레지던트로 근무했다.

이 시기에 파농은 특히 트로츠키*와 리처드 라이트*에 심취했다. 라이트에게 편지를 보내기도 한 파농은 전 세계의 인종문제를 예측할 수 있게 하는 미국의 인종문제를 연구하고자 했으나, 그 연구는 종결되지 못했다. 병원 업무만으로도 그는 너무 바빴고 그 밖에도 임상연구를 비롯한 많은 일이 있었다.

특히 파농은 정신과 전문의 시험을 치러야 했다. 시험에 합격하여 1953년 가을에 노르망디 지방의 병원으로 자리를 옮겼지만, 부르주아적 분위기에 실망하여 다시 그해

11월, 알제리로 옮겼다.[1] 알제리로 가기 전에 그는 세네갈로 가고자 생고르에게 자리를 마련해달라고 편지를 썼으나 아무런 답을 받지 못했다.

파농은 알제리의 수도 알제에서 50킬로미터 정도 떨어진 농촌 블리다에 있는 쥬앙빌 정신병원에서 일했다. 지금은 프란츠 파농 병원으로 명명된 그곳은 식민지 정신병원으로서 근무 조건이 열악했으나 당시 알제리에서 최대 규모였다. 파농이 부임할 당시 병원에 있는 2천 명의 환자들은 유럽인과 선주민 병동에 격리되었고 유럽인이 선주민보다 우수한 진료를 받았다. 그러나 의사가 6명, 간호사 등이 10명도 채 안 되고 그들의 교육조차 충분하지 못한 열악한 조건이어서 유럽인 환자조차 치료를 받는다고 말하기 어려웠다. 특히 환자들은 당시의 다른 정신병원 환자들처럼 하루종일 밀폐된 병실에서 침대에 꽁꽁 묶인 채 갇혀 있었고 의사들은 그들을 죄수로 다루는 간수 이상의 역할을 하지 못했다.

파농은 부임 첫날 직원들에게 당장 환자들의 사슬을 풀고 자유롭게 걸을 수 있도록 하며 절대로 그들을 묶지

---

1 자하르 10쪽은 파농이 당시 알제리 총독의 제의를 수락했다고 하나 그 진위는 파악되지 않고 있다.

말고 죄수복 같은 구속복을 벗기라고 명령했다. 또한 병동의 문을 열고 폭력적 행동이 없는 한 병원 내 출입을 금지하지 말라고 지시했다. 특히 파농은 유럽인과 선주민의 차별을 철폐했다. 유럽인과 선주민으로 부르는 것조차 금지하고 병동을 완전히 통합하여 민족, 빈부, 배경에 따른 차별 진료를 전격 금지했다.

그의 이러한 지시에 직원들은 물론 환자들도 놀랐는데, 특히 직원들의 저항이 심했다. 파농은 직원들을 질책하면서 엄격한 감독을 요구하고, 환자들에게는 일일이 친절하게 인사하고 언제든지 상담해줄 것을 정중히 요청했다. 보수적인 병원장과 그를 따르는 대다수 직원은 파농과 대립했으나 파농은 자신의 신조를 굽히지 않았다.

병원은 파농의 부임 이래 그의 사회요법의 실시로 현대화되었다. 그가 실시한 사회요법은 토스켈레로부터 배운 것이었다. 사회요법은 병동마다 주 2회씩 환자와 직원 간의 회합을 열고 환자들에 의한 월 2회의 파티를 주최하며, 영화와 음악의 모임과 신문 발간 등을 통하여 환자를 치료하는 것이었다. 병동을 소집단으로 나누어 매일 같이 집단치료를 하고 규칙적으로 개인 면담 시간을 가졌다.

또한 환자들을 정원 손질이나 페인팅에 참여시키는

프란츠 파농과 의사, 간호사들. 파농은 알제리의 블리다
-쥬앙빌 정신병원에서 1953년부터 1956년까지 일했다.

등 노동요법을 병행하고, 노동에 대한 대가로 종래라면 있을 수도 없었던 파티와 오락시간을 제공했다. 병동의 가구를 재배치하여 안락한 카페처럼 꾸미고 창고에서 영사기를 끄집어내어 작은 영화관을 만들기도 했다.

    사회요법은 유럽인 병동에서는 성공했으나 아랍인 병동에서는 실패했다. 이 일은 파농이 보편주의가 아닌 문화적 상대주의에 눈을 뜨는 데 자극이 되었다. 파농은 모든 차별을 없앴음에도 불구하고 왜 아랍인들에게는 자신의 진료방법이 먹히지 않는지를 연구했다. 그가 발견한 두 집단 사이의 가장 큰 차이는 언어전달 방법이었다. 알제리인 환자들은 프랑스어를 하지 못해 의사와 원활한 의사소통이 불가능했다. 간호사들이 통역을 한다고 해도 한계가 있었다. 그래서 파농은 아랍어를 배우기 시작했는데, 동시에 그는 프랑스어가 압제자의 언어임을 인식하면서 자신의 진료가 실패한 이유가 바로 유럽인과 아랍인을 평등하게 대우한 점에 있음을 알게 되었다. 즉 다른 문화를 강제하여 다른 문화를 없애고자 하는 동화의 하나였음을 인식한 것이다.

그래서 파농은 유럽인들에게나 먹히는 영화 보기나 신문 읽기, 유럽인들의 경축일 잔치, 남녀가 자유롭게 출입하는 카페 등이 아랍인들에게는 무의미하다는 사실을 알고 알제리인 환자들에게 그들의 문화적 가치에 맞는 활동에 참여하도록 했다. 즉 아랍적인 가족관계를 형성하고, 아랍식 이야기 들려주기와 전통놀이 그리고 아랍식 농업 생산방식에 따라 경작하도록 하여 알제리인 환자들을 변모하게 했다.

파농 사상의 변화

파농은 블리다에서 3년을 보냈다. 그리고 그곳에서 산 지 꼭 1년째인 1954년 11월, 알제리 해방투쟁이 시작되었다. 그때까지 알제리는 서쪽의 모로코나 동쪽의 튀니지에서 혁명투쟁이 전개되어 독립을 쟁취했던 것과 달리 아무런 저항이 없었기에 그 해방투쟁은 식민당국에 놀라운 일이었다.

또한 식민 본국인 프랑스로서는 알제리가 마지막 식민지였기에 해방투쟁에 대해 즉각적이고 무자비하게 대응했다. 특히 의료계에서도 항생제나 마취제 같은 의약품은 유럽인들에게만 지급하도록 명령받았고 의사에게는 수상한 알제리인들을 당국에 보고해야 할 의무가 주어졌다. 파농은 의사의 윤리조차 포기하는 그러한 지시에 복종하지 않았고, 도리어 알제리인들에게 은신처를 제공하고 그들에게 의료봉사를 했다.

여기서 우리는 이 시기가 파농의 삶에 급격한 변화를 초래했다는 점에 주목해야 한다. 파농은 『검은 피부, 하얀 가면』에서도 여전히 프랑스에 대한 애정을 버리지 않았고, 관념적인 모습까지 보여주었다. 예컨대 우리는 그 책에서 다음과 같은 문장을 찾을 수 있다.

> 마르티니크인은 프랑스인이고, 프랑스 연합 안에 남기를 원한다. 마르티니크인, 그가 바라는 것은 한 가지다. 못된 이들, 착취자들이 자신에게 사람답게 살 가능성을 남겨두는 것이다. (중략) 나는 프랑스인이다. 나는 프랑스 문화, 프랑스 문명, 프랑스 국민에 관계된다. 우리는 '주변인' 취급받기를 거부한다. 우리는 프랑스 드라마의 한복판에 있다. (중략) 나는 개인적으로 프랑스의 운명, 프랑스의 가치, 프랑스 국민에 관계된다. 내가 흑인제국과 무슨 관계가 있는가?(『검은 피부, 하얀 가면』 194쪽)

블리다에서 그는 프랑스와 식민지 어느 하나에 대한 충성을 결정해야 했다. 그래서 시몬 드 보부아르는 이 시기가 파농에게 진정한 시련기였다고 말했다. 파농은 1956년 병원을 사임함으로써 시련을 이겨내고 식민지를 선택하는 결단을 내린다.

이 대목에서 우리는 파농과 카뮈를 비교할 수 있다. 알제리에서 태어난 카뮈 역시 식민지체제에 대한 비판을 서슴지 않았다는 점이다. 그러나 백인 프랑스인이었던 카뮈는 파농처럼 프랑스인에서 알제리인으로 변신하는 결단은 생각해본 적이 없었다. 도리어 카뮈는 아랍 인민의 최선의 미래가 프랑스라고 생각했다. 카뮈야말로 파농이 『대지의 저주받은 사람들』에서 다음과 같이 격렬하게 비판한 식민주의자의 모습이었다(아래 문장은 이미 이 책의 서문에서 인용했지만 다시 강조할 필요가 있다).

> 이주민은 역사를 만든다. 그의 삶은 화려한 신기원이며 일대 모험이다. 그는 절대적인 출발점이다. "이 땅은 우리가 만들었다." 그는 모든 것의 원인이다. "우리가 떠나면 모든 게 사라지고 이 나라는 중세로 되돌아갈 것이다." 그의 주변에는 병으로 쇠약해지고 대대로 물려받은 인습에 사로잡힌 굼뜬 사람들이 식민주의적 중산주의의 활약을 위해 거의 무생물적인 배경 역할을 하고 있다. 이주민은 역사를 만들 뿐 아니라 그 역할을 의식한다. 또한 모국의 역사와 늘 연관을 가지고 있기 때문에 자신이 모국의 연장이라고 분명히 말한다. 그러므로 이주민이 기록하는 역사는 그가 약탈하는 그 나라의 역사가 아니라 자신이 원래 속한 모국이 그 나라를 침

략하고 닦달하고 빼앗아간 역사다.(72)

우리는 카뮈가 쓴 허위의 역사가 아니라 진실의 역사를 읽어야 한다. 알제리는 아프리카 북서부, 지중해에 면한 나라로서 아프리카 어느 나라보다도 유럽의 침략이 쉬운 곳이라고 할 수 있다. 알제리와 그 서쪽의 모로코, 그리고 그 서쪽의 튀니지를 포함한 지역을 마그레브라고 한다. 그 아래로 리비아, 니제르, 말리, 모리타니 등이 인접해 있다. 모로코와 튀니지는 1956년에 독립했으나 알제리는 파농이 죽고 1년 뒤인 1962년에야 독립했다. 인구의 90퍼센트는 무슬림이고 한때 1백만 명을 넘었던 백인은 지금 10만 명도 안 된다.

인간에게, 즉 나 자신에게 절망하지 않기 위해

1956년 가을, 파농은 프랑스 정부에게 사직서를 보냈다. "나는 사람들이 바라는 가치 있는 세계의 출현을 미래의 지평에 요구하지 않은 적이 없다." 그러나 현실은 "허위와 비열과 인간 경시로 가득 차 있고" "마음의 빈곤, 정신의 불모, 선주민에 대한 국가의 증오"가 모든 곳에 도사리고 있으며 "무권리, 불평등, 인간 살해가 일상 다반사"이며 "알제리에 존재하는 사회구조는 개인의 그 본래의 곳에 되돌리고자 하는 어떤 시도에도 반한다." "알제리를 피로 물들이고 있는 현재의 여러 사건은" "우연한 사고"도 "기계 장치의 고장"도 아닌 "한 민족의 뇌 적출을 행하고자 하는 시도의 파탄에서 생긴 당연한 결과"이고, 알제리인의 요구는 "인간으로서의 존엄에 대한 요구"이며, "그 구성원을 절망적인 해결에까지 몰아가는 사회는 성공의 가능성이 없는 사회, 바뀌어야 하는 사회"라는 것이었다.

그러나 파농은 사직서를 보낸 뒤에도 1~2개월간 병원에 머물렀고, 정부가 추방령을 내린 1957년 1월에야 알제리를 떠나 프랑스를 거쳐 이미 2년 전 프랑스에서 독립한 튀니지의 수도인 튀니스로 갔다. 그곳에 FLN의 본부가 있었기 때문이다. 당시 파리에도 FLN의 지하조직이 있었고 알제리 해방을 지원하는 장송, 클로드 란츠만*, 사르트르, 시몬 드 보부아르 등의 지식인 모임도 있었다. 따라서 파농은 그들 모임에 속하여 나름의 해방운동에 참여할 수도 있었으나 그렇게 하지 않았다. 이미 좌파지식인들과 사상적으로 결별한 상태였기 때문일지도 모른다.

그는 그 전부터 FLN을 위해 어느 정도 일했던 것으로 추측된다. 이는 『알제리 혁명 5년 *L'An V de la révolution algérienne*』 부기(附記)를 쓴 제로미니의 회상(216)을 통해서 알 수 있다. "혁명과의 연대감은 삐라를 뿌리고 내가 가지고 있던 「엘 무자히드」를 나누어주는 데 그쳤다. 나는 진료를 맡았지만, 그보다 앞서 혁명에 참여할 기회는 결코 없었다."(233-234) 따라서 당시 파농은 FLN에 직접 가담한 것은 아니었다고 추정된다.

파농은 알제리 해방투쟁 이후 부친이 살해당하거나 스스로 고문을 당하여 정신병자가 된 사람들을 병원에서 만났다. 『대지의 저주받은 사람들』 제5장은 그런 사람들을 냉정하게 보고하면서도 분노하는 파농을 보여주었다.

그 사례는 네 가지로 분류되었다. 첫째, "아내가 성폭행을 당한 뒤 어느 알제리 남자가 겪는 발기부전"(286-292) "대량학살의 생존자가 느끼는 무차별적 살인 충동"(292-294) "일시적인 광기로 한 여성을 살해한 뒤부터 나타난 자아상실 형태의 중증 불안 정신질환"(295-298) "우울증에 걸린 유럽인 경찰관이 병원에서 치료를 받던 중에 그가 체포했던 알제리인 애국자가 혼미 상태에 빠진 것을 본다"(298-301) "자기 아내와 아이들을 구타한 유럽인 경찰"(301-304),

둘째, "열세 살과 열네 살의 두 알제리인 소년이 유럽인 급우를 살해한 사건" "스물두 살의 알제리 청년에게서 보이는 비난받고 있다는 착각과 '테러 행위'로 위장된 자살 행동"(308-311) "고위 공무원이었던 아버지를 매복 기습으로 잃은 프랑스 여성의 신경증적 태도"(311-313) "열 살 미만의 알제리 아이들에게서 나타나는 행동 장애"(313-314) "난민들에게서 나타나는 분만 정신질환"(314-315) 셋째, "고문을 당한 뒤의 정서적·지성적 변형과 정신질환"(316-326), 넷째, "정신·신체 장애"(327-330)였다.

그 분노는 군대나 경찰만이 아니라 피해자에게 자백혈청을 주사하고, 고문 전후에 강심제나 비타민을 투사하며 전기쇼크를 가한 유럽인 의사들을 향한 것이기도 했다. 그는 『알제리 혁명 5년』에서 모든 나라의 범죄적 의사는 사형에 처해야 한다고 주장했다.

그러나 분노가 출구 없이 누적되면 불모의 초조로 변하고, 마침내 절망으로 변하는 법이다. 해방투쟁이 벌어지기 전부터 파농은 이미 식민지 선주민을 옳게 치료하기 어렵다는 점을 학회에서 호소했고, 탄압이 격화되면서 '식민지 전쟁성 정신병'이라는 증상이 나타났음을 『대지의 저주받은 사람들』 제5장에서 설명했다. 그리고 그 치료방법은 오직 식민지전쟁을 소멸시키는 것뿐이었다. 사직서의 마지막 구절, "인간에게, 즉 나 자신에게 절망하지 않기 위해"란 바로 식민지전쟁의 종결을 뜻했다.

파농의 튀니스 생활

1957년 1월 말, 파농은 비밀리에 알제리 혁명의 성지라고 하는 튀니스에 도착했다. 그의 처와 아들도 뒤따랐다. 당시의 튀니스에서는 FLN을 비롯하여 CIA, KGB 그리고 프랑스 정보국이 치열한 정보전쟁의 각축을 벌이고 있었다. 파농은 그곳에 있던 FLN의 지도부인 조정집행위원회(CCE)에 합류하여 위원회 대변인, 의사, FLN 기관지인 〈엘 무자히드〉의 편집인, 튀니스대학의 교수 등으로 다양하고 바쁘게 활동하기 시작했다. 그러나 가장 중요한 일은 편집인 일이었다.

파농이 편집에 관여하기 전에 〈엘 무자히드〉는 그야말로 FLN의 전승을 선전하는 기관지에 불과했으나, 파농은 그것을 사상과 정치에 대한 논쟁의 무대로 바꾸었다. 아니 어쩌면 파농의 사상을 전개한 개인 논문집의 성격까지 띠기 시작했는지도 모른다. 물론 그러한 변화에 반발하는 사람도 있었다.

파농이 〈엘 무자히드〉에 쓴 글 21편은 사후 『아프리카 혁명을 향하여 *Pour la révolution africaine. Écrits politiques*』에 수록되었다. 그중에서 1957년과 1958년에 쓴 글이 17편으로 가장 많았다. 모두 파농의 휴머니즘을 보여준 글이다. 곧 파농은 알제리 해방투쟁을 단순한 민족투쟁이 아니라 『검은 피부, 하얀 가면』에서 이미 추구한 '세계의 인간화 과정'으로 파악했다. 그는 개인 해방과 민족 해방의 동시성, 곧 공동 사회의 건설은 모든 개개인이 담당해야 한다고 주장했다. 이는 나중에 『대지의 저주받은 사람들』의 '전인 사상'으로 나아갔다. 의식 변혁의 중요성, 물질적인 힘에 의존하는 것이 아니라 손과 머리에 의존하는 것, 그리고 실천적인 낙관주의의 강조도 파농적 휴머니즘의 특징으로 나타났다.

파농은 의사로서도 FLN 관련 환자의 진료와 상담을 계속했고, 정신병원의 치료방법을 개조하는 데 진력했다. 아니 최초의 2년(1957~1958)은 의료가 그의 중심 활동 영역이었다. 그는 의학을 버린 것이 아니라, 의학과 함께 혁명에 뛰어든 것이다. 당시의 튀니지는 막 독립했을 때였으므로 식민지 시대의 프랑스인 의사들이 프랑스로 돌아가고 없어서 의사들이 턱없이 부족했다.

파농은 먼저 라 마누바 국립정신병원에 의료과장으로 근무하면서 블리다에서 시도했던 개혁조치에 다시금 착수했다. 사회요법을 실시하기 위해 그는 카페와 정원을 설치해달라고 요구했으나 병원장은 예산문제를 이유로 거부했다. 이에 파농은 예산을 검토하고 입원할 필요가 없는 만성 환자를 조사하여 경비를 줄이는 개혁안을 제시했다. 당연히 병원장은 파농을 싫어했고 그에게 스파이 혐의를 씌워 추방하고자 했으나 실패한다. 그러나 파농의 개혁도 좌절됐고, 1958년에는 샤를 니콜 병원으로 옮겨야 했다.

사회 치료를 주장하다

샤를 니콜 병원에서도 파농은 개혁에 착수했다. 우선 정신과 병동을 주간 입원제로 바꾸고 소수의 회합제, 연극, 직업훈련 등을 실시했다. 이는 블리다에서 실천한 사회요법을 더욱 발전시킨 것이었다. 사회요법은 병원에 새로운 사회, 곧 다양한 관계와 의무로 형성되는 사회, 환자가 인수할 수 있는 사회를 만들어 환자가 현실과 대결할 수 있게 한 것이었으나 치료의 효과는 제한적이었다.

파농은 문제점을 분석한 끝에 병을 낳는 환경으로부터 환자를 분리시키면 치료가 불가능하고, 환경 속에서 병이 이해되어야 참된 치료가 가능하다고 주장했다. 이는 정신의학에 대한 그의 새로운 생각을 보여준 것이다.

첫째, 예전에는 병을 갈등의 표현이라고 보았기에 그 갈등을 낳는 조건으로부터 환자를 분리하는 것이 치료를 위한 전제라고 생각했다. 파농은 그러한 생각이 '갈등의 사물화, 곧 환자의 사물화'라고 비판하고, '갈등은 환자로서 존재'하며, '갈등 상황은 환자와 세계의 끝없는 변증법의 귀결'이라고 보았다. 따라서 갈등을 낳는 사건보다도 환자의 역사, '갈등과 그 갈등을 초월할 수 있는 요소를 갖는 것으로서의 환자의 역사'를 중시했다.

둘째, 환자의 치료 역시 이러한 병의 현실성 자체, 곧 환자의 총체적 인격과 그 환경 사이에 중단된 대화에서 행해져야 한다. 병원 수용은 갈등의 강도를 감소시킬 수는 있으나 갈등 자체를 소멸시킬 수는 없다. 따라서 치료란 곧 현실 속에서 병과 그 증상에 대한 자기 파악, 의식화라는 것이다.

이러한 주간 병동의 체제는 이미 1930년대 소련에서 시작되었다. 그러나 파농이 그 제도를 채택한 1959년에는 세계에서 20개소 정도가 채택했을 뿐이었고 선진국에 국한되었다. 파농의 개혁은 제3세계에서 최초로 시도된 것이었다. 18개월 후 약 1천 명의 환자 중에서 수용의 필요성이 있는 경우는 1퍼센트도 안 될 정도로 그의 시도는 성공적이었다. 파농은 무슬림 공동체가 광인에 대하여 공격적인 태도를 보이지 않고 도리어 생활 속에서 치유하는 방식을 인정했다는 점에 주목했다. 이 제도는 1960년 이래 급속히 확대되어 그 후 치료를 병원 밖에서 행하는 '지역 정신의학' 내지 '공동체 정신의학'이란 사고방식에 흡수되었다.

또한 파농은 FLN 위생대의 의사로서도 활동했다. 프랑스군은 주민의 수용소 강제 격리를 실시하여 30만 명이 넘는 주민들은 국경지대에서 난민으로 비참한 생활을 해야 했다. 한편 국경지대에는 FLN의 주력부대가 집결했다. 파농은 그들을 위한 정기 검진에 나섰으나 절망적인 상황이었다. 영양실조가 만연한 가운데 정신병은 질병 축에도 들지 못했다.

파농은 『대지의 저주받은 사람들』의 제5장에서 앞서 본 당시의 병상을 보고했으나 이미 치료의 유효성을 말할 정열조차 상실한 지경이었다. 하나의 보고에서 그가 확인한 것은 '식민지전쟁의 파도에 의해 끼쳐진 엄청난 상처'였다. '피에 젖은 냉혹하고 무정한 분위기' '비인간적인 행위의 일반화' '문자 그대로 종말에 처한 사람들의 엄청난 인상'이 초래한 인격 해체의 모습들이었다. 그는 그것을 '식민지 전쟁성 정신병'이라고 부르고 분격, 증오, 무력감에 젖었다. 그의 폭력론은 여기서 비롯되었다. 물론 그는 절망적인 상황에서도 새로운 인간의 탄생, 새로운 민족의 생성에 대하여 말했다.

『아프리카 혁명을 향하여』

앞서 말했듯이 『아프리카 혁명을 향하여』에 실린 글은 파농이 죽고 3년 뒤인 1964년에 간행되었으나 거기 실린 28편 중에서 17편이 1957~1958년 사이에 쓰였으므로 여기서 다루기로 한다. 그러나 이 책에는 파농이 생전에 발표하지 않은 글, 〈엘 무자히드〉에 서명 없이 발표한 글도 포함되어 있다. 전체는 발표순에 따라 다음과 같이 구성되었다.

1. 피식민자의 문제
2. 인종차별과 문화
3. 알제리를 위하여
4. 아프리카 해방을 향하여
5. 아프리카의 통일

　제1장에 실린 두 글은 초기 작품이다. 첫째는 1952년 2월, 의대를 졸업하고 병원에 근무하기 시작한 때에 쓴 「북아프리카 증후군」으로서, 여기서 그는 먼저 유럽 의사들이 북아프리카인-아랍인을 진단했을 때 그들을 전혀 이해하지 못한 점을 비판하고 '상황 진단'의 필요성을 호소했다. 이어 프랑스에 돌아와 목격한 아랍 노동자의 차별을 '인간의 사물화'로 분석하고 그 해결을 위해 『검은 피부, 하얀 가면』 결론에서도 말한 바 있는 인간의 상호 인지를 주장했다.

　이 글을 보면 파농이 1953년 11월, 알제리로 가기 약 2년 전부터 북아프리카(그 대다수는 알제리인)인에 관심을 가졌고, 특히 그들의 질병에 대한 태도, 진단 시의 언동에 주목했음을 알 수 있다. 이는 뒤에 『알제리 혁명 5년』에서의 의학과 식민주의에 대한 분석, 『대지의 저주받은 사람들』

에서의 북아프리카의 심신증과 범죄충동성에 관한 분석의 기초를 형성한 것이라고 할 수 있다. 또한 사르트르의 영향을 농후하게 보인 글이기도 했다.

제1장의 둘째 글 「앙티유인과 아프리카인」은 1955년 프랑스의 잡지 《에스프리》에 발표된 것으로 앙티유인들의 인종의식이 제2차대전을 전후하여 변한 것을 다음과 같이 분석했다. 이는 앞서 본 『검은 피부, 하얀 가면』, 특히 제5장의 「흑인의 실제 경험」을 객관적으로 논한 것이라고 할 수 있다.

먼저 1939년까지 앙티유인은 유럽인 의식을 가지고 있어서 아프리카인에 대한 우월감, 위화감을 표현했다. 이어 제2차대전 중에는 세제르의 시, 프랑스인 군인에 의한 인종차별의 체험, 독일에서 해방된 직후의 정치체험(데모와 공산당 의원의 선출)이라는 세 요인에 의해 니그로의식의 자각을 촉발한다. 그리고 전후에는 아프리카에 시선을 돌려 니그로의식을 회복하고자 노력했으나 아프리카에 의해 거부당하고 죄의식에 사로잡혀 고뇌한다. 그러나 파농은 흑색민족이란 형식 개념에 불과하여 의미가 없고, 흑인은 다양하다고 주장했다. 즉 아프리카 민족이란 정치적·철학적으로도 존재하지 않고, 존재하는 것은 오직 아프리카 세계라는 것이다. 말하자면 그는 아프리카를 지리적인 개념으로만 파악했다.

제2장은 1956년 9월 파리에서 열린 제1회 '흑인 작가 예술가회의'에서 발표한 「인종차별과 문화」이다. 강연원고인 탓으로 서술형식이 혼란스러워 읽기가 쉽지 않으나, 파농은 문화에 나타나는 인종차별의 형태를 다음과 같이 두 시기로 나누어 설명했다. 첫째, 선주민을 노예화하고 착취, 약탈, 집단학살 등이 문화 파괴를 초래한 시기로서 선주민 문화가 완전히 소멸되지는 않았으나 박제화되고 개인의 사고도 박제화되는 시기이다. 이때 선주민은 자기를 부정하고 지배적 문화에 동화되어 죄의식과 열등감에 빠진다. 둘째, 생산기술의 진보와 공업화에 따라 인종차별이 잠복하고 문화 파괴가 세련된 언어로 은폐되는 시기이나 동시에 선주민은 차별을 자각하고 차별을 공격하게 된다. 특히 지식인이 토착문화에 복귀하고 과거를 토착화하는 시기다. 그러나 그의 내면은 합리적 사고와 감정적 기반에 의해 분열된다.

파농은 이렇게 분석하면서 결론으로 선주민은 '과거와의 열렬한 결혼'에서 벗어나 '인간의 착취와 소외의 모든 형태'와 투쟁해야 하고, 전면적 해방을 목표로 하는 전면적 투쟁 속에서 인종차별과 그것에 대립하는 반인종차별도 소멸시켜야 하는데, 이때 비로소 두 개의 문화가 만날 수 있다고 주장했다. 이러한 주장은 『검은 피부, 하얀 가면』의 주제의식과 같다고 할 수 있으나, 다음 몇 가지는 주목할 필요가 있다.

첫째, 민족문화가 빈사의 상태에 놓였을 때 존재하는 유일한 삶은 무명의 주민에 의해 유지되었다는 것을 그는 강조했는데, 이는 그 후 『대지의 저주받은 사람들』에서 해방의 주력을 공동체 전통을 유지한 농민에게서 구하는 모습으로 연결되었다. 둘째, 지식인의 토착문화 복귀를 비판하면서도 '과거의 심연에 몸을 던지는 것은 자유의 조건이자 원천'이라고 하고, 객관적으로는 옹호할 수 없으나 주관적으로는 매우 중요하다는 것을 『검은 피부, 하얀 가면』에서보다 더욱더 강조했다는 점이다.

제3장은 두 편의 편지이다. 하나는 「어느 프랑스인에게 쓰는 편지」로서 알제리에 혁명사태가 빚어져 프랑스로 떠난 사람에게 그가 오랫동안 알제리에 살면서도 그 나라나 사람을 전혀 이해하지 못하고 분노만 했다고 지적하고, 귀국 후에 알제리인의 기아, 빈곤, 부정, 절망 등을 말해주도록 자료를 제시했다. 그 집필 시기는 불명하나 내용으로 보

아 블리다 병원 시절의 초기인 1953년경에 쓴 것으로 추정된다.

둘째 편지는 앞에서 소개한 1956년 가을에 쓴 사직서로서, 알제리 식민 상황의 비인간성에 분노하면서 알제리 혁명의 필연성과 알제리인 요구의 정당성을 밝혔다.

제4장은 1957년부터 1960년 1월까지 〈엘 무자히드〉에 발표한 21편의 논설이다. 내용은 다음 네 가지로 요약할 수 있다.

첫째, 파농은 식민지주의의 성격을 설명하고 독립 요구의 정당성을 주장했다. 알제리를 만든 것은 프랑스가 아니라 식민지 이전에 존재했던 민족현실이었고, 식민지화는 민족에 대한 군사지배였으며, 식민지주의는 '군사 정복 후의 민족 지배' '국토 정복과 인민 억압'이었다. 따라서 FLN이 요구하는 것은 민족독립, 주권의 회복이다.

둘째, 파농은 프랑스의 민주주의자와 좌익정당을 비판했다. 이는 1957년에 쓴 논설에 집중되었는데, 특히 그들이 고문을 외인부대 탓으로 돌리거나 식민지주의의 일부 현상으로 취급하여 식민지체제가 '고문하고, 강간하며 학살하는 필요성 위에 존재'함을 간과했다고 비판했다. 또한 그들이 고문이나 알제리 전쟁이 타자-타민족에 대한 범죄라는 것을 망각하고, 전쟁에 반대하는 경우도 '프랑스인의 정신에 대한 이러한 범죄의 윤리적 중요성'과 비용이 많이 들었다는 이유를 내세워 자기중심적인 사고에서 벗어나지 못했음을 지적했다. 나아가 FLN의 투쟁에 대하여 그들은 평론가의 입장에서 관찰하고 충고하며 조건을 붙이는 태도를 보였고, 연대를 표명하는 경우에도 실제로 투쟁에 참여하기는커녕 투쟁을 지도하려는 교만을 보였다고 비판했다.

요컨대 프랑스의 민주주의자나 좌익정당은 식민주의나 해방투쟁에 무지하며, 제대로 이해하지 못하는 상태에 있고, 비식민지화에 대해서도 이를 원칙적으로는 인정하면서도 현실적으로는 민족독립을 부인하는 모순을 보여준다고 비판했다. 따라서 파농은 그들에게 알제리의 평화를 위한 투쟁을 지지하고 직접 참가하기를 요구했다. 그리고 이는 프랑스인이 조국을 배반하는 것이 아니라, '민족자결의 권리, 민족 의지의 승인, 식민지주의의 청산, 자유로운 인민의 풍부한 상호관계'를 수립하는 것이라고 강조했다.

셋째, 파농은 알제리 해방투쟁의 휴머니즘적 의미를 강조했다. 그는 이미 1957년의 논설에서 알제리혁명에 나타나는 '심오한 인간적 발상과 자유를 향한 정열적인 숭배'를 강조하고, '알제리 해방은 인종차별과 인간착취에 대한 승리이며, 정의가 무조건 지배하는 사회의 개막'이라고 주장했다. 이러한 주장은 1958년에 이르러 더욱 강화되어, '참된 민족해방은 개인이 자기 해방을 불가역적으로 개시한 경우에만 존재한다'고 하여 개인의식의 혁명과 민족혁명의 동시성을 강조하는 것으로 나아갔다. 또한 알제리 투쟁을 비롯한 제3세계 투쟁 속에서 '새로운 휴머니즘, 인간에 뿌리를 내리고 인간의 평등한 승리만을 희망하는 새로운 인간'을 발견하고, 식민지 인민의 해방운동이 '세계의 인간화 과정'에 결정적으로 중요하다고 주장했다.

넷째, 파농은 알제리 민족해방으로부터 아프리카대륙의 해방을 주장하면서 아프리카인들에게 프랑스식민주의에 대항하여 무기를 들라고 호소했다.

다섯째, 파농은 국제상황을 냉정하게 분석했다. 특히 아프리카를 둘러싼 유럽 내부의 모순, 동서 양 진영의 대립, 제3세계의 자립이라는 세 가지를 중시했다. 이러한 분석은 『대지의 저주받은 사람들』 제1장에서 더욱 깊어졌다.

제4장은 여러 잡문으로서 드골 헌법이나 마르티니크의 정치 상황 등, 다양한 문제에 대한 언급으로 이루어졌다.

제5장은 두 개의 글로 구성되었다. 그 하나는 1960년 여름, 파농이 사하라 남부의 말리 국경지역에서 알제리로 보내는 무기 수송기지를 설치하는 임무를 수행하는 중에 쓴 것으로 아프리카 통일을 향한 실천의 기록이자 아프리카에 대한 사랑을 노래한 글이다. 또 하나는 독립한 콩고의 초대 수상인 루뭄바의 암살에 대한 것이었다.

아프리카 통일의 꿈

1958년 9월, 알제리 공화국 임시정부가 수립된 뒤로 파농은 그 대표로 국제회의에 출석하고, 기니아에 대사로 부임한 뒤에는 기니아의 지하군사 공작을 지도했다. 당시 그는 하루 4~5시간을 자는 초인적인 생활을 했는데, 그러면서도 밤새워 식도락과 술을 즐기고 음악에 대해 이야기하기를 좋아했다.

공화국 임시정부가 카이로에 수립됨으로써 알제리는 처음으로 국제무대에 등장했다. 그 최초의 발언은 1958년 12월, 아크라에서 열린 '아프리카 총인민회의'에서였다. 그곳에서 파농은 탁월한 연설로 카메룬의 무미에*, 콩고의 루뭄바*, 앙골라의 홀덴*, 케냐의 음보야*, 가나의 은크루마* 등과 깊은 연대를 형성했다.

파농은 총회에서 식민주의의 폭력성에 대해 강연하고 프랑스가 식민지에 자치권을 부여하려는 것은 독립 후에도 지배권을 유지하려는 음모라고 비난하면서 아프리카 연합국가의 수립을 주장했다.

1959년, 파농은 로마에서 열린 제2회 흑인 작가 및 예술가대회에서 연설하고 알제리에 돌아와 모로코와의 국경지대 피난민촌에 진료하러 갔다가 지프가 지뢰를 밟아 척추 열두 마디가 으스러지는 중상을 입었다. 그 결과 하반신이 마비되어 튀니스를 거쳐 로마로 옮겨졌다.

로마 공항에서는 그를 맞으러 나온 차량의 엔진에 설치된 폭탄이 터지는 사건이 발생했다. 파농이 차에 타기 직전이어서 목숨을 건질 수 있었는데, 그 폭탄은 알제리 식민주의자 테러단이 설치한 것이었다. 파농은 하반신이 영구적으로 마비되기 전에 간신히 수술을 받았지만, 입원실도 테러단의 총격을 당했다. 다행히 병실을 옮긴 덕에 생명을 구했으나 이제 그는 언제 어디서나 죽음의 위협에 노출된 처지였다.

파농은 상처가 아물기도 전에 튀니스에 돌아왔다. 튀

니스에서 막 창설된 알제리 공화국 임시정부(GPRA)는 프랑스와의 협상을 주장하는 온건파와 프랑스가 무조건 물러나기 전까지 투쟁을 계속해야 한다고 주장하는 강경파로 분열되었다. 당연히 후자에 속한 파농은 알제리 내에서 프랑스군에 포위된 저항군을 구하기 위해 알제리 남부의 사하라 사막을 관통하는 새로운 도로 건설을 지원받으려고 1960년 1월, 제2차 '아프리카 총인민회의'에 참석했다. 회의에서 알제리의 식민주의와 투쟁할 의용군을 결성한다는 결의안을 채택하고, 여러 나라에서 의용군을 모집하기 시작했다.

이어 3월에는 가나 주재 종신대사로 임명되었으나 사실은 사하라 사막 이남의 아프리카 전체에 대한 대사로서 알제리의 남부 공격을 위한 의용군의 결집과 정치적·물질적 지원을 요청해야 했다. 특히 무기 조달과 수송이 급선무였다.

동분서주한 파농은 여름에 사하라 사막의 남부에 길을 여는 것에 말리와 합의하고 천신만고 끝에 사하라 사막을 횡단했으나 당시 FLN은 분열되어 파농의 남부도로 건설 계획은 물거품으로 끝났다.

그의 꿈은 아프리카 통일이었다. 그는 『아프리카 혁명

을 향하여』에서 알제리 해방투쟁은 그 꿈의 일환이라고 말했다. 그러나 문제가 많았다. 1960년 당시 그는 독립 후 맞닥뜨릴 상황을 생각하여 아프리카 내부의 분열까지 고려했다. 경제적 대립, 인종 대립, 종교 대립까지 심각했고 특히 식민지 시대의 권력구조를 그대로 인수하고자 한 민족 부르주아가 존재했다. 그 상황에서 파농은 이데올로기의 부재를 발견했다. 그러나 파농에게는 민중에 대한 단순한 신뢰가 있었기에 그러한 부재를 못 본 체했다.

그의 소망은 역시 꿈에 그치고 말았다. 현실은 냉혹했다. 알제리는 프랑스의 교활한 화평공작에 놀아났고 내부에서는 추악한 권력투쟁이 벌어졌다. 이러한 상황에서 파농은 "무엇보다도 나는 직업적인 혁명가가 되고 싶지는 않다"고 말했다. 그는 권력투쟁에서 벗어나 일반 병사들을 위한 정치교육에 몰두했다.

군대라고 해서 반드시 전쟁만을 가르치는 학교인 것은 아니다. 오히려 군대는 시민교육과 정치교육의 학교가 될 수 있다. 성인 국민 병사는 용병과는 달리 나라를 수호하는 시민이다. 그렇기 때문에 아무리 위대한 지휘관을 받들고 있다고 해도 자신이 그 지휘관을 위해서가 아니라 나라를 위해 복무한다는 것을 알아야 한다. 우리는 국군과 행정을 이용하여 국민의식의 수준을 높여야 하며, 부족으로 분열되려는 현상을 극복하고 하나의 국민으로서 통합을 이루어야 한다. 저개발국에서는 가능한 한 신속하게 사람들을 동원하기 위해 애쓰는데, 그 과정에서 남성적 요소를 여성적 요소보다 우월하고 신성하게 여기는 봉건적 전통이 영속화되지 않도록 조심해야 한다.(『대지의 저주받은 사람들』 227-228)

아프리카 혁명을 말할 때 우리는 은크루마나 니에레레* 등의 혁명가나 사상가 등을 떠올릴 수 있다. 그러나 그들의 아프리카와 파농의 아프리카는 다르다. 말하자면 전자의 아프리카는 아프리카 대륙만을 말하나, 파농의 아프리카는 더욱 넓어 대륙은 물론 마다가스카르와 앙티유제도에까지 이른다. 그야말로 대서양과 지중해를 횡단한다.

마찬가지로 파농의 사상은 식민지주의나 인종주의 차원에서 서구-비서구의 권력관계를 고발하는 것에 그치지 않고 유럽 자체에서 행해진 식민주의와 인종주의의 경험, 즉 나치의 폭력, 그리고 원폭 투하에 이르기까지 범세계적이었다. 그가 말한 새로운 인간—제3세계의 인간—

전인의 구상 역시 범세계적이었다.

이처럼 파농의 시야는 대서양과 지중해의 횡단에 더하여 젊어서 '자유 프랑스군'의 지원병으로서 제2차대전에 참전했던 자신의 반나치즘 투쟁의 체험이라는 의미에서 유럽 횡단까지 포함한다. 즉 그의 아프리카 폭력은 이러한 범세계적인 시야에서 나타난 것이었다. 이렇게 범세계적인 시각에서 혁명을 논한 자는 파농뿐이다.

『알제리 혁명 5년』

『알제리 혁명 5년』은 1959년 가을에 출판되었다. 파농은 처음에 그 제목을 『민족의 현실』로 하고자 했다. 출판된 지 6개월 후 이 책은 압수당하고 재판이 금지되었고, 프랑스의 좌파로부터도 비판을 받았으나 출판사는 1960년에 재판본을 냈다. 그 후 1966년 개정 시에 『알제리 혁명 5년』으로 바뀌었다. 이 책은 파농의 책 중에서 가장 읽기 쉬운 것으로 정평이 나 있다. 특히 다른 책과 달리 소제목이 많은데, 그 구성은 다음과 같다.

서문

1. 알제리가 히잡을 벗다
2. "여기는 알제리의 목소리입니다…"
3. 알제리 가정
4. 의학과 식민주의
5. 알제리의 소수 유럽인

부록 1, 2

서문

파농은 먼저 '서문'에서 알제리 혁명을 '환상에 가까운 전쟁'으로 규정한다. "이 전쟁은 국민 전체를 움직이게 했고, 국민에게 가장 깊은 곳에 숨겨둔 비축물품이나 자산마저 전부 내놓도록 했다." 그러나 그 책을 쓴 1959년까지의 5년간 "정치적 변화는 전혀 이루어지지 않았다."(11)

'서문'은 1959년 당시의 긴급성과 책의 집필 의도를 설명한 두 부분으로 나누어진다. 첫째, 긴급성이란 1959년 당시 프랑스 측이 FLN이 배신자를 처형하고 고문한다고 선전한 것에 대한 긴급한 회답이라는 의미였다. 파농은 그 사실을 일부 시인하며 그것이 식민지 당국의 잔인함에 비해 충분히 이해된다고 밝히고서, 그럼에도 불구하고 그러한 행동은 재판받아야 하고 현재 재판받고 있음을 밝힌다. 그리고 해방전선에서 식민지 인민은 반드시 승리해야 하나 만행 없이 승리해야 한다는 FLN의 입장을 밝히고 있다.

이 부분은 파농 폭력론의 단초라고 평가된다. 앞서 본 나치스의 폭력에 저항하기 위해 행해진 민주주의의 폭력 문제도 포함되어 있다.

> 적들은 살생을 즐기는 이들이 알제리 혁명의 주축을 이룬다고 즐겨 말한다. 혁명 세력이 우호적인 감정을 품고 있는 민주주의자들마저 혁명 세력이 실수를 범했다고 되풀이해 말한다.
> 사실 알제리 국민이 지도부의 지침을 어기고 해서는 안 되는 일을 한 적이 있다. 게다가 이런 일은 거의 언제나 다른 알제리인들과 연관되었다.
> 하지만 그때 혁명은 무엇을 했나? 책임을 회피했을까? 투쟁의 진실을 왜곡할 위험이 있는 이 제스처를 제재하지 않았을까? (중략)
> 그렇지만 배신자나 전범에 대한 이 갑작스러운 폭력을 심리적으로 이해하지 못할 사람이 어디 있겠는가? 프랑

스 제1사단에서 전투한 사람들은 대독 협력자들에게 총부리를 겨눈 최근의 심판자들을 혐오해왔다. (중략) 그렇지만 우리는 비무장 민간인들에 대한 고문에 앞서 항독 지하운동가들을 약식 처형한 기억이 없다.(12-13)

나치즘, 서구 민주주의, 그리고 '식민지주의=인종주의' 폭력이 교차하는 이 물음에 대하여 파농은 다음과 같이 답했다.

알제리민족해방전선(FLN)은 식민 탄압이 극에 달했을 때조차 몇 가지 형태의 행동을 금하고 대원들에게 국제전쟁법을 지속적으로 상기시키는 것을 두려워하지 않았다. 식민지지배를 받는 국민은 독립전쟁에서 이겨야 하지만 '야만적 행위' 없이 올바르게 이겨야 한다. 고문을 하는 유럽 사람은 타락한 사람이고 역사의 배신자이다. 고문을 하는 후진국 국민은 본성을 확실히 드러내고 후진국 국민다운 행동을 하는 것이다.(13)

둘째, 책을 쓴 의도를 "식민지주의는 알제리에서 완패했고, 알제리인들이 완승했다는 사실을 보여주고 싶었다"(26)고 밝혔다. 그런데 여기서 중요한 점은 파농이 승리의 근거를 군사나 정치가 아니라 인간에 두었다는 점이다. 즉 해방투쟁을 통해 알제리에는 새로운 인간이 탄생했고 알제리라는 민족이 잠재적으로 존재하게 되었다는 의미였다. 세계를 변혁하면서 자신을 변혁한 이 민중의 의식에 '열등감, 공포, 절망'은 두 번 다시 있을 수 없다고 그는 주장했다.

> **'알제리인의 새로운 본성이 있고' 그 실존에 있어서 새로운 척도가 있다. 세상이 변화되는 바로 그 순간에 사람들 스스로 바뀌려 한다는 주장이 알제리에서만큼 명백했던 적이 없다.(24-25)**

그래서 그는 알제리의 미래에 대해 낙관했다. 그러면서 카메룬 민중 안에 독립 직전 식민자들에 의해 심어둔 "배신, 배임, 적개심" 등으로 "카메룬의 미래는 여러 해 동안 교묘하게 불리한 정책에 의해 저당 잡혀 있다"(26)는 점이 알제리와 다르다고 말했다. 그러나 그 책이 출판되고 2년 뒤 독립한 이후로 알제리는 과연 카메룬과 달랐을까? 이 역시 생각해볼 문제다.

혁명과 여성의 옷

제1장은 아랍 사회의 특징인 여성의 베일에 대한 여성의 태도가 해방투쟁을 통하여 어떻게 변했는지 분석했다. 파농은 그것을 세 시기, 즉 첫째, 베일을 벗기고자 한 식민지 당국의 정치 전술과 가치관의 강요에 저항하여 베일 착용을 고집한 시기, 둘째, 해방투쟁을 계기로 여성이 행동에 나서고 임무를 수행하기 위해 스스로 유럽화되어 베일을 벗은 시기, 셋째, 1957년 이후 상황의 변화에 따라 다시 베일을 쓰게 된 시기로 나누었다.

첫째 시기에 식민당국은 "알제리의 부계사회 형태 이면에 있는 모계 본질의 구조를 묘사하고 있다"고 판단하여 "구조와 저항 능력 면에서 알제리 사회를 강타하려 한다면 우선 여성들을 정복해야 한다"고 생각했다.(34-35) "여성을 바꾸고 낯선 가치로 마음을 사로잡으며 위상을 변화시키는 것은 남성에 대한 실질적인 권력과 알제리 문화 파괴에 있어 실용적이고 효과적인 수단을 동시에 가지는 것이다."(36-37) 그래서 점령자에게는 새로 베일을 벗어 던진 알제리 여성 하나하나가 그 방어체제가 붕괴되어 가는 과정에서 개방되고 깨어지는 알제리 사회를 알려주는 것으로 보였다.

파농은 혁명 초기에 여성은 단순한 연락 기능을 담당했으나 차차 감시와 무기 운반 역할이 부여되면서 여성의 역할이 중요하게 변했다고 설명했다. 그러면서 자신의 독특한 여성 심리분석을 추가한다. 전통적으로 아랍 여성은 베일을 쓰고 언제나 다수로 걸었으나 파농은 베일 없이 혼자서 유럽인 거리를 걷는 경우의 불안, 공포, 동요 그리고 시련 속에서 베일의 의미가 어떻게 변했는지 분석했다. 곧 인습과 전통의 상징이었던 베일이 행동과 변혁의 도구로 변한 점을 파농은 중시했다. 파농은 폐쇄된 공간과 신체로부터 열린 공간과 신체로 나아가는 것을 인간해방의 중요한 요소로 보았다.

또한 제1장에는 1957년 5월에 〈레지스탕스 알제리〉에 발표한 글이 부기되어 있다. 여기서 파농은, 일반적인 비판, 즉 알제리 여성이 반동적이고 잔인한 가부장제의 희생자이고 가정에 유폐된 굴욕적인 존재라고 하는 의견에 대해, 그 폐쇄와 유폐는 식민지구조에 의해 가정과 사회의 상호성이 부정되었기 때문에 생겼으며, 폐쇄성 자체 속에서 전투준비가 이루어졌다고 주장했다.

혁명과 라디오

제2장에서 파농은 라디오에 대한 알제리인의 태도 변화를 다음 네 시기로 나누어 분석했다. 첫째, 점령자의 기술—물질 체계이자 점령자의 언어— 정보체계인 라디오에 대해 선주민이 등을 돌린 시기, 둘째, 제2차대전 후 아랍 여러 나라의 독립에 자극을 받아 정보를 얻고자 라디오를 대량으로 구입한 시기, 셋째, 1950년대의 튀니지와 모로코의 독립운동 및 1954년 이래의 알제리 해방투쟁에 의해 점령자의 정보가 아니라, 카이로 및 시리아로부터 진실을 듣고자 라디오에 더욱 의존한 시기, 넷째, 1956년 말부터 FLN이 〈자유 알제리의 소리〉 방송을 시작하면서 그것을 적극적으로 수용한 시기이다. 파농이 중시한 것은 당연히 넷째 시기로서 그 특징을 다음과 같이 분석했다.

첫째, 라디오를 듣는다는 것은 투쟁하는 민족과 일체가 된다고 하는 내면적 요구로서, 라디오 소지는 혁명의 수용이었다. 둘째, 프랑스 측 전파방해가 격해지면 격해질수록 그것을 듣고자 하는 알제리인에게 민족적 표현의 현실감이 강화되고 혁명에의 참여의식이 증대되었다. 셋째, 라디오에 사용된 프랑스어는 혁명의 도구가 되어 역설적으로 민중 속에 확대되었다. 여기서 파농이 제시하는 것은 베일의 경우와 마찬가지로 혁명지도자가 도구-수단을 어떻게 이용하는지가 아니라, 민중이 도구-기술의 의미를 변화시키면서 스스로 어떻게 변했는가 하는 것이었다.

가족과 의료

제3장에서 파농은 알제리의 전통적인 가족관계의 특징, 즉 자녀에 대한 부친의 권위, 남성의 우위, 장남의 특권, 아내의 수동성-종속적 지위가 어떻게 변했는가를 분석했다. 파농은 이러한 전통의 파괴는 식민지주의의 폭력에 의한 것이기도 했다고 분석하면서도, 그것이 해체되는 것을 아쉬워하지는 않았다. 도리어 혁명투쟁에 적극적인 기능을 했다고 주장했다. 여기서 파농이 아프리카 공동체에 대한 복귀에 철저히 반대했음을 알 수 있다.

제4장에서 파농은 의료에 대한 알제리인의 태도 변화를 분석했다. 식민지 시대에 알제리인은 서양 의학을 억압체제의 하나로 보아 불신하고 전통 의학에 의존했다. 특히 파농은 유럽인 의사가 토지소유자로 지배-착취에 앞장섰고 식민지체제에 협력했을 뿐만 아니라 고문과 살인의 책임자였다고 비판했다. 그 후 해방투쟁이 확대되면서 의약품 판매와 의사의 정기 검진이 중지되자 FLN은 학생, 간호

사, 의사를 동원하여 독자적인 위생체계를 수립하게 되었고 민중은 서양 의료를 받아들였다.

혁명과 유럽인

제5장에서 파농은 해방투쟁과 알제리에 사는 유럽인의 관계를 분석했다. 특히 FLN에 협력하는 유럽인이 많다는 것을 지적하고 건설 중인 알제리 공동사회는 전쟁범죄인과 식민주의자를 제외한 모든 사람에게 열린 것이어야 하고, 그들이 알제리 국민이 될 것인가는 그들의 자유라고 하는 FLN의 원칙을 강조했다.

제5장에는 두 개의 부기가 있다. 하나는 앞서 말한 프랑스 의학도 제로니모가 쓴 것으로서 자신이 FLN에 참가하고 마침내 알제리 국적을 갖게 되는 과정을 보여준다. 특히 카뮈의 강연을 들으러 갔다가 실망한 모습이 흥미롭다. 또 하나는 고문에 대한 증오심에서 FLN에 협력한 탓으로 체포된 젊은 알제리인 경찰의 수기이다.

마지막 부록은 제2판(1960년)에만 수록된 것으로서 제2회 아크라회의에서 발표된 파농의 연설문이다. 파농은 알제리 인민의 투쟁은 동물적인 자기보존의 본능에서 비롯되었고, 그것이 민중의 유일한 해결책이며, 그 본질은 민족의식으로서 아프리카 민족-국가의 효모라고 주장하면서 투쟁은 타인종을 배제하는 것이 아니라, 인류의 미래를 위한 투쟁임을 강조했다.

FLN 강령의 작성과 죽음

만년의 파농은 항상 죽음의 위협에 놓여 있었다. 1959년의 자동차 사고, 뒤이은 암살 기도, 그리고 자신의 병에 이르기까지. 1960년 12월, 백혈병에 걸렸음이 판명되었고, 그는 자신이 4년을 넘기기 힘들다고 생각했다.

한편 아프리카의 정치상황은 더욱 어려워졌다. 콩고 독립운동의 중심이자 아프리카 통합의 지지자로서 파농과 가장 친밀했던 루뭄바가 살해되었다. 그의 죽음은 아프리카 통합의 희망이 없어진 것을 뜻했다.

1961년 1월, 파농은 치료차 모스크바로 갔으나 병세는 더욱 악화되었다. 그는 튀니스로 돌아와 10주 만에 『대지의 저주받은 사람들』을 완성했다. 그리고 마지막 치료차 미국을 방문했으나 CIA의 방해로 입원이 8일간이나 지체되어 1961년 12월 6일에 사망했다. 그의 시신은 튀니스로 옮겨져 그의 희망대로 알제리에 묻혔다.

파농이 마지막으로 한 작업은 FLN의 강령 작성이었다. 강령의 기초가 정식으로 만들어진 것은 파농이 죽은 뒤인 1962년이었으나 그전부터 준비가 진행되고 있었다. 강령 기초는 이미 프랑스와 알제리 사이에 정전 협정이 조인되고 독립국가로의 이행을 위한 주민투표만 남긴 상태에서 절대적으로 필요했다.

강령의 기초에 참가한 세력은 다양했다. 먼저 부르주아 민주주의 혁명을 주장한 근대화파가 있었는데, 그들은 사회주의에도, 이슬람주의에도 반대했다. 그러나 농민을 중시하고 제3세계의 국제적 연대를 주장한 이슬람 사회주의파는 막강했다. 마지막으로 앞의 두 세력이 계급투쟁을 배척하는 것을 비판하고 노동자를 중심으로 하는 중국과 소련과의 동맹을 주장한 근대적 사회주의파가 있었다. 강령은 이 세 파의 타협물이었다.

파농은 벤 벨라*를 중심으로 한 이슬람 사회주의파에 가담했다. 그 집약이 바로 『대지의 저주받은 사람들』이었다. 강령에 나타난 파농의 영향은 이데올로기의 중요성에 대한 강조, 민족해방투쟁에 있어 최하층 피억압 계급의 역할에 대한 평가, 독립투쟁에서 발견된 여성해방에 대한 적극적인 평가, 그리고 공산권이 아닌 제3세계 해방투쟁과의 연대 등이었다.

『대지의 저주받은 사람들』

파농은 1960년 기니아 대사로 아크라에 있으면서 『알제-희망봉』이라는 책을 쓰기 시작했으나 당시 그는 여러 가지로 분주하여 집필을 계속하지 못했다. 그 후 1961년 3월, 모스크바에서 치료를 받고 튀니스에 돌아와 제3세계 해방운동의 일반론으로 『대지의 저주받은 사람들』을 집필했다. 그해 11월, 『대지의 저주받은 사람들』은 파농이 죽기 며칠 전에 출판되었으므로 집필 기간은 6개월도 채 되지 않았다. 책의 구성은 다음과 같다.

1. 폭력에 관하여
2. 자발성의 강점과 약점
3. 민족의식의 함정
4. 민족문화에 관하여
5. 식민지전쟁과 정신질환

6. 결론

이 책의 내용을 검토하기 전에 이 책과 앞의 책들, 특히 『검은 피부, 하얀 가면』과의 관계를 검토할 필요가 있다. 흔히 『검은 피부, 하얀 가면』을 쓴 파농은 흑인의 정체성에 대한 정신분석학적 고찰자이나, 『대지의 저주받은 사람들』을 쓴 파농은 반식민지 투쟁의 현장에서 식민지주의와 결별하고 해방을 향한 실천적 관계로 급변했다고 비교된다. 그래서 두 사람의 파농이 있다는 것이다. 이러한 주장을 하는 호미 바바는 다음과 같이 말한다.

> 파농의 텍스트는 그것이 전개됨에 따라 '과학적'인 사실이 거리의 경험에 의해 침식당해간다. 사회학적인 관찰이 문학적 기교에 의해 중단되고, 해방의 시가 식민지 세계의 답답하고 쇠퇴를 생각하게 하는 단조로움에 대항하기 위하여 뜻밖에 제출되는 것이다.[1]

바바는 현대의 포스트콜로니얼리즘을 분석하는 입장

---

1 Homi K. Bhabha, *The Location of Culture*, London:Routledge, 1994, p.41.

에서 자신이 '과학적'이라고 평가하는 『검은 피부, 하얀 가면』을 더욱 중시하고 '거리의 경험'이라고 부르는 『대지의 저주받은 사람들』을 배제하고자 한다. 그러나 이러한 파농의 재평가에 대해서는 여러 가지 비판이 있다. 여기서 나는 그러한 비판을 소개하기보다는 그 두 권의 책이 '나는 누구인가'에서 '우리는 누구인가'로 이전하는 모습을 보여준다는 점을 강조하고자 한다. 물론 어느 책에서나 그 두 개의 물음이 있으나 그 중심은 역시 하나라는 것이다.

파농은 평생을 두고 일관되게 '인간을 어떻게 해방할 것인가'를 고민했다. 그러나 무엇이 인간을 속박하는가에 대해 두 권의 책은 강조점이 달랐다. 『검은 피부, 하얀 가면』에서는 피부색과 의식의 갈등이었고, 『대지의 저주받은 사람들』에서는 식민지화와 그 역사였다.

『검은 피부, 하얀 가면』을 쓰기 전 그는 자신을 프랑스인이라고 생각했으나 프랑스인은 그렇게 생각하지 않고 그를 흑인으로 보았다. 그래서 스스로 물었다. "나는 누구인가?"라고. 그는 이성과 비이성을 오가며 고뇌한 끝에 백인도 흑인도 아닌 "나는 인간이다"라는 선언을 하게 된다. 그리고 "인간으로서 인간을 노예화하는 모든 것과 싸운다"고 결심한다. 『검은 피부, 하얀 가면』에서 "우리는 누구인가"라는 것에 대해 파농은 당연히 "우리는 인간이다"라고 답했고 개인적인 자각으로 문제는 해결된다고 보았다. 그러나 알제리라고 하는 비참한 식민지 자체에서 그는 다시 고뇌해야 했다. 그래서 『대지의 저주받은 사람들』에서는 다시 "우리는 누구인가"라고 묻지 않을 수 없게 되었다. 예컨대 이 질문에 대한 답은 민족, 프롤레타리아 등을 들 수 있다.

그러나 파농은 민족이라는 개념을 자명한 것이라고는 보지 않고 잠재적인 것 또는 이념적인 것으로 보았다. 그는 민족의식이 각 인간의 내부에서 어떻게 새로운 인간을 형성하며, 나아가 민족을 넘는 아프리카인이라는 새로운 인간=전인=능률이나 효율이 아닌, 자신의 몸과 머리에 따라 일하는 인간을 만들 수 있는지 고뇌했다. 물론 이는 민족해방으로 당장 나타나는 인간상은 아니다. 아마 영원한 유토피아일지도 모른다.

사르트르의 서문

번역서로 28쪽에 이르는 사르트르의 긴 서문은 지구 인구가 20억을 헤아리게 되었다는 이야기로 시작한다. 따라서 50억을 넘은 지금과 격세지감이 있으나 그가 설명하는 내용은 지금과 별로 다를 바 없다. 그는 지구상의 인구를 4분의 1의 '사람'과 나머지 '선주민'으로 구분했는데, 지금으로 치면 10분의 1과 나머지일 터다.

식민지시대에 유럽의 엘리트는 '걸어 다니는 허위'인 선주민 엘리트를 제조하였으나, 이제 유럽의 파멸을 주장하는 선주민이 나타났다고 하면서 사르트르는 유럽인 독자에게 파농을 소개한다. "입으로 말하기에는 썩 유쾌하지 않겠지만 우리 유럽인들 모두 다 굳게 확신하고 있는 진실이 아닐까?"라고 하면서.(28) 그러나 파농은 유럽인에게 말하는 것이 아니라 "모든 저개발국의 선주민들이여, 단결하라, 고 선주민에게 호소하여 유럽인을 격퇴하라고 말한다"는 것이다.(26-27) 이하 사르트르의 설명을 사르트르라는 주어를 빼고 요약해본다.

식민지 본국은 식민지의 그들에게 고용된 봉건적 지배자를 계속 두는 것으로 만족한다. 즉 본국은 각개격파를 통해 처음부터 끝까지 가짜인 선주민 부르주아를 창조한다. 식민지는 식민자와 함께 심어져 동시적으로 착취되는 '이중게임'을 한다는 것이다. 그 결과 계층분화를 더욱 세분화하고, 상호대립하는 계층을 증대시키며, 계급을 형성하고 인종적 편견까지 만든다.

그래서 파농은 유럽에 대한 투쟁을 전개하기 위해 자체에 대한 투쟁이 있어야 하며 오히려 전체 투쟁은 이 두 가지 투쟁으로 이루어져 있다고 말한다. 투쟁의 중추는 농민이다. 여기서 지도자나 개인의 예찬, 서구문화, 과거 아프리카 문화에의 복귀가 경계되어야 한다.

투쟁의 초기 단계에서는 식민지의 억압적 폭력이 내적으로 선주민 내부에서 공포의 소용돌이로 변한다. 이는 억압 앞에 직면할 때 그들이 체험하는 공포를 뜻할 뿐만 아니라 그들의 분노가 마음속에 일으키는 공포를 뜻한다. 이 억눌린 분노가 탈출구를 발견하지 못하면 그것은 허무로 변하고 피억압자 자신들을 황폐화하여 서로를 학살하기까지 한다. 여기서 식민지 당국은 선주민의 적대관계를 고조시키기 위한 정책을 수립한다.

선주민은 그것도 모르고 춤을 춘다. 식민지 민중은 종교적 소외에 들어감으로써 식민지적 소외에 대해 자신을 보호하고 그 결과, 그들은 결국 두 개의 소외를 통합하고 각 소외는 상호보완관계에 놓이게 된다. 그들은 밤새 춤을 추고 새벽에는 미사곡을 듣기 위해 교회로 간다. 그러다 어느 날 두 세계의 간격이 넓어져 선주민은 식민지에 자연스레 편입된다.

선주민은 무장폭력을 통해 식민지를 떠밀어냄으로써 그 자신을 식민지적 노예제로부터 해방할 수 있다. 봉기자의 총은 그의 인간성의 증인이다. 동시에 유럽인의 마음속에 있는 식민주의가 뿌리 뽑힌다. 식민주의를 정당화한 과거 유럽의 휴머니즘은 허위의 이데올로기였고 약탈을 완전히 정당화시키는 것이었다.

그 약탈에 의해 유럽의 화려한 궁전과 교회, 거대한 공업도시가 생겨났다. 그리고 경제적 위기가 있을 땐 식민지 시장이 그 타격을 완화해주거나 역전시켰다. 따라서 유럽에서 인간이 된다는 것은 식민주의의 공범자가 되는 것이다. 살찌고 창백한 유럽 대륙은 파농이 지적한 나르시시즘에 빠진다. 유럽과 관계 없는 것처럼 구는 괴물 북아메리카도 마찬가지다.

비식민지화 운동

『대지의 저주받은 사람들』제1장에서 제3장까지는 비식민지화 운동에 대한 일반적인 서술이다. 파농은 결코 체계적인 사고를 하는 사람이 아니다. 책의 전체를 주도면밀하게 구상하고 오랫동안 생각하여 서술을 정리하는 전형적인 저술가가 아니다. 게다가 그는 이 책을 병든 몸으로 혁명의 와중에서 여러 곳을 옮겨 다니며 썼기에 비약과 반복이 심하다. 그러나 논지는 명확하다. 곧 비식민지화를 담당할 주체, 그리고 그 주체의 형성, 마지막으로 그 주체의 이데올로기다.

제1장에서 파농은 비식민지화를 정당화하는 식민지 사회-선주민의 비인간적인 상태, 선주민 지식인과 대중 상황의 괴리, 비식민지화 운동의 세력, 비식민지화의 내부 논리와 외부(국제) 조건의 관련, 마지막으로 폭력의 적극적 의미를 설명한다. 먼저 파농은 비식민지화 운동이란 폭력 현상임과 동시에 새로운 인간의 창조라고 주장한다. 제1장은 다음과 같은 유명한 말로 시작된다.

> 민족해방, 민족부흥, 인민에의 국가 회복, 연방 등등 어떤 이름을 갖다 붙이든, 탈식민화는 언제나 폭력적인 현상일 수밖에 없다. (중략) 탈식민지화는 쉽게 말해서 어떤 '종'의 인간을 다른 '종'의 인간으로 바꾸는 것을 말한다. 과도기 같은 것은 전혀 없고 오로지 전면적이고 완전하고 절대적인 대체만 가능하다. (중략)
> 세계 질서를 변화시키는 탈식민화는 분명히 완전한 무질서의 상태이다. 그러나 그것은 주술이나 자연 현상의

산물도 아니고, 우호적인 협정의 산물도 아니다. 알다시피 탈식민화는 역사적 과정이다. (중략)

탈식민화는 결코 은근슬쩍 전개되지 않는다. 개개인에게 큰 영향을 주고 그들을 근본적으로 변화시키기 때문이다. 탈식민화는 초라하고 보잘것없던 방관자들을 특별한 배우로 변화시키고, 그들에게 역사의 밝은 조명을 비춘다. 또한 탈식민화는 그들의 존재에 새로운 인간이 가져온 자연적인 리듬을 부여하며, 그와 더불어 새로운 언어와 새로운 인간성을 부여한다. 즉 탈식민화는 새로운 인간의 창조인 셈이다. 그러나 이러한 창조는 어떤 초자연적인 힘의 소산이 아니다. 그동안 식민화되었던 '사물'이 스스로를 해방시키는 과정을 통해 인간으로 탈바꿈하는 것이다.(55-56)

폭력에 의해 창출되고 유지되는 식민지사회란 선악 이원론의 사회로서, 그곳에서 선주민은 동물화되고 사물화된 존재이자 절대악으로 간주된다.

식민지 세계는 둘로 나뉜다. 그 구획선, 경계선은 병영과 경찰서로 표시된다. 식민지에서 이주민과 그 억압적 지배를 공식적으로 대변하고 중재하는 것은 경찰과 군인이다. (중략) 두 지역은 서로 대립하며, 더 높은 차원에서 통일될 가능성도 없다. 순수한 아리스토텔레스 논리학의 규칙에 따라 두 지역은 상호 배타성의 원리를 취하고 있다. 화해는 결코 불가능하다. 둘 중 하나는 불필요하기 때문이다.(58-59)

이 분할된 세계, 둘로 양단된 이 세계에는 서로 다른 두 인종이 산다. 식민지 상황의 특징은 경제적 현실, 불평등, 생활방식의 커다란 차이가 결코 인간의 현실을 은폐하지 못한다는 점이다. (중략) 또한 식민지의 경제구조는 상부구조다. 그 원인은 곧 결과다. 즉 백인이기 때문에 부자이고, 부자이기 때문에 백인인 것이다.(60)

파농은 여기서 마르크스를 부정한다. 그는 자본주의 이전의 중세 사회에서는 농노와 기사의 신분적 차이가 종교라는 이데올로기에 의거했으나, 식민지사회에서는 외국인의 총칼로써 그 통치를 강행하므로 이데올로기가 필요 없다고 본다. 지배계급은 무엇보다 먼저 외지로부터 온 자이고 선주민과 모양이 다른 자, 즉 '타자'인 것이다. 따라서

"식민지 세계의 파괴는 바로 한 지역을 철거한다는 의미다. 그 지역을 땅속 깊이 파묻거나 이 나라에서 추방해버리는 것이다."(61)

> 식민지 세계는 마니교의 세계다. (중략) 마치 식민지적 착취의 전체주의적 성격을 보여주기라도 하듯이 이주민은 선주민을 악의 본질로 생각한다. (중략) 식민지의 교회는 (중략) 선주민을 신의 길로 소환하는 대신 백인, 주인, 억압자의 길로 소환한다. (중략) 인간을 짐승으로 만드는 것이다.(61-63)

> 이주민-선주민 관계는 양적인 관계다. 다수를 상대로 이주민은 야만적인 무력을 행사한다. 그는 자기과시를 즐긴다. 안전에 대한 몰두로 인해 그는 선주민에게 큰 소리로 자기만이 주인이라고 외친다. 이주민은 선주민에게 배출구 없는 분노의 대상으로 남아 있으며, 선주민은 식민주의의 조밀한 사슬에 갇혀 있다. (중략) 선주민의 근육 긴장은 이따금씩 유혈적인 폭발로 배출된다. 부족 전쟁, 씨족 갈등, 개인들 간의 다툼이 그런 예다.(74-75)

이러한 사회에서 선주민 지식인은 식민지 부르주아 사회의 추상적인 가치관을 대변한다. 본국 부르주아는 식민지에 대한 그들의 지배가 불가능하다는 것을 지각했을 때 문화나 가치, 기술 등등에 대한 후방교란의 손을 쓰기 시작한다. 이에 반해 민중은 빵과 토지에 가치를 두고 식민당국에 저항한다. 자유를 위한 투쟁 중에는 위에서 말한 관행에서 현저한 이탈이 나타난다. 그 최초의 가능성은 자발적인 집회다.

선주민은 밤에 모여 함께 춤을 추고 아침이 되면 교회에 간다고 이미 사르트르는 앞에서 지적했다. 선주민들의 시위가 시작되고 고문을 당하면서 민중은 더는 그러한 환상에 빠질 수 없다고 생각하여 총을 들게 된다. 그러나 최초의 투쟁 상황에서 식민화된 선주민들은 내분을 일삼고 동족 간의 투쟁에 빠진다.

민중의 폭력적인 자각은 범죄와 같은 비현실적인 단계를 거쳐 투쟁의 조직화라는 현실적 단계로 나아간다. 따라서 해방투쟁은 식민지 시대에는 지식인, 정당, 상인, 도시인 중심이나, 해방기에는 농민 대중과 그들에 합류한 저항 지식인들 그리고 도시 주변부의 룸펜 프롤레타리아들이다.

먼저 식민지 시대 해방투쟁의 특징은 추상적 원칙을 선언하지만 구체적 명령을 내리기를 꺼린다는 점이다. 그들은 입으로만 투쟁하는 폭력주의자일 뿐 행동에 있어서는 개량주의자이다. 그것을 대표하는 민족주의 정당의 기반은 도시인이고, 그들의 요구는 자기들 운명의 개선이나 임금 상승이다. 따라서 이들 정당과 식민주의와의 대화가 단절된 적이 없다.

그러나 민중은 그런 성공이 아니라 살 장소를 요구한다. 따라서 식민지 세계에서는 농민만이 혁명적 세력이다. 왜냐하면 그들은 잃을 것이란 없고 모조리 얻을 것뿐이기 때문이다. 여기서 식민당국과 식민지 부르주아에 의해 비폭력이라는 이름의 협상이 시작되나 민중은 그것을 폭력으로 거부한다. 식민지 부르주아는 폭력의 가능성을 의심한다.

파농은 무력에 의한 해방투쟁의 가능성을 현대 세계의 상황으로 설명했다. 첫째, 식민지는 원료 공급국이자 시장이므로 선주민을 모두 죽일 수 없다는 식민지국의 모순. 둘째, 어느 나라의 해방투쟁과 주변국 해방투쟁의 연결. 셋째, 미·소의 평화공존이라고 하는 국제역학. 이 모든 것이 비식민지화 폭력의 진전을 가능하게 한다. 폭력은 해방투쟁의 수단이자 개인 차원의 해독제로 콤플렉스로부터 해방시키고 책임의식을 부여하고, 집단 차원에서는 개인에게 집단을 재발견하게 하며 인민을 통일하게 하여 지방주의와 부족주의를 청산하게 한다. 여기서 파농은 개인주의의 폐기를 주장했다.

대신 식민주의가 금지한 형제, 자매, 친구라는 말이 투쟁 조직에 의해 새로이 생겨난다. 즉 촌락회의, 인민위원회, 지방회의, 그룹화 등의 자치적 조직이 생겨난다. 이에 반대되는 것은 지식인들의 식민지적 행태이다. 어제는 식민주의의 탕아였고 오늘은 새로운 정부의 탕아인 그들은 국민적 자원이면 어느 것이나 약탈할 수 있는 체계를 조직한다. 기회주의자인 그들은, 모든 자원이 공동으로 이용되어야 한다고 주장하는 민중을 배반한다. 그들은 상업의 국유화를 집요하게 요구한다. 결국 이론적으로는 그들이 국민으로부터의 도둑질을 국영화시켜달라고 요구하는 것이다. 따라서 그들은 배제되어야 한다.

자연발생적 봉기

제2장은 제1장에서 말한 비식민지화 투쟁의 주도 세력을 보충 설명한 것으로, 제1장에서 세 가지로 설명되었

는데 제2장에서 특히 중요하게 설명되는 것은 농민과 지식인의 결합이다. 지식인은 농촌에서 식민지체제의 진실을 알게 되고 농민은 지식인으로부터 정치·군사교육을 받는다. 그 결과 제1단계로 자연발생적인 무장봉기가 터지고, 적의 반격으로 타격을 입으면서 폭력이 조직화, 집중화, 정치화되는 제2단계를 맞게 된다. 여기서 혁명법원, 정치 군사위원회가 생기고 해방투쟁을 지도하게 된다. 이데올로기적으로 그것은 민족주의로부터 사회적·경제적 의식으로 나아가는 것이다. 파농은 제2장의 마지막을 다음과 같이 쓰고 있다.

> 이 정치는 민족적이고 혁명적이고 사회적이다. 선주민들이 이제 곧 깨닫게 될 이 새로운 사실은 오로지 행동 속에서만 존재한다. 투쟁이란 바로 식민지 시대의 낡은 진리를 타파하고, 알지 못했던 측면을 드러내고, 새로운 의미를 끄집어내고, 이러한 현실들에 의해 은폐된 모순을 정확하게 지적하는 것이다. 투쟁에 참여하고 투쟁 덕분에 그 사실들을 알게 된 민중은 식민주의로부터 벗어나 앞으로 전진하며, 신비화의 모든 책동을 경고하고, 맹목적 애국심에 대해 반대한다. 오직 폭력만이, 민

중이 행사하는 폭력만이, 민중 지도부가 조직하고 교육하는 폭력만이 대중에게 사회적 진실을 이해하도록 할 수 있다. 그 투쟁이 없으면, 행동의 실천에 대한 앎이 없으면, 나팔이 울려 퍼지는 겉만 번드르한 행진을 하는 것이나 다름없다. 최소한의 재적응, 위로부터의 약간의 개혁, 휘날리는 깃발 이외에는 아무것도 없다. 그 밑에서는 분화되지 않은 대중이 여전히 중세의 삶을 살면서 내내 제자리걸음만 할 뿐이다.(171-172)

제2장에서 주목되는 점은 다음 세 가지다. 첫째, 도시의 노동자와 관리는 식민지의 부르주아로 이데올로기적으로 근대주의와 개인주의에 젖어 있다는 이유에서 그들을 조직한 정당이나 노동조합은 해방투쟁의 주체에서 제외되어 있다. 반대로 공업국에서는(마르크스주의에서도) 반동적이라고 치부된 농민이 식민지주의의 이익에서 제외된 공동체 사회구조를 유지하는 규율적인 존재로 투쟁의 중심 세력으로 간주되고 있다.

둘째, 룸펜 프롤레타리아가 자발적이고 가장 급진적인 혁명세력으로 간주되고 있다. 이는 비식민화 운동을, 사회에서 제외된 자들의 비인간 내지 반인간의 복권 요구로 보는 파농의 사상에 근거하고, 마르쿠제*의 견해와도 부분적으로는 일치한다.

셋째, 투쟁 진전의 요인으로 타자의 반격을 중시하고 있다. 곧 집단의 조직화나 개인의 의식화에 가장 중요한 요인은 경제적인 것이 아니라 타자와의 투쟁-인간 과정이라고 보는 점이다.

이러한 파농의 입장에 대해 당연히 마르크스주의자는 반대했다. 특히 농민을 주체세력으로 보는 것이 독립 후에도 통용될 수 있고, 알제리 외의 나라에도 통용될 수 있는지 의문이 제기되었다. 말하자면 파농의 주장은 과도한 일반화라는 비판이다. 또한 경제 및 사회구조의 분석이 결여되었다는 비판, 예컨대 농민을 주체세력이라고 하면서도 농지개혁에 대해서는 아무런 설명이 없다는 비판도 제기되었다. 나아가 농민과 다른 계층의 연합이 어떻게 이루어져야 하는지에 대한 비전이 결여되었다는 비판도 나왔다.

민족의식의 함정

제3장에서 파농은 독립 전후의 정치 주체와 이데올로기를 분석한다. 첫째, 파농은 민족 부르주아를 경제적

으로도 이데올로기적으로도 전혀 평가하지 않는다. 그들은 기껏 중개인, 레저산업과 같은 서구 기업의 관리인에 불과하고 지역적인 경제 격차로부터 이익을 얻으며, 다른 제3세계를 적대시한다. 따라서 국내적으로는 부족주의와 지방분립을 조장하고, 대외적으로는 인종주의와 맹목적인 애국주의의 온상이 된다. 이 같이 민족 부르주아는 민족 통일에도, 아프리카 통일에도 역행현상을 낳을 뿐인 유해 무익한 존재로서 후진국 역사에서 부르주아 단계는 무용의 단계이므로 이는 버려야 한다고 파농은 주장했다.

둘째, 파농은 첫째와 관련하여 단일 정당을 파렴치한 부르주아 독재의 근대적 형태로 비판한다. 먼저 그것은 민족 부르주아와 구식민지 회사 이익의 옹호자라고 하는 계급적 기반으로부터 비판된다. 또한 그 지도자는 과거의 영웅적 투쟁을 이유로 권위를 강화하고 군대와 경찰의 힘을 빌어 독재를 수립하며, 민중을 잠들게 하고 정당을 해체한다는 점에서 비민주주의적이라고 비판된다. 나아가 민족 통일을 위한 사회개혁을 포기한다는 점에서 반개혁적이라고 비판된다.

마지막으로 민족을 표방하면서도 종족, 부족, 혈통의 독재를 조직하고 권력의 부족화를 초래하여 민족을 해체시킨다는 점에서 반민적으로 비판된다. 파농이 비판한 단일 정당체제는 이집트의 낫셀, 튀니지의 부르기바, 세네갈의 셍고르뿐만 아니라 1960년 당시의 FLN에 나타난 독재까지 포함하는 것이었다.

여기서 파농은 민중에 대한 신뢰를 회복해야 한다고 주장한다. 민중에 대한 신뢰 위에서 파농은 참된 정당과 정부의 모습을 제시한다.

첫째, 정당은 반집중적인 것으로 그 간부는 농촌에 살며 일상적으로 농민과 접촉해야 하고, 지역마다 전권을 갖는 지도부를 설치해야 한다. 마찬가지로 정부는 철저히 지방분권적이어야 하고 관리와 기술자는 지방에 가야 한다. 둘째, 정당과 행정기관은 그 권한이 분리되어야 한다. 이는 정당인이 행정가를 겸하여 부패하는 것에 대한 파농의 경고였다. 셋째, 더욱 중요한 것으로 당내 민주주의가 확보되어야 하고 특히 저변의 민중이 중시되어야 한다. 요는 기초가 필요한 것이다. 내용과 생명력을 주는 세포가 있어야 하는 것이다. 민중들은 함께 모여 토론하고 방안을 제시하고 받아들일 수 있어야 한다. 시민은 말할 수 있고 자신의 견해를 표명할 수 있어야 하며, 새로운 의견을 제시할 수 있어야 한다. 바로 직접민주주의, 열린 정당의 요구이다. 여기서 특히 중요한 것은 민중의 정치화, 곧 민족의식의 형성과 민족체험의 공유다. 그러나 동시에 그는 민족주의로부터 정치적·사회적 의식을 갖는 휴머니즘으로 나아가야 한다고 주장한다. 파농은 이미 군대를 전쟁의 학교가 아니라 시민정신을 배우는 학교, 정치학교로 만들 것을 주장했다. 이는 부족을 해체하고 특권적인 계급의식이 생기는 것을 방지한다는 이유에서였다.

파농은 청년의 문화에 대해서도 성찰을 가한다. 그들은 모든 종류의 타락한 힘의 희생물이기 때문이다. 그들에게 직업을 찾아주고 운동장이 아닌 학교나 들로 그들을 보내야 한다. 파농은 자본가적 개념과 다른 운동의 개념을 설명한다.

> 아프리카의 정치인은 운동선수를 양성하기보다 운동도 잘하면서 의식적으로 충분히 성숙한 선수를 양성해야 한다. 운동경기가 국민생활에, 바꿔 말해서 국가건설에 통합되지 않는다면, 또 의식적으로 성숙하지 못한 국가대표 선수를 양성한다면, 스포츠는 금세 상업주의로 인해 타락할 것이다.(222)

또한 여성문제에 대해서도 여성에 대한 남성의 우월성을 신성시하는 모든 봉건적인 전통을 경계해야 하고, 여성은 헌법 조항이 아니라 공장, 학교, 의회 등의 일상생활에서 남성과 동일한 지위를 차지해야 한다고 주장한다. 제3장은 다음과 같은 문장으로 끝난다.

민족 정부가 진정 민족적이 되려면 민중에 의해, 민중을 위해, 그리고 버려진 자들을 위해, 버려진 자들에 의해 통치가 이루어져야 한다. 아무리 뛰어난 지도자라 하더라도 자신을 민중의 의지보다 중시할 수는 없다. 민족 정부는 국제적 평판에 신경 쓰기 이전에 먼저 자국의 모든 시민에게 존엄성을 돌려주고, 그들의 마음을 사고, 그들을 참된 인간으로 만들고, 의식과 주권이 공존하는 인간적인 전망을 제시하여야 한다.(230-231)

국제적 상황에서의 폭력

제1장에 첨부된 「국제적 상황에서의 폭력에 관하여」(119-130)는 제1~3장의 결론이라고 할 수 있다. 파농은 다음과 같은 설명 뒤에 결론으로 세 가지를 주장한다. 결론을 소개하기 전에 그것에 이르게 된 그의 분석부터 들어보자.

유럽에서는 민족 부르주아가 부의 대부분을 집중시킨 순간에 국민적 통일을 달성했다. 그러나 제3세계의 경우는 유럽과 달리 하부구조가 없다. 그것은 후진세계, 빈곤의 세계, 비인간적인 세계다. 의사도 없고 기술자도 없으며 행정가도 없는 세계다. 이러한 세계 위에 누워 유럽의 국가들은 배를 두드리며 풍요를 누린다. 유럽의 풍요는 문자 그대로 명예롭지 못한 것이다. 그러한 풍요는 노예제 위에 기초하여 노예의 피땀으로 살찐 풍요이며, 저개발국가의 지상·지하자원에서 직접 유래한 풍요이기 때문이다. 유럽의 복지와 진보는 니그로나 아랍인, 인도인, 황인종의 피땀과 시체로 이루어졌다.

민족해방의 시기에 식민주의는 자본과 기술자를 철수하고 신생국 주위에 경제적 압력장치를 설치한다. 빛나는 독립의 영광은 독립의 저주로 전환된다. 식민지 권력은 방대한 제재수단을 통해 신생국으로 하여금 후회하도록 만들려 한다. 여기서 신생국 지도자들은 굶주린 민중들에게 내핍생활을 요구하고 자급자족 체제를 세워 기아와 빈곤에 대응하고자 한다. 아니면 과거의 식민국에 종속된다.

이러한 분석 위에 내려진 파농의 결론은 다음과 같다. 첫째, 후진국은 근대화라는 입장을 취하는 한 식민지주의의 경제적 압박을 받아 자급자족 체제-강제노동의 길을 걷거나, 식민주의의 경제적 종속국이 된다는 점에서 생산지상주의 체제는 거부되어야 한다. 둘째, 현대 국제사회의 최대 과제는 부의 재분배가 필요하다는 데 동의하고 그 방안을 찾는 것이다. 셋째, 따라서 동서 투쟁에 빠지지 말고 지하자원, 식민지체제에 의한 경제, 노동조건을 재검토하고, 후진국에 대한 투자와 기술원조가 자본주의 국가에도 이익이 된다는 점을 그들에게 설명해야 하는데, 이를 위해 유럽 대중의 원조가 필요하다.

민족문화

제4장 「민족문화에 관하여」는 '민족문화론'이라는 제목으로 우리나라에 처음으로 소개된 파농의 글이었고, 지금도 민족문화 분야의 고전으로서 우리에게 호소하는 바가 크다. 제4장은 두 부분으로 나누어진다. 전반부는 1959년 로마에서 열린 제2회 '흑인 작가 예술가 회의'에서 발표된 글의 보완으로, 그 보고에서 파농은 식민지 상황에서 민족의 문화적 생명은 그 활력을 잃고 정지되어, 획일적인 형식주의에 빠지거나 식민지 문화에 동화될 뿐이라고 말한다. 이는 앞서 설명한 제1회 회의에서 파농이 '미

이라화'라고 말한 것이었다.(『아프리카 혁명을 향하여』 제2장)

> 지식인이 의지하는 문화는 그저 자기중심주의적인 것에 불과하다. 그는 민중에게 접근하고 싶어 하지만, 민중의 옷자락만 겨우 움켜쥘 따름이다. 게다가 그 옷자락도 감춰진 삶의 반영이며, 끊임없이 움직이고 있다. 민중의 특징인 것처럼 보이는 명명백백한 객관성이란 사실 스스로 늘 쇄신되는 훨씬 더 근본적인—항상 일관적이지 않지만 자주 변형됨에 따라 무기력해지고 이미 내버린— 결과물에 불과하다. 문화인은 이 실체를 찾으려 하기보다 그 낡아빠진 파편들에 매혹된다. 사실 그 파편들도 정태적이기 때문에 부정과 낡은 책략의 상징이지만 문화는 결코 반투명한 관습이 아니며, 일체의 단순화를 거부한다.(253)

파농은 화가에 대해 그들이 민족의 진실을 밝히기로 결심하지만 역설적이게도 과거로, 비현실적으로 기울어지는 경향이 있다고 지적한다. 그가 궁극적으로 담고자 하는 내용은 사실 전통적 사상의 배설물이며 껍질이며 시신으로서 한때 모든 것을 안정시켰던 지식이다. 진정한 예술작품을 창작하려는 식민지 지식인은 민족의 진실이란 당면한 현실임을 깨달아야 한다. 그는 미래에 대한 지식이 창출되어 나오는 용광로를 발견하기까지 전진하지 않으면 안 된다.

나아가 파농은 해방투쟁 과정에서 문학, 가내공업, 노래, 무용 등에 나타나는 새로운 형식, 새로운 움직임은 민족의식의 성숙과 결부된다고 설명한다. 따라서 문화는 민족의 표현이고 문화의 존재조건은 민족해방이자 국가 재흥이라는 것이다. 나아가 파농은 해방투쟁 그 자체가 문화현상이라고 주장한다. 따라서 풍요한 문화 창조를 위해서는 투쟁의 방법, 내용, 가치관, 이데올로기가 중요하다. 이 이데올로기를 파농은 새로운 휴머니즘-전인의 창조라고 부른다.

이상의 2년 전 발표를 보완하는 것으로 쓰인 제4장의 전반부에서 파농은 문화의 모태는 민족이고, 문화투쟁이란 민족투쟁의 일면이며, 문화를 말하기 전에 역사적 사명으로 민족해방투쟁에 참가해야 한다고 촉구한다. 파농은 선주민 지식인이 과거 문명에서 민족문화의 근거를 구함은 당연하고 정당하다고 인정하면서도, 문화를 출발점으로 하여 민족을 증명한다는 것의 한계, 민족현실에서 단절된 민족적 작품을 만든다는 것의 획일적인 불모성을 지적한다. 과거 속에서 민중을 접촉하고자 해도 그곳에는 이미 민중이 없다고 파농은 주장한다. 따라서 자국 민중을 위해 글을 쓰고자 하면 먼저 행동에 참가해야 한다.

여기서 특히 파농이 흑인 아프리카 문화의 통일성이라는 신화를 철저히 배척한 점에 주목하자. 그는 다양한 문화가 있음에도 불구하고 단일 문화를 주장하는 것은 노출광적인 시위이거나 유럽식 민족주의의 반복에 불과하고, 문화와 현실의 단절을 더욱 심화시키는 것이라고 비판한다. 그는 이미 1955년에 인종으로서의 아프리카는 물론 자연집합체로 이해되는 아프리카 민족이라는 개념도 허구라고 비판한 바 있다. "니그로는 지금 죽어가고 있다"는 마지막 문장은 흑인성 개념에 대한 그의 비판이다. 파농의 아프리카 통일이란 과거 통일의 발견이나 아프리카에의 회귀가 아니라, 미래 통일의 창조로서 현재의 군사적·정치적 연대로부터 아프리카로 출발하는 것을 뜻했다.

정신의학

제5장은 정신의학에 대한 고찰이다. 모든 정신장애가 식민지 상황, 식민지 전쟁에서 비롯된다고 보았다는 점에

서 그는 앞의 저술들에서 보여준 것처럼 사회 구조를 중시하는 집단심리학의 태도를 드러낸다. 그러나 『검은 피부, 하얀 가면』에서는 아직도 병의 치유는 개인적 실천-의식의 명석화 노력에 위임되어 정신과 의사의 존재 이유가 있었으나, 정신장애가 전쟁에서 기인한다고 보게 되면 치료 자체가 불가능하므로 정신과 의사는 더는 필요가 없고, 의사는 전쟁을 종결시키기 위해 나서야 한다고 주장한다.

파농은 해방투쟁에서 치료의 가능성을 찾았다. 이는 제5장에 첨부된 「민족해방전선에서 비롯된 북아프리카인의 범죄충동」(331-349)이라는 글에서 살펴볼 수 있다. 이 글은 다음과 같은 문장으로 시작된다.

> 민족의 자유를 위해 싸우는 것만 중요한 일은 아니다. 인간의 온전한 능력을 민중에게 가르치는 일도 그에 못지않게 중요하다. 물론 자기 자신부터 다시 배워 인격을 닦아야 한다. 이런 배움의 과정은 투쟁이 끝나지 않는 한 지속되어야 한다. 먼저 역사, 인간이 다른 인간을 파멸시킨 역사를 배우고, 자신의 민족과 다른 민족의 만남이 가능하도록 만들어야 한다.(331)

그리고 그는 식민지 당국이 알제리 민족의 선천적 결함이라고 주장한 약탈 본능, 공격성, 중용 감각의 결여, 충동성, 거짓말하기 등과 함께 범죄충동성을 증명하고자 한 알지에 학파를 소개하고, 그 교활함과 그 뒤에 숨은 이데올로기를 폭로한다. 이어 파농은 알제리인의 범죄와 그 충동성을 거대한 강제수용소인 식민지 상황으로 설명한다. 여기서 파농이 가장 중시한 점은 이러한 잘못된 관념이 해방투쟁 속에서 해체되었다고 하는 점이다. 오늘날 인간의 진정한 해방을 거역하여 싸우고 있는 제국주의는 여기저기에 부패의 씨앗을 뿌리고 있다. 그것을 우리는 우리의 대지로부터, 우리의 머리로부터 가차 없이 검출하고 없애야 한다.

유럽에 대한 거부

이 책의 결론에서 파농은 전인의 창출을 호소하고, 이를 위해 정체되고 쇠약해진 유럽으로부터 멀어져야 한다고 주장했다. 그 마지막에 나오는 다음 구절은 유럽에 대한 통렬한 비판이다.

인간에 관해 전혀 이야기하지 않으면서 자신들의 거리

에서, 세계 각지에서 보이는 대로 인간을 살육하는 이 유럽을 버려라. 수백 년 동안 유럽은 이른바 정신적 체험이란 명목으로 인간성을 무참하게 짓밟았다. 오늘날 핵분열과 정신적 분열 사이에서 동요하고 있는 유럽을 보라.

그러나 지금까지 유럽은 손을 대는 것마다 성공을 거두었다는 사실도 잊으면 안 된다. 유럽은 열의와 냉소와 폭력으로 세계의 지도자 자리를 떠맡았다. 유럽의 궁전들이 얼마나 멀리까지 그 그림자를 드리우고 있는지 보라! 유럽의 모든 움직임은 공간과 사유의 한계를 깨뜨린다. 유럽은 인간성과 중용을 송두리째 무시했고, 주변의 염려와 동정 또한 송두리째 거부했다.

유럽은 인간을 배려하는 데서는 인색하고 *쩨쩨했으며*, 인간을 죽이고 잡아먹는 데만 열심이었다. 그렇다면 형제들이여, 그 유럽을 떠나는 것보다 더 나은 일을 얼마든지 할 수 있지 않겠는가?

인간에 관해 이야기하지 않으면서도 늘 자기들만이 인간의 행복을 걱정한다고 말한 바로 그 유럽, 오늘날 우리는 정신의 조그만 승리를 위해 인류가 얼마나 큰 희생을 치렀는지 안다. 가자, 동지들이여. 유럽의 장난은 마침내 끝났다. 우리는 뭔가 다른 것을 찾아야 한다. 오늘 우리는 유럽을 모방하지 않는다면, 유럽을 따라잡으려는 욕구에 사로잡히지 않는다면 무슨 일이든 할 수 있다. (중략) 인간의 조건, 인류를 위한 계획, 인간성을 증대하기 위해 서로 협력하는 일은 진정한 창의력을 필요로 하는 새로운 문제다.(353-354)

그러면서도 그는 마지막으로 "동지들이여. 유럽을 위해, 우리 자신을 위해, 인류를 위해 우리는 새로운 각오를 다지고, 새로운 발상을 만들고, 새로운 인간을 정립해야 한다"(358)고 주장한다. 이는 그야말로 그의 유언이었다.

비판과 반론

이 책에 대한 비판은 여러 각도에서 나타났다. 농민을 주체로 본 점에 대한 비판은 앞에서 이미 설명했다. 더욱 전반적으로는 식민지 현실 이상으로 파농의 논리 자체가 선악이원론에 젖어 있다든가, 유럽을 일괄하여 단죄하는 논리는 거꾸로 된 인종주의가 아닌가 하는 비판 등이다.

이러한 비판이 주로 유럽의 민주주의적 좌익으로부터 나온 것으로 쉽게 무시될 수 있다는 점에 대해, 사회주의자들은 나라에 따라 조건을 달리하는 제3세계의 연대라는 것이 유토피아에 불과하고, 도리어 사회주의 국가와의 연대를 중시해야 한다는 비판, 폭력이라든가 자연발생적이라고 하는 정치개념을 경제과정 전체로부터 분리하여 생각하고 있다는 비판 등은 주목할 필요가 있다.

그러나 파농이 경제를 무시하지 않았다고 하는 반론은 이미 1970년대에 자하르에 의해 강조된 바 있다. 자하르에 의하면 파농은 이미 1955년 『아프리카 혁명을 향하여』에서 "우리는 인종적 역사란 상부구조에 불과하며, 경제적 현실을 호도하는 음험한 이데올로기의 발로에 불과한 것이라는 증거를 여기 가지고 있다"(자하르 74-75, 재인용)고 말했다.

7장

카뮈와 파농의 비전
_새로운 인간

카뮈의 비전

카뮈를 추도하다

카뮈 장례의 추도문 중 가장 감동적인 것은 사르트르의 그것이었다. "불화, 그것은 더는 볼 수 없는 것에 비하면, 함께 살아가는 한 방법에 불과할 뿐 아무것도 아니다." 그는 카뮈가 알제리 문제에 대해 '너무 신중했다'고 하고 카뮈 작품들은 "프랑스 문학사에서 가장 독창적인 것일, 모럴리스트의 오랜 전통을 이어받은 오늘날의 후계자를 대표하고 있다"고 평가했다.

순수하고 엄격하고 심지어는 관능적이기까지 한 그의 고집스런 휴머니즘은 이 시대의 거대하고도 보기 흉한 여러 사건과 의심스러운 싸움을 벌이곤 했다. 그러나 역으로 그는 고집스런 거부를 통해 우리 시대의 한가운데

서 마키아벨리즘, 리얼리즘이라는 황금송아지에 대항해, 도덕적 사건의 존재를 다시 확인시켜 주었다.(토드 1267, 재인용)

토드가 말했듯이, 사르트르는 카뮈가 알제리 문제에 대해 취한 태도를 비판했다. 이 문제에 대해 사르트르 편인 나도 그렇다. 카뮈와 사르트르는 처음에 친구로 만났으나 곧 서로 등을 돌렸다. 그들은 서로의 철학에 대해서 인정하지 않았다. 서로의 문학에 대해서 사르트르는 카뮈를 인정했지만, 카뮈는 사르트르를 인정하지 않았다.

토드는 정치적으로 카뮈가 사르트르보다 더 '진정성을 소유'했고, 인간적으로도 더 투명하거나 정직했다고 말한다.(토드 1269) 카뮈 전기의 작가로서 충분히 할 수 있는 이야기겠으나, 나는 반드시 그렇게 볼 수는 없다고 생각한다. 토드는 카뮈 작품에 아랍인이 등장하지 않는 것을 비난하는 것에 대해 카뮈가 그들을 잘 몰랐기 때문이라고 변호한다.(토드 1281-1282) 그러나 과연 카뮈가 잘 몰랐을까? 알제리에서 태어났고 자랐으며 평생을 알제리에 관심을 둔 카뮈 이상으로 알제리를 잘 알 수 있었던 사람이 누구일까?

알제리 문제에 대한 카뮈의 대도에 대해서 토드는 오늘날 나딘 고디머*를 비롯한 모든 사람이 남아프리카에서 바란 것을 원했다고 말한다.(토드 1284) 만약 알제리가 남아프리카처럼 독립이 지연됐다면 그랬을지도 모른다. 그러나 알제리는 달랐다. 적어도 알제리 대부분의 주민은 카뮈를 따르지 않았다.

그러나 나는 토드가 카뮈를 오웰과 함께 '좌파의 이단이라는 불명예도 받아들인 자유로운 정신의 소유자'라는 평가에 찬동한다. "이들은 좌파든 우파든 중앙집중적인 경찰국가 세계의 잔혹성과 아울러 역사를 해석하는 공산주의자들의 방식을 비난했는데, 이것은 당시의 전체 분위기와는 조금 다른 태도였다."(토드 1279)

카뮈나 오웰은 가난하고 억압받고 모욕받는 사람들의 타고난 정직에 기대를 걸었고, 반면 권력과 명성에 대한 근시안적이고 맹목적인 탐욕을 갖는 전체주의적인 지식인들이 너무 많다고 보았으며, 애국심과 민족주의를 구분했고, 마르크스도 성경도 신봉하지 않았다.

카뮈의 정신은 프랑스에서 클로드 르포르*, 코르넬리우스 카스토리아디스*, 에드가 모랭, 장-프랑수아 르벨* 등과 같이 지금까지도 전체주의의 물결에 흔들리지 않은

루르마랭에 있는 알베르 카뮈의 묘비

지식인들을 대표한다. 또한 푸코나 데리다*를 비롯한 포스트모더니즘에도 카뮈의 영향은 남아 있다.

나는 카뮈를 프리랜스 지식인이라고 본다. 푸코는 지식인을 '특별한 지식인'과 '유기적 지식인'으로 나누었다. 유기적 지식인이란 어떤 집단이나 정당에 속하는 전문가를 말하나, 특별한 지식인은 그런 소속을 거부한다. 카뮈는 그런 지식인을 스스로 프리랜스 지식인으로 불렀다. 프리랜스 지식인이란 대학의 학위나 지위와 무관하게 전쟁이나 평화, 자유와 정의와 같은 공적 과제에 관여한다.

동시에 나는 인간 카뮈를 좋아한다. 그는 문학은 물론 다른 예술에 대한 관심이 많았다. 들라크루아나 반 고흐를 비롯한 화가들 이야기가 그의 글에 자주 등장하고, 『반항인』에서는 형이상학적 반항의 전형으로 설명됨을 우리는 이미 앞에서 보았다. 한편 카뮈의 음악 취향은 소박했다. 모차르트의 〈돈주앙〉과 5중주, 베토벤의 4중주, 말러의 〈대지의 노래〉를 좋아했다. 그러나 오페라는 잘 보지 않았다. 특히 바그너 오페라를 '노예들의 음악'이라고 했다.(『작가수첩 2』 383) 영화는 음악보다 더 좋아했다. 특히 펠리니*, 오퓔스*, 웰스*, 베리만*의 영화를 즐겨 보았다. 배우 중에서는 흔히 그와 비교된 험프리 보가트를 좋아했다.

술은 거의 마시지 않았지만 담배는 많이 피웠다. 결핵으로 끝없이 고생을 하면서도 말이다. 당연히 끝없이 끊고 다시 피우는 악순환이었다. 그야말로 여자와 담배 앞에서 카뮈는 약했다. 식사는 매우 간단했다.

카뮈와 아나키즘

카뮈는 가난한 농민과 하녀의 아들로 태어나 여러 종

류의 노동을 경험하다가 기자와 교사를 거쳐 소설가로 1957년 노벨문학상을 받았다. 카뮈는 종교와 정치와 자본으로 타락한 인간을 구하고 다양성을 인정하자고 주장한 사상가였다. 그가 세상을 부조리한 것으로 본 것은 주지의 사실이다. 그는 이 문제를 극복할 방편이라고 흔히들 생각하는 종교는 물론 자살까지 무의미하다고 주장했다. 종교에 대한 경멸은 『페스트』를 비롯한 그의 모든 작품에 등장한다.

그는 삶은 오직 하나, 바로 거리낌 없이 사랑할 권리라고 하면서 그 사랑은 단 하나, 곧 "상대의 몸을 껴안는다는 것은 동시에 하늘에서 바다로 내려오는 저 기이한 기쁨을 자신의 가슴에 껴안는 것을 뜻한다"고 노래했다. 따라서 그의 경우 종교들이 가르친 성혐오는 철저히 극복되고 있다. 성에 대한 찬양을 지중해의 바다에 비유했듯이 그는 자유 역시 바다에 비유하면서 아나키스트 프루동*을 인용했다. "프루동이 그토록 멋있게 바다의 딸이라고 규정했던 그 자유"를 그는 평생 갈구했다.

그래서 그는 모든 권위에 반대했고, 정부와 같은 기계적 조직을 경멸하여 어떤 형태의 정치세력도 불신했다. 추상적인 관료조직을 경멸했으며, 정통파 공산주의에 의해 계층화된 중앙집권적인 노동자 조직보다 자치적인 상디칼리즘에 호의적이었다.

그는 젊은 시절, 그가 주재한 노동자 극장처럼 자유롭게 구성된 집단으로서, 자신의 관심을 자발적으로 표현하고, 서로의 평등한 노력으로 각자 도야에 힘쓰는 집단에 의해 그 행동을 표출하는 것을 사랑했다. 30세에 만든 신문 〈콩바〉는 비전문가들에 의한 것으로서, 기자가 아닌 사르트르가 르뽀 기사를 썼고, 연극을 전혀 모르는 르마르샹이 연극평을 썼으며, 카뮈가 편집을 했다.

따라서 그는 종교나 사상에 의한 정치권력의 정당화에도 당연히 반대했다. 20세기 후반기를 산 문인 가운데 그는 거의 유일하게 평생을 두고 스페인의 프랑코 정권에 반대한 사람이었다. 그는 "스페인 사람들의 장식 없는 방이 좋다"고 스페인문화를 극찬하면서도 그 독재정권에는 철저히 반대했다. 심지어 1952년 유네스코가 프랑코 정권의 스페인을 받아들이자 스스로 유네스코를 탈퇴했다.

그러나 그는 좋은 정부와 나쁜 정부를 구별한 것이 아니라 아나키스트로서 정부 그 자체를 부정했다. "좌익 혹은 우익의 정복자가 구하는 것은 무엇보다도 서로 대립되는 요소들의 조화, 곧 통일성이 아니라 차이를 짓밟는 전체주의이다."

또한 그는 대국화 내지 제국주의화에 대해서도 철저히 반대했다. 나치의 '새로운 유럽'이나 EC가 무엇이 다른지를 그는 물었다. 그는 특히 미국을 경멸했다. 헤밍웨이식 행태주의도 그는 멸시했다. 그는 미국의 히로시마 원폭을 기계문명이 그 야만성의 최종단계에 이르렀음을 보여준 것이라고 비난했다. 그는 "독이 스며든 가슴을 치유해야 한다. 굶주린 증오를 정의에 대한 욕구로 변형시켜줄 드높은 노력을 통해서. 문제는 정치적 사고방식 자체의 개조이다. 그것은 곧 우리가 지성을 고이 간직해야 한다는 것을 뜻한다. 지성 없이는 자유도 없다"고 말했다.

카뮈는 1947년의 『페스트』에서 말했다. "당신은 하나의 관념을 위해서 죽을 수 있습니다. 눈에 빤히 보입니다. 그런데 나는 어떤 관념 때문에 죽는 사람들에 대해선 신물이 납니다. 나는 영웅주의를 믿지 않습니다. …내가 흥미를 느끼는 것은, 사랑하는 것을 위해서 살고 사랑하는 것을 위해서 죽는 일입니다."(175) "인간의 구원이란 나에게는 너무 거창한 말입니다. …내게 관심이 있는 것은 인간의 건강입니다."(228)

그다음 해의 『계엄령』에서도 그는 권력의 기능과 조

직 및 통제에 항거하는 관능적이고 사랑에 빠진 주인공으로 하여금 판사를 적대시하게 만든다. 이어 아나키스트 테러리스트를 다룬 『정의의 사람들』에서 아나키스트 주인공을 정의의 사람으로 찬양한다. 죽여야만 하는 입장을 받아들이되, 그것을 오직 그 대가로 자신도 죽는다고 하는 조건으로만 받아들이기 때문이다. 이 같은 반항의 책임성, 죽음의 정의롭고 공정한 균형을 통한 순수에의 회귀를 그는 찬양했다.

카뮈는 말한다. "목적은 수단을 정당화해주는가? 그럴 수도 있을 것이다. 그러나 목적은 무엇이 정당화하는가? 역사적 사상이 미결로 남겨 놓은 이 질문에 반항은 대답해야 한다. 그것은 수단이 정당화해준다고." 이에 대해 니체는 말했다. "목적이 위대하면 인류는 전혀 다른 척도를 사용하게 되어, 비록 가장 끔찍스러운 수단을 사용한다고 하여도 범죄를 범죄로 판단하지 않는다"고. 따라서 카뮈는 니체가 파시즘에 책임이 있다고 비판했다. "독일은 나치즘을 자살로밖에 인도할 수 없었던 시골뜨기 정치사상을 가지고 제국주의 투쟁에 뛰어들었기 때문에 멸망했다."

카뮈는 『반항인』에서 죽음과 악과 고뇌로 충만한 인간의 조건에 대한 형이상학적 반항으로부터 반항을 설명했다. 그것이 정치적 영역으로 나타난 것은 1789년의 국왕 처형으로서 이어 헤겔을 거쳐 마르크스에 이르러 마르크스주의의 이름으로 인류에게 희생을 요구했으나 그것은 실패했다. 카뮈는 러시아혁명을 프롤레타리아의 사명을 부정하고 마르크스주의적 국가권력을 독재로 현실화한 것으로 보았다. 국가가 소멸하기는커녕 공포의 억압기관이 됐고 조직적 살인기관으로 타락했다. 공산주의는 파시즘과 함께 인간을 노예 상태에 빠뜨렸다.

지금 우리에게 카뮈는?

20세기는 무엇인가? 누구는 과학과 기술의 발전, 여러 나라 경제의 확대 등에 의한 엄청난 진보의 역사로 볼 것이다. 우리는 그들을 모더니스트라고 부를 수 있다. 반면 반모더니스트는 그러한 발전에 의한 엄청난 문화와 자연환경 파괴의 역사로 볼 것이다. 전자는 낙관주의에, 후자는 비관주의에 입각한다. 즉 보기 나름이라는 것이다. 그러나 우리는 그 어느 쪽에도 찬성하기 어렵다. 왜냐하면 어느 쪽이나 일면적이기 때문이다.

20세기는 그 이전의 진보, 계몽, 인간해방이라고 하는 고상한 정신에서 비롯됐다. 그러나 지난 백 년간 그것은 상실되었다. 우리가 카뮈를 비롯한 20세기 문학자나 사상가를 읽는 이유는 그들이 그러한 상실의 증언자이기 때문이다. 동시에 우리가 살아갈 21세기에 그러한 상실을 되풀이하지 않고 인간의 존엄성을 지키기 위한 새로운 사회를 건설하기 위해서이다.

20세기 말, 카뮈가 이미 20세기 중반에 거부한 공산주의는 끝났다. 그래서 후쿠야마를 비롯한 많은 자유주의자가 이성의 승리와 역사의 종언을 주장하고 다시 서양의 세기가 도래함을 예언했다. 그러나 그들은 아직 자신들이 구가하는 자유주의를 위한 새로운 이론을 구축하지는 못하고 있다.

18세기의 계몽주의에서 비롯된 19~20세기의 자유주의와 사회주의에 대한 회의는 카뮈에 의해서만이 아니라 20세기의 위대한 학자들 대다수에 의해 이미 제기됐다. 예컨대 우리는 미국의 사회학자 라이트 밀즈의 『사회학적 상상력』을 기억한다. 계몽주의에 대한 과학적 회의도 토마스 쿤을 비롯한 과학자들에 의해 제기됐고, 철학적 회의는 리차드 로티 등에 의해 제기됐다. 푸코나 데리다와 같은 학자들에 의한 회의는 더욱 극단적으로 나아갔다. 포스트모더니즘이란 바로 그런 회의의 극단을 보여준다.

그러나 회의주의만 있는 것은 아니다. 그런 회의주의는 거대 이론에 대한 거부를 수반한다. 그러나 최근에 죽은 존 롤즈의 『정의론』이나 로버트 노직의 『아나키, 국가, 유토피아』는 개인에 대한 거대한 철학적 개념으로부터 정의의 이론을 도출하려는 시도였다. 또한 주디스 슈클라는 17세기 몽테뉴나 18세기 몽테스큐를 옹호한 새로운 자유주의로 돌아갔다. 로티 역시 포스트모던 부르주아 자유주의를 옹호한다.

이러한 지적 상황에서 카뮈가 중요한 이유는 그가 아무런 위안 없는 정치이론을 우리에게 제공한다는 점이다. 즉 근대 이데올로기가 전형적으로 옹호하고자 한 어떤 보장이 없는 정치이론을 보여준다는 점이다. 이런 정치이론을 보다 명확하게 보여주는 것은 한나 아렌트이나, 어쩌면 카뮈는 그녀의 선구자였다. 카뮈나 아렌트는 포스트모더니스트와 마찬가지로 과학과 이성이 인간을 강화시켜주는 아무 문제 없는 도구라고 본 계몽주의의 믿음을 비판하고, 그것으로부터 비롯된 자유주의나 사회주의에 대해서도 비판했다. 그러나 그들은 동시에 보편적인 인간 조건에 대한 믿음을 포기하지 않고 인권의 정치를 주장했다. 그리고 정치 활동과 조직의 보다 자율적이고 아나키적인 형태를 이상형으로 주장했다. 그들이 식민지 해방에 대해서는 소극적인 태도를 보였으나, 그것만으로 그들의 가치를 부정할 수는 없다.

파농의 비전

파농을 추도하다

파농의 장례식에서 많은 사람이 조사를 읽었다. 마지막 조사는 "인간의 모든 권리가 존중될 민주적이고 사회주의적인 독립국 알제리를 건설하겠다는 약속"으로 끝났다.(셰르키 407, 재인용) 그러나 그 뒤 지금까지 알제리는 그 약속을 지키지 않았다. 추도 기사 중에서는 파농을 교조주의자가 되지 않으려고 했던 사람이라는 평가가 가장 눈에 띄었다. 또 세제르가 "우리가 눈을 가리고 현실을 보지 않으려고 할 때, 우리가 양심의 소리에 귀 기울이지 않고 잠들려 할 때, 그러지 못하도록 우리의 눈과 귀를 열어준 사람"이라고 한 것이 파농에 대한 평가로는 가장 적확했다.(셰르키 410, 재인용)

파농이 죽은 후 그에 대한 추모의 열기는 식어갔다.

프란츠 파농의 묘비

그러다가 1960년에 미국에서 흑인 무장운동을 시작한 말콤 엑스를 비롯한 흑인들에게 파농의 책은 성서처럼 읽혔다. 그들은 미국에서 자신들이 파농이 말한 식민 상황에 있음을 자각하고 무장투쟁의 정당성을 확보했다. 또한 파농이 말한 대로 흑인의 의식을 일깨우는 정당의 필요성, 흑인 부르주아에 대한 경계와 문화적 민족주의에 대한 경계를 주장했다.

  파농은 1960년대 말 유럽이나 일본에서도 중요하게 인식되었으나 그 후 유럽과 일본의 우경화와 함께 파농에 대한 관심은 급속하게 사라졌다. 한국에서는 그보다 10여 년이 늦은 1970년대 말에 파농의 책들이 소개되었으나 역시 오래가지 못했다. 반면 아랍세계에서 파농은 냉대를 받았다. 그러나 세르키는 20세기 말에 일본 사회에서 파농을 다시 읽는 노력의 의미를 다음과 같이 설명하는데, 이는 한국에서도 무의미하다고 할 수 없다.

> 그것은 '두뇌'와 '근육'이 분리되지 않은 인간, 관료제나 타성에 의해 강요된 생산성의 원리에 따라서가 아니라 자기 몸의 리듬에 따라서 일할 권리가 있는 인간을 실현하려는 노력이다.(세르키 489)

파농의 아나키즘

파농은 아나키즘에 대해 언급한 적이 없다. 반면 그는 흔히 마르크스주의자로 불리지만 마르크스의 저술을 읽지 않았고 마르크스주의에 대해 비판적인 언급도 자주 했다. 파농은 카뮈에 대해 언급한 적도 없다. 식민지 알제리 문제에 관한 한 대립각을 세웠기 때문이다. 그러나 두 사람의 사상에는 유사한 측면이 적지 않다.

가령 파농은 유학시절, 프랑스의 인종차별에 직면했다. 인종이라는 유일한 표지에 의해 판단되는 부조리에 큰 충격을 받았다. 이때 파농은 자신과 카뮈에게 영향을 준 니체의 프로메테우스적 권고를 반영하여 행동하는 삶을 살아감으로써 이러한 부조리에 대한 개인의 형이상학적 반란이 중요하다는 것을 강조했다. 또한 세제르의 '상승의 정신'은 파농의 사상에서 매우 큰 역할을 한다. 파농은 세제르의 후향적인 무관심 철학에 대해 비판적이지만, 현재 상태에서 벗어날 수 있는 개인의 능력에 대해 낙관적이었다. 카뮈처럼 파농은 절망에 굴복하지 않고 인간의 상태를 개선하기 위해 싸운다. 따라서 『검은 피부, 하얀 가면』은 군대와 리옹에서의 파농 경험의 요약이다. 그는 자신이 포용하고 싶은 문화에서 소외되었다. 그는 의료 훈련을 마치자마자 인종 구분이 덜 심각하고 영구적인 낯선 사람으로 간주되지 않는 마르티니크로 돌아가기로 결정했으나 그곳에는 잠시 머물고 다시 프랑스로 돌아갔다.

카뮈와 파농의 비교에서 눈에 띄는 것은 카뮈의 도덕성 발달이 파농의 도덕성 발달을 예상케 해주는 방식이다. 점령 기간 동안의 카뮈는 독일의 위협과 그것이 상징하는 모든 것을 정복하려는 한결같은 결의를 보여준다. 이 같은 결의는 파농이 FLN 기관지에 쓴 글들의 특징이기도 한데, 여기서 그는 프랑스에 알제리 점령을 종식하라고 요구했다. 삶의 비슷한 단계에서 카뮈와 파농은 이전의 논쟁에서 물러나 혁명적 행동의 강점과 약점을 재평가한 것이다. 『반항인』에서 카뮈는 결정적인 혁명의 이상을 버리고 개인 반란에 대한 초기 지중해 철학으로 후퇴하며 알제리 분쟁을 통해 그를 안내할 원칙을 분명히 했다. 파농도 『대지의 저주받은 사람들』의 '민족의식의 함정'에 대한 장에서 혁명적 행동의 수행과 스스로를 배신하는 혁명의 경향에 대해 비슷한 경고를 하였다.

그러나 두 사람은 알제리 독립에 대한 방법론에서 갈린다. 파농은 알제리에서 프랑스인의 추방을 옹호했지만, 카뮈는 민간인 휴전을 위한 운동을 조직하려고 시도했다. 뒤에 카뮈는 『알제리 연대기』 서문에서 프랑스측의 고문과 FLN의 테러를 모두 비난하며 비폭력주의자인 "간디는 한순간도 세계의 존경을 잃지 않고 자신의 인민을 위해 싸우고 승리하는 것이 가능하다는 것을 증명했다"고 언급했다. 그러나 간디도 영국을 향해 인도를 떠나라고 외쳤다.

지금 우리에게 파농은?

파농을 비롯하여 카브랄, 은크루마, 니에레레와 같은 아프리카 사상가들은 근대화를 본질적으로 윤리적 문제로 보고 사회의 윤리적 질서화와 관련되는 것으로 고찰했다. 이는 정치와 철학의 관련을 회복하고자 하는 것으로, 서양에서도 본래는 그랬던 것이 20세기에 와서 철학이 정치와 단절된 것과 대조적이다. 20세기 서양, 특히 미국의 근대화론은 행태주의에 빠져 철학과 단절되었다. 물론 근대화론에도 윤리적 문제는 언급되나, 그것은 어디까지나 개인적 의견이나 주관적 취향으로 다루어질 뿐이고 사회과학적 조사연구의 대상은 아니다. 그런 경향은 특히 소위 이데올로기의 종언을 주장하는 입장에서 비교적 뚜렷하게 나타난다.

이에 반해 아프리카 사상가들은 아프리카가 식민지주의와 제국주의의 창조물인 영속적인 저개발을 조장하는 사회문화적이고 경제적인 국제체제로부터 탈출하지 않으면 근대화는 있을 수 없다고 보았다. 파농은 이를 『대지의 저주받은 사람들』 결론에서 명백히 선언한 바 있다. "그러므로 동지들이여, 유럽에 경의를 표하지 말자. 유럽에서 영향을 받은 국가, 제도, 사회는 창설하지 말자." "우리 민중의 기대에 맞추고 싶다면, 우리는 유럽 이외의 다른 곳에서 대답을 찾아야 한다."(357)

파농은 근대화 과정의 심리적 중요성을 강조하여, 문화의 르네상스는 의식의 변혁을 상징하고 자아의 해방과 그 사회해방의 전환점을 상징한다고 보았다. 따라서 아프리카의 저개발이 극복될 수 있다면 아프리카는 식민주의와 제국주의의 창조물로서 영속적인 저개발을 조장하는 사회·문화적, 정치·경제적 국제체제로부터 탈출해야 한다고 주장했다.

그러한 주장이 1970년대 종속이론을 비롯한 제3세계 사상에 영향을 미친 것은 분명하고 그 뒤에 전개된 범세계적인 신자유주의의 흐름 속에서 잊힌 것도 사실이다. 『파농-비판적 읽기』의 편집자를 믿는다면 파농 연구의 '5단계'가 지금 진행 중이다.[1] 첫 번째 단계는 1960년대의 혁명적 사상에서 파농의 생각을 차용한 것이다. 이 사상에서는 『대지의 저주받은 사람들』이 라틴 아메리카 마르크스주의자와 미국의 블랙 팬더와 같은 다양한 그룹을 위한 지

---

[1] Lewis Gordon, T. Denean Sharpley-Whiting, and Renee White, *Fanon: A Critical Reader* (New York: Blackwell, 1996), pp.5-7, 14.

침서로 활용되었다. 블랙 팬더당의 스토클리 카마이클*
은 심지어 파농을 그의 '수호성인'으로 여겼다. 두 번째 단
계는 파농에 대한 전기 연구이고, 세 번째 단계는 아렌트
와 자하르 같은 작가들이 파농의 정치 이론을 연구한 것
과 파농을 그가 지지하지 않은 마르크스주의 이론가로 만
들기 위한 노력이다. 네 번째 단계는 에드워드 사이드와 호
미 K. 바바의 파농 작품에 대한 문학적 연구로, 그들은 파
농의 사상을 '정치적 올바름'에 대한 현대적 관습에 종속
시키면서 『검은 피부, 하얀 가면』에서 정체성 위기를 끌어
왔다.(147) 그리고 다섯 번째 단계는 파농을 인문학과 사회
과학의 상태를 비판하는 데 사용한 것이다. 파농은 탈식
민지 문학의 창조에 대한 귀중한 통찰력을 제공할 수 있
지만, 그를 헤겔적 변증법이나 라캉 식으로 정신분석학의
전문가로 만들려는 학자들의 시도는 탈식민화, 민족주의,
이러한 이상에 대한 임박한 배신에 대한 경고를 왜곡시킨
다.(149) 이런 지적 풍토에서 카뮈와 파농의 반지성적 역사
를 어떻게 쓸 것인가?

맺음말

카뮈는 1913년생이고 파농은 1925년생이다. 띠동갑인 형제처럼 보인다. 특히 두 사람은 알제리라는 나라와 깊이 관련되어 정말 '알제리 형제' 같다. 둘 다 알제리를 너무나 사랑했다. 카뮈는 알제리에서 태어나 20대 말까지 살았고 그 뒤 프랑스에서 활동했지만 어머니를 비롯하여 친지와 친구들이 있는 알제리를 항상 생각하고 자주 찾았다. 파농은 알제리와 멀리 떨어진 마르티니크 출신이지만 28세인 1953년에 알제리로 와서 1961년에 죽기까지 8년간 주로 그곳에서 의사이자 작가로 알제리 독립을 위해 활동했다. 반면 카뮈는 알제리 독립에 반대했기에, 파농이 알제리에 갈 때부터 '형제'는 반목했다.

파농은 1961년 죽기 직전에야 유명해졌지만 1960년에 죽은 카뮈는 이미 1940년대부터 유명했다. 그러나 두 사람은 서로에 대해 언급한 적이 없다. 서로의 책을 읽었다는 흔적도 없다. 당시 프랑스에서 두 사람만큼 알제리를 사랑한 사람들이 없었는데도 서로 몰랐거나, 알았어도 무시했을 것이다. 왜 그랬을까?

　카뮈는 누구나 알듯이 『이방인』과 『페스트』 등의 작가로 유명하고 1957년에는 44세의 나이로 노벨문학상을 받았다. 그러나 그가 죽을 때까지 알제리에 살았더라면 노벨문학상을 받았을지 의문이다. 특히 알제리 독립에 찬성했더라면 절대로 받지 못했을지 모른다. 『페스트』는 알제리에서 두 번째로 큰 도시인 오랑에 퍼진 페스트를 극복하는 사람들의 이야기로 코로나19와 함께 최근 다시 유명해졌지만, 등장인물들이 프랑스인뿐이어서 백인만 페스트에 걸려 죽어갔는지 의문이 생긴다. 오랑 주민 중에 선주민인 베르베르족이 식민지 이주민인 프랑스인들보다 많았고, 그들 대부분이 백인들보다 가난했을 터이니 페스트에 더 많이 걸리고 따라서 그 치료에 더 신경을 썼을 것임에도 『페스트』에는 선주민은 전혀 등장하지 않고 선주민에 대한 이야기도 전혀 없다. 그들은 아무 말도 못 하고 그냥 죽어간 것일까? 마치 지금 아프리카인들이 우리에게 그렇게 비치는 것처럼. 『페스트』의 선주민은 『이방인』에서 태양 때문에 부조리하게 살해당하는 이름 없는 아랍인으로 나온다. 그래서 카뮈는 '부조리'의 작가로 불린다. 『이방인』

은 '문학사상'이 2004년에 145명의 작가 등을 대상으로 한 조사에서 세계 최고의 명작으로 뽑혔다고 하지만, 나는 그것을 세계 최고라고 생각하지 않는다.

파농은 알제리와 무관하게 살다가 36세에 죽기 전 8년 정도 산 것에 불과했지만 '위키백과' 등에서는 알제리의 의사이자 작가라고 한다. 그가 알제리에 간 이듬해인 1954년에 알제리전쟁이 터져 그가 죽고 1년 뒤인 1962년에 알제리전쟁이 끝날 때까지 알제리 독립을 위해 싸운 것, 특히 독립의 정당성을 이론적으로 주장한 것으로 유명하기 때문일 것이다. 식민지 독립이 정당하지 않다고 할 사람은 많지 않겠지만, 식민지가 인간성을 파괴한다는 이유로 없어져야 한다고 주장한 사람은 파농이 처음일지 모른다. 그는 알제리만이 아니라 모든 식민지의 독립, 나아가 식민지만이 아니라 배제나 차별을 당한 모든 사람이 함께 만들어가야 할 새로운 사회와 인간상을 추구했다.

카뮈도 그런 사회와 인간상을 추구했지만 알제리 독립에는 반대했다. 그러니 알제리 사람들이 카뮈를 좋아할 리 없다. 그곳 출신으로 유일한 노벨상 수상자임에도 그렇다. 반면 프랑스 사람들에게 카뮈는 최고의 소설가이다. 알제리 독립에 반대한 탓만은 아니겠지만, 그 점도 하나의 이유가 될 수 있다. 알제리는 식민지에서 독립한 나라들이 대부분 그렇듯이 독립 후에 많은 문제가 있었는데, 그 점을 이유로 들어 독립에 반대한 카뮈가 옳았다고 주장하는 사람들이 프랑스에는 물론이고 한국에도 많다. 그런 한국인들이 일본에서 한국이 독립한 것에 대해서는 어떻게 말하는지 알 수 없다. 드러내놓고 말할 수는 없어도 속으로는 반대할지 모른다. 찬성한다고 해도 일본이 아니라 프랑스가 우리를 식민지로 삼았으면 좋았을 것이라고 생각할지도 모른다.

이처럼 한국에는 카뮈나 프랑스를 좋아하는 사람들이 많지만, 그들이 파농에 대해 말하는 경우를 보기는 힘들다. 반면 파농을 좋아하는 사람들은 그리 많지 않지만, 그들 역시 카뮈와 관련해서는 말하지 않는다. 일반인은 물론이고 소위 전문가라는 사람들도 마찬가지다. 나에게는 이 점이 이상하다. 두 사람은 거의 같은 시대를 살았고, 특히 알제리와 관련이 깊었다. 카뮈는 알제리만 생각한 것은 아니지만, 파농은 적어도 죽기 전 7년은 알제리만 생각했다. 그래서 알제리의 독립선언일인 3월 19일은 '카뮈의 날'이 아니라 당연히 '파농의 날'이다.

한국인에게는 알제리는 너무 먼 나라이지만 프랑스

는 문화와 예술과 인권 등의 나라로 대단히 친숙하다. 그러나 1830년부터 130년간 프랑스의 식민지 지배를 받은 알제리 사람들은 우리가 일본을 미워하는 것 이상으로 프랑스를 미워한다. 일본과 달리 프랑스는 알제리 사람들에게 문화와 예술과 인권 등의 나라답게 잘 대해주었으리라고 생각할 분들이 있을지 모르지만 천만의 말씀이다. 일본 이상으로 잔혹하게 지배했고, 일본은 그 수법을 배워 우리를 지배했다. 프랑스를 좋아하는 것이야 개인의 취향이지만 프랑스가 일본 이상으로 악독한 식민 지배국이라는 역사적 사실을 부정할 수는 없다. 한국의 독립을 반대하지 않는 한 알제리의 독립에 반대해서도 안 된다. 일본을 좋아하는 것도 개인적 취향이지만, 한국인으로서 일본의 식민지 지배를 찬양해서는 안 되는 것과 같다. 독립에 반대하는 것은 취향이 아니라 악이다. 이는 일본이나 프랑스만의 문제가 아니라 영국이나 미국이나 독일 등 서양의 모든 식민지 지배국에 해당하는 진리이다.

프랑스 사람들이 파농을 싫어하는 탓인지 프랑스에서는 파농에 대한 연구가 별로 없고, 한국의 프랑스문학계에서도 비슷한 현상이 나타난다. 반면 파농은 영문학계(정확하게는 미국문학 연구자)에서 다루어진다. 이는 파농이

1960년대 이후 미국의 흑인들에게 환영을 받았고, 그 뒤 포스트콜로니얼리즘 연구의 일부로 파농이 다루어진 탓이다. 역시 한국에서도 유사한 현상이 있다. 반면 카뮈는 프랑스문학계에서 다루어진다. 이것도 한국의 포스트콜로니얼한 현상일까?

알베르 카뮈 연보

- 1913년 11월 7일 알제리 몽도비에서 출생
- 1914년(1세) 제1차대전에서 아버지 사망 후 어머니와 함께 알제로 이사
- 1918년(5세) 초등학교 입학
- 1923년(10세) 중등학교 입학
- 1928년 (17세) 알제대학교 철학과 입학
- 1933년(20세) 첫 결혼, 반파시즘 운동 참가
- 1934년(21세) 두 번째 결혼. 공산당 가입
- 1936년(23세) 대학교 졸업. '노동극단' 창단
- 1937년(24세) 『안과 밖』 출간. 공산당에서 제명
- 1938년(25세) 〈알제 레퓌블리캥〉 기자로 취직. 『결혼』 출간
- 1940년(27세) 〈파리 수아르〉 기자로 취직. 세 번째 결혼
- 1942년(29세) 『이방인』 출간
- 1944년(31세) 사르트르와 만남. 『오해』 상연. 〈콩바〉 편집장으로 취직
- 1945년(32세) 『칼리굴라』 상연
- 1946년(33세) 미국 여행
- 1947년(34세) 〈콩바〉 사직. 『페스트』 발간

- 1948년(35세) 『계엄령』 상연
- 1949년(36세) 『정의의 사람들』 상연
- 1950년(37세) 『시사평론 1』 발간
- 1951년(38세) 『반항인』 발간
- 1952년(39세) 사르트르와 결별
- 1953년(40세) 『시사평론 2』 발간
- 1954년(41세) 『여름』 발간
- 1956년(43세) 『어느 수녀를 위한 진혼극』 상연. 『전락』 발간
- 1957년(44세) 『적지와 왕국』 발간. 노벨문학상 수상
- 1958년(45세) 『시사평론 3』 발간
- 1959년(46세) 『악령』 상연
- 1960년(47세) 1월 4일 자동차사고로 사망

프란츠 파농 연보

- 1925년 7월 20일 마르티니크 섬에서 출생
- 1939년(15세) 중등학교 입학
- 1943년(19세) 프랑스해방군에 입대 직후 귀향
- 1944년(20세) 프랑스에서 항독전쟁 참가. 북아프리카에서 체류 후 프랑스 남부 작전에 참가했다가 중상을 입고 후방에서 치료
- 1945년(21세) 전투에서의 공훈으로 무공훈장 받고 귀향
- 1946년(22세) 중등학교를 졸업하고 프랑스 유학
- 1947년(23세) 리용 의과대학 입학
- 1951년(27세) 정신의학 박사학위 취득
- 1952년(28세) 『검은 피부, 하얀 가면』 출간. 결혼
- 1953년(29세) 의사자격 취득. 알제리 블리다 조엥빌 병원 과장 취임
- 1956년(31세) 알제리 해방투쟁 참가. 과장직 사임
- 1957년(32세) 알제리에서 추방됨. 튀니스에서 알제리민족해방전선(FLN) 가담
- 1958년(33세) 가나 수도 아크라에서 열린 아프리카인민회의 참가

- 1959년(34세) 암살 위기 모면. 『알제리 혁명 5년』 발간
- 1960년(36세) 『대지의 저주받은 사람들』 발간. 12월 6일 워싱턴 D.C.에서 사망
- 1961년(37세) 『아프리카혁명을 위하여』 발간

두 사람에게 영향을 준 사람들

- **가로디**(Roger Garaudy, 1913~2012): 프랑스의 철학가. 프랑스 공산당의 이론가로서 제2차 세계대전 후 국회의원— 당 정치국원— 이데올로기 부장 등을 역임하였다. 마르크스주의를 보급하는 한편, 사르트르 등 비(非)마르크스주의자나 H.르페브르 등 수정주의자들을 비판하였다.

- **게에노**(Jean Guéhenno, 1890~1978): 프랑스의 소설가, 평론가. 그는 NRF의 저명한 기고자였다. 1929년부터 1936년까지 유럽 문학지 편집장을 지냈다. 게에노는 제1차 세계대전에 대한 기억을 바탕으로 《죽은 청춘》이라는 소설을 썼다. 대신 그는 비시 정부의 전통적인 프랑스 권리와 가치 침해, 레지스탕스를 위한 자신의 노력을 기록하면서 비밀 일기를 썼는데, 1947년 프랑스에서 출판되었다.

- **고리키**(Maxim Gorky, 1868~1936): 제정 러시아의 작가. 사회주의 리얼리즘의 창시자로, 어린 시절의 비참한 체험을 바탕으로 노동자 계급에 대한 애정과 그들의 현실을

담은 작품을 발표하여, 프롤레타리아 문학에 크게 공헌했다. 작품에 희곡 《밑바닥》, 소설 《유년 시대》 《소시민들》 《어머니》 따위가 있다.

- **그르니에(Jean Grenier, 1898~1971)**: 프랑스의 철학자이자 작가. 그르니에는 젊은 시절의 알베르 카뮈에게 큰 영향을 준 작가이다. 리세 알제의 교수를 거쳐 파리대학교 문과대학 교수로 미학을 담당하였다(1962~1968). 1926년 이후에는 《N.R.F.》지(誌)를 비롯하여 많은 문예잡지에 기고하였다. 존재에 대한 기쁨과 절망을 보다 간결하고 깨끗한 문체로 쓴 그의 작품은 시사성(示唆性)이 풍부하여 독자에게 깊은 사색의 기회를 제공한다. 주요 작품으로는 《사력(砂礫)의 물가》 외에 수필집 《섬》, 평론 《인간에 대하여》 《존재의 불행》 《현대회화론》 등이 있다.

- **니에레레(Julius Kambarage Nyerere, 1922~1999)**: 탄자니아의 독립 운동가이자 초대 대통령이었다. 탄자니아의 국부로 일컬어진다. 탄자니아인들은 그를 '므왈리무(Mwalimu)'라고 부르는데, 이는 스와힐리어로 '선생님'이라는 의미이다.

- **니장(Paul Nizan, 1905~1940):** 프랑스의 작가. 투르에서 태어나 파리에서 공부했으며 그곳에서 학생이었던 장 폴 사르트르와 친구가 되었다. 또한 프랑스 공산당의 당원으로 활동했다. 1939년 몰로토프-리벤트로프 조약 소식을 듣고 당에서 물러났지만, 그의 정치적 신념은 작품 대다수에 반영되었다. 제2차 세계대전에서 독일군과 싸우다가 됭케르크 전투에서 전사했다. 작품으로 《앙투안 블루아에》 《음모》 등이 있다.

- **니체(Friedrich Nietzsche, 1844~1900):** 독일의 철학자, 시인. 실존 철학의 선구자로, 기독교적·민주주의적 윤리를 약자의 노예 도덕으로 간주하고 강자의 군주 도덕을 찬미했으며, 그 구현자를 초인(超人)이라 명명했다. 근대의 극복을 위하여 '신은 죽었다'고 선언하고, 피안적인 것에 대신하여 차안적인 것을 본질로 하는 생을 주장하는 허무주의에 의하여 가치 전환을 시도했다. 저서에 《비극의 탄생》 《차라투스트라는 이렇게 말했다》 등이 있다.

- **데리다(Jacques Derrida, 1932~2004):** 알제리 태생의 프랑스 철학자이다. 철학뿐 아니라 문학, 회화, 정신분석학

등 문화 전반에 관한 많은 저서를 남겼으며, 특히 포스트모더니즘으로 특징지어지는 현대철학에 해체 개념을 도입한 것으로 유명하다. 1952년 고등사범학교에 입학해 쇠렌 키르케고르와 마르틴 하이데거를 비롯한 본격적인 철학 공부에 들어갔다. 데리다는 1964년 에드문트 후설의 《기하학의 기원》을 번역한 공로를 인정받아 장 카바이예스 상을 수상하면서 이름을 알리기 시작했으며, 1965년 고등사범학교의 교수로 임명되었다. 1967년에는 《글쓰기와 차이》《목소리와 현상》《그라마톨로지에 관하여》 등 첫 저작 3권을 출간했다. 1979년 소르본의 철학 강의를 맡으면서부터 데리다의 정치적 참여는 점차 활발해졌다. 1981년에는 체코의 지식인들을 돕기 위한 얀 후스재단을 설립했는데, 이와 관련하여 프라하에서 불법적인 세미나를 조직했다는 이유로 감금되었다가 프랑수아 미테랑 대통령의 도움으로 풀려나기도 했다. 1983년 국제 철학 대학을 창립한 뒤 1984년부터 2004년 10월 31일 췌장암으로 죽음을 맞이하기까지 사회과학고등연구원의 철학 교수직을 맡았다.

- **도데(Alphonse Daudet, 1840~1897)**: 프랑스 소설가, 극작가.

따뜻한 정감이 담긴 작품을 썼으며, 작품에 소설 《월요 이야기》, 희곡 《아를의 여인》 《사포(Sapho)》 따위가 있다.

- **뒤 가르(Roger Martin du Gard, 1881~1958):** 프랑스의 소설가, 극작가. 첫 작품 《생성》으로 등단한 후, 객관성과 세부 묘사를 중요시하고 개인의 발전과 사회 현실과의 관계에 관심을 가져 작품에 반영함으로써 프랑스 사실주의 전통을 계승했다. 작품에 대하소설 《티보가의 사람들》과 단편집 《낡은 프랑스》, 희곡 《말하지 않는 사람》 따위가 있으며, 1937년 노벨 문학상을 받았다.

- **뒤아멜(Georges Duhamel, 1884~1966):** 프랑스의 소설가, 비평가. 현대 물질문명을 저주하고 기계 문명의 비인간성을 고발하면서 새로운 휴머니즘을 옹호하는 작품을 썼다. 작품에 《순교자의 생활》 《심야의 고백》 따위가 있다.

- **라 로셸(Pierre Drieu La Rochelle, 1893~1945):** 프랑스의 소설가이자 평론가이다. 파리 태생이며, 중편 《속 빈 가방》(1923), 장편 《꿈꾸는 부르주아 처녀》(1937), 평론 〈제네바냐, 모스크바냐〉(1928) 등으로 전후 세대의 불안과 그 해

결을 취급하였으며 1930년 이후는 파시즘으로 전환하여 제2차 세계 대전 때에는 독일군에 협력했기 때문에 파리 해방 후 자살했다. 장편 《지르》(1939)는 그러한 정신의 편력을 소설에 담은 대표작이다.

- **라이트**(Richard Wright, 1908~1960): 미국 흑인 작가. 남부의 인종적 편견을 그린 첫 단편집 《톰아저씨의 아이들》이 인정을 받아 잡지 《스토리》의 문학상을 받았다. 《미국의 아들》을 발표하여 미국사회의 고질적 인종문제의 병폐를 파헤쳤다는 점에서 크게 주목을 받았다.

- **라캉**(Jacques Lacan, 1901~1981): 프로이트주의 입장에서 언어·문학·철학 따위를 논하고, 구조주의의 철학을 발전시켰다. 라캉은 '주체'를 문화(언어와 욕망) 상호작용의 산물로 인식하며, 인간의 욕망이 타자와의 상호주관적 관계를 중재하는 '언어•상징 체계의 상호작용'에서 나타난다고 보았다. 즉, 주체가 사회적 위치를 갖기 위해서는 반드시 언어 혹은 상징적 '질서'로 들어가야 하며, 이로써 인간의 '실질적 주체'는 억압되어 나타난다고 보았다. 라캉은 이 같은 구조주의 언어 설명을 통해, 주체와 인간

의 본질적 욕망은 결합할 수 없으며, 주체는 본질적 욕망을 실현할 도구를 찾아 동일시하지만, 결합될 수 없기 때문에 인간의 본질적 욕구는 영원히 충족되지 않는다는 욕망의 '환유적 운동'을 제시했다.

- **란츠만(Claude Lanzmann, 1925~2018)**: 나치의 홀로코스트(유대인 대학살)를 다룬 다큐멘터리 영화 〈쇼아(Shoah)〉를 연출한 프랑스 영화감독이자 작가. 17세에 레지스탕스에 투신해 독일 나치에 맞서 싸웠으며, 실존주의 철학자 장폴 사르트르의 친구이자 철학자 시몬 드 보부아르의 연인이었다.

- **랭보(Arthur Rimbaud, 1854~1891)**: 프랑스의 상징파 시인. 17세에 시집을 발간했고, 19세에 베를렌과의 동성애 생활이 파탄에 이르자 문학과 인연을 끊고 37세로 죽기 전까지 유럽, 미국, 아프리카 등지를 방랑하며 여러 가지 직업에 종사했다. 근대 사회의 허위와 전통, 그리고 모든 권위에 반역하고, 언어가 지니는 표현력의 극한에 달했다고 하는 시와 시론 등은 후기 인상주의나 초현실주의에 큰 영향을 주었다. 작품에 《일뤼미나시옹》《지옥의 계

절》따위의 50여 편이 있다.

- **레비-스트로스(Claude Lévi-Strauss, 1908~2009)**: 프랑스의 인류학자로 문화체계를 이루는 요소들의 구조적 관계라는 관점에서 문화체계를 분석하는 구조주의의 선구자가 되었다. 랑그와 파롤을 신화의 구조를 해명하는데 적용하였다. 주요 저서로 《슬픈열대》 등이 있다.

- **로베르토(Holden Álvaro Roberto, 1923~2007)**: 앙골라 민족해방전선(FNLA)을 설립하고 1962년부터 1999년까지 이끌었던 앙골라 혁명 정치인이자 자유 투사이다.

- **로베스피에르(Maximilien Robespierre, 1758~1794)**: 프랑스 혁명기의 정치가. 자코뱅파의 지도자로 왕정을 폐지하고, 1793년 6월 독재 체제를 수립하여 공포 정치를 행하였으나, 1794년 테르미도르의 쿠데타로 타도되어 처형되었다.

- **로트레아몽(Comte de Lautréamont, 1846~1870)**: 프랑스의 시인. 전율적인 환각의 미를 창조하여 상징주의의 선구

자로 낭만파 작가들에게 영향을 끼쳤다. 작품에《말도로르의 노래》가 있다. 이 작품은 인간과 신과 사회에 대하여 불신과 저주를 퍼부은 이상한 환상과 절망적 광란으로 가득 차 있다. 인간의 무의식적 세계를 밝혀 낸 시인으로서 1930년대의 쉬르레알리즘의 시인들에게 재평가를 받았으며 그들에게 큰 영향을 끼쳤다.

- **롤랑(Romain Rolland, 1866~1944)**: 프랑스의 소설가, 사상가. 사회악을 규탄하고 인간성을 옹호하였으며, 제1차 세계대전 때에는 스위스에서 반전 활동을 했다. 1915년에 노벨 문학상을 받았다. 작품에 소설《장 크리스토프》, 희곡《사랑과 죽음의 장난》따위가 있다.

- **루뭄바(Patrice Émery Lumumba, 1925~1961)**: 콩고 민주 공화국의 독립운동가이자 정치인으로 1960년 6월 24일부터 9월 5일까지 초대 총리였다. 19세기 후반 이래 콩고를 통치한 벨기에로부터 국가 독립을 실현한 지도적인 인물이다. 1961년 살해당한 후 모든 아프리카 국가의 독립 투쟁가들의 분투의 상징이 되었다.

- **르낭(Ernest Renan, 1823~1892)**: 프랑스의 종교사가, 작가, 철학자. 실증주의와 다위니즘의 영향을 받았으며, 문필에도 능하였다. 25년 걸려 《기독교 기원사》를 완성했는데, 그중 제1권 《예수전》은 특히 유명하며 역사 과학적인 비판 정신이 정통 신앙에 위배되어 교회로부터 추방되었다. 그의 문체는 대담한 가설, 유려한 필치가 특색이다.

- **르벨(Jean-Francois Revel, 1924~2006)**: 프랑스의 유명한 정치 철학자이자 언론인으로 최고의 지성들이 모인 프랑스 한림원의 정회원이기도 하다.

- **르페브르(Georges Lefèbvre, 1874~1959)**: 프랑스의 역사가. 《프랑스혁명경제사 미간사료집》의 일부인 《혁명기에서의 베르그 지구의 식량사 관계 사료》를 간행하였다. 로베스피에르 연구회장, 파리대학 교수를 지냈다.

- **르포르(Claude Lefort, 1924~2010)**: 카르노고등학교(리세) 재학 중이던 1941년 모리스 메를로-퐁티에게서 레온 트로츠키의 사상을 소개받은 뒤, 앙리4세 고등학교로 옮긴 1943년 제4인터내셔널 프랑스 지부인 국제공산당의

활동가가 되었다. 왕이 사라진 국민국가에서 정치체의 연속성과 정당성은 어떻게 확보되는가, 라는 질문을 바탕으로 상징적인 것과 정치적인 것의 의미를 파악하고자 하였다.

- **마티에**(Albert Mathiez, 1874~1932): 프랑스의 역사가. 로베스피에르 연구회를 창립하였으며, 종래의 프랑스 혁명의 정치사적 고찰에 덧붙여, 사회 경제사 면이나 지방사(地方史) 면에 대한 연구의 중요성을 지적하였다. 저서에 《프랑스혁명》이 있다.

- **말라르메**(Stéphane Mallarmé, 1842~1898): 프랑스의 시인. 그의 살롱인 화요회에서 지드, 클로델, 발레리 등 20세기 초의 대표적 문학가들이 태어났다. 작품에 《목신(牧神)의 오후》《주사위 던지기》 따위가 있다.

- **말로**(André Malraux, 1901~1976): 프랑스의 소설가, 정치가. 중국 혁명·제2차 세계대전 중의 반파쇼 운동에 참가했으며, 제2차 세계대전 후 프랑스의 문화 담당 국무 장관을 지냈다. 작품에 소설 《인간의 조건》《왕도(王道)》 따위

가 있다.

- **메를로-퐁티(Maurice Merleau-Ponty, 1908~1961):** 프랑스의 철학자. 후설에게 많은 영향을 받았지만, 신체 행위와 지각에 대한 자신의 이론을 바탕으로 독자적인 현상학적 철학을 전개하였다. 저서에《지각의 현상학》《눈과 정신》등이 있다.

- **멤미(Albert Memmi, 1920~2020):** 프랑스계 튀니지 작가이자 튀니지계 유대인 출신의 작가. 첫 소설《소금기둥》에서 언어와 문화에 대한 인식을 중심으로 인물의 이름이 환기하는 '삼중의 정체성'을 분석했다.

- **모라스(Charles Maurras, 1868~1952):** 프랑스의 평론가, 시인. 군주제 부활을 표방하는 단체를 결성하고 왕정주의를 주장했다. 제2차 세계대전 말기에 독일에 협력하여 종신 금고형을 받았다. 작품에 평론《지성의 장래》, 시집《해면의 음악》등이 있다.

- **모랑(Paul Morand, 1888~1976):** 프랑스의 소설가. 제1차 세

계대전 이후의 혼란과 퇴폐를 그린 선정적 필치로 유명하다. 작품에 《밤이 열리다》《밤이 닫히다》따위가 있다.

- **모랭**(Edgar Morin, 1921~): 소르본대에서 역사, 사회학, 경제학, 철학, 법학을 공부했다. 1942년부터 44년까지 레지스탕스로 대독(對獨)항쟁에 투신했고, 해방후 공산주의자로서 잠시 기자생활을 하다가 51년 공산당과 결별한 후, 56년 롤랑 바르트, 앙리 르페브르 등 비정통 좌파지식인들과 잡지 〈논쟁〉을 창간하여 활동했다.

- **모루아**(André Maurois, 1885~1967): 프랑스의 소설가, 전기작가. 1918년에 《브람블 대령(Bramble大領)의 침묵》으로 명성을 얻고, 소설·평론·역사 등 다방면에서 활약했다. 작품에 전기 《셸리전(Shelley傳)》, 역사책 《영국사》, 제2차 세계대전 회고록 《프랑스는 졌다》 등이 있다.

- **모리아크**(François Mauriac, 1885~1970) 프랑스의 소설가. 1952년에 노벨 문학상을 받았다. 《파리새 여자》《어린 양》 등의 작품과 평론으로 《소설론》 등이 있다.

- **몰리에르(Molière, 1622~1673)**: 프랑스의 극작가, 배우. 본명은 장 밥티스트 포클랭(Jean Baptiste Poquelin)이다. 코르네유, 라신과 함께 프랑스 고전극을 대표하는 인물로 여러 가지 복잡한 성격을 묘사함으로써 프랑스 희극을 시대의 합리적 정신에 합치되는 순수 예술로 끌어올렸다. 작품에 《타르튀프》《돈 후안》《인간 혐오》《수전노(守錢奴)》 따위가 있다.

- **무미에(Félix-Roland Moumié, 1925~1960)**: 카메룬의 반식민주의 지도자이다. 1958년 9월 사망한 루벤 움 뇨베의 뒤를 이어 카메룬 인구동맹(UPC)의 지도자가 되었다.

- **바르뷔스(Henri Barbusse, 1873~1935)**: 프랑스의 소설가, 시인. 평화와 인간 해방을 지향하는 '클라르테(clarté) 운동'을 지도했고, 인도주의의 입장에서 비참한 민중의 생활이나 전쟁의 비극을 묘사했다. 작품에 《포화(砲火)》《클라르테》《지옥》 따위가 있다.

- **바타이유(Georges Bataille, 1897~1962)**: 프랑스의 사상가,

소설가. 젊어서 기독교 신앙을 잃고 '정신 공동체'에 의한 인간 구제의 길을 탐구했다. 무신론, 신비주의를 기반으로 광범위한 활동을 전개하여 현대 문화에 많은 영향을 주었다. 저서에 《무신학 대전》, 소설 《신부(神父)》 따위가 있다.

- **발레리(Paul Valéry, 1871~1945)**: 프랑스의 시인, 사상가, 평론가. 상징 시인으로 출발하여, 수학·물리학 등을 통하여 과학적 방법을 탐구했다. 20년의 침묵을 거쳐 《젊은 파르크》 따위의 시작을 발표했으며 그 후 문학, 철학 등의 평론 활동을 했다. 작품에 평론집 《바리에테》가 있다.

- **발자크(Honoré de Balzac, 1799~1850)**: 프랑스의 소설가. 근대 사실주의 문학 최대의 작가로, 소설에 의한 사회사라는 거창한 구상 아래 《고리오 영감》 《골짜기의 백합》 《종매(從妹) 베트》 따위를 썼으며 그 총서에 '인간 희극'이라는 종합적 제목을 붙였다.

- **베를렌(Paul Verlaine, 1844~1896)**: 프랑스의 시인. 근대의 우수(憂愁)와 권태, 경건한 기도 따위를 정감이 풍부하게

노래했디. 작품에 시집《화려한 향연》《예지》《말 없는 연가》 따위가 있다.

- **베리만(Ernst Ingmar Bergman, 1918~2007):** 스웨덴의 영화, 연극 및 오페라 감독이다. 현대 영화 최고의 감독으로 뽑힌다. 대부분을 자신이 쓴 총 62편의 영화와 170편이 넘는 연극을 감독했다. 대다수의 영화가 고향 스웨덴을 배경으로 한다. 병, 배신, 광기 등 어두운 주제를 주로 다루었다. 대표작으로는 〈제7의 봉인〉〈외침과 속삭임〉〈처녀의 샘〉〈산딸기〉〈페르소나〉〈화니와 알렉산더〉 등이 있다.

- **벤 벨라(Ahmed Ben Bella, 1916~2012):** 프랑스 식민지배에 맞서 독립운동을 벌여온 선구자이자 비동맹운동의 대표적인 인물이다. 제2차 세계대전 당시 프랑스군 일원으로 참전해 훈장을 두 차례 받았고, 1954년 알제리민족해방전선을 만들어 그해 11월부터 프랑스와의 독립전쟁을 벌이다 1956년 체포됐다. 1962년 에비앙 협정으로 프랑스가 알제리 독립을 인정하자 그는 풀려나 초대 총리를 거쳐 1963년 9월 초대 대통령이 됐다.

- **브르통(Andre Breton, 1896~1970):** 프랑스의 시인. 초현실주의의 주창자. 파리 대학 의학부에 재학중, 군에 소집되어 육군 병원 신경과에 배속, 전쟁 신경증 환자를 치료하면서 프로이트의 정신 분석학에 친근해졌다. 1919년 최초의 시집 《공익 전당포》를 발표하면서 아라공·수포와 더불어 잡지 《문학》을 창간했고 이로써 초현실주의가 태동되었다. 점차 트로츠키의 사상에 접근, 1935년 프랑스 공산당과 결정적으로 손을 끊고 이 무렵부터 해외를 여행하면서 초현실주의 사상을 보급하기에 힘썼다.

- **블로크(Marc Bloch, 1886~1944):** 프랑스의 역사가. 고대사학자 귀스타브의 아들. 소르본대학 교수였다. L.페브르와 공동으로 《사회경제사연보》를 창간, 아날학파의 기초를 이룩하였다. 대표작은V《프랑스 농촌사의 기본 성격》《봉건사회》 등이다.

- **블로크(Jean-Richard Bloch, 1884~1947):** 프랑스의 비평가, 소설가이자 극작가. 공산주의자로서 문학 작품 활동을 시작했고, 레지스탕스 운동에 참가했다. 대표작으로는 소설 《쿼르드의 밤》(1935), 《툴롱항》, 정치평론 《세기의

운명》 등이 있다.

- **사르트르**(Jean-Paul Sartre, 1905~1980): 프랑스의 소설가, 철학자. 잡지 〈현대〉를 주재하면서 문단과 논단에서 활약했으며, 무신론적 실존주의를 제창했다. 문학자의 사회 참여를 주장하고, 공산주의에 접근했다. 작품에 소설 《구토(嘔吐)》《자유에의 길》, 철학서 《존재와 무》 따위가 있다.

- **사이드**(Edward Said, 1935~2003): 팔레스타인에서 태어난 미국의 영문학자·비교문학가·문학평론가·문명비판론자이다. 에드워드 사이드는 현대 중동학에서 가장 인정받고 있는 학자 중 하나로, 대표적인 저서 《오리엔탈리즘》으로 제국주의에 근거한 서양 위주의 사고방식을 비판했다. 또한, 평생 조국 팔레스타인의 독립을 위해 노력했다.

- **상고르**(Léopold Sédar Senghor, 1906~2001): 세네갈의 시인, 정치가, 문화이론가. 아프리카의 문화적 긍지를 주창했으며 제2차 세계대전 이후 아프리카 연방체의 설립을 위해 노력했다. 독립한 세네갈 공화국의 초대 대통령으로

5번의 임기(1960-1980)를 역임했다. 세네갈의 교육과 문화, 경제발전을 위해 힘썼다. 또한 아프리카인으로서 최초로 아카데미 프랑세즈(프랑스의 국립 학술원)의 일원이 됐으며, 세네갈 민주당의 창설자이기도 하다. 그는 20세기 가장 중요한 아프리카 지식인 중 하나로 손꼽힌다.

- **생쥐스트**(Louis de Saint-Just, 1767~1794): 프랑스 혁명 시대의 정치가이다. 로베스피에르 등과 함께 혁명 활동에 투신하였고, 로베스피에르의 공포정치를 지지하였다. 로베스피에르의 오른팔로 불렸다. 프랑스 혁명이 성공한 뒤에는 여러 급진적인 공화주의자 조직에서 활동하다가 자코뱅 클럽 몽테뉴파의 주요 인물이 되었다. 로베스피에르의 공포정치를 적극 지지, 옹호한 사람들 가운데 한 사람이었으며, 그 자신도 정적 숙청에 적극 가담하였다. 수려한 외모, 엄격한 금욕주의와 함께 냉혹한 혁명 활동으로 "혁명의 대천사"(Archange de la Revolution) 또는 "공포 정치의 대천사"라는 별명을 얻었다.

- **생텍쥐페리**(Antoine de Saint-Exupéry, 1900~1944): 프랑스의 소설가·비행사. 자신의 체험을 토대로 항공 소설을 개척

하여, 위험을 무릅쓰고 행동하는 인간의 아름다움과 고귀함을 그렸다. 작품에 《인간의 대지》《야간 비행》《어린 왕자》 등이 있다.

- **샤르(Rene Char, 1907~1988):** 프랑스의 시인. 1930년대 초에는 루이 아라공, 앙드레 브르통, 파블로 피카소 등 작가와 예술가 공동체의 초현실주의 운동에 적극적으로 참여했고, 랭보, 로트레아몽에게 영향을 받았다. 1940년 제2차 세계대전 중에는 프랑스 저항군에 합류하였고, 저항운동의 지도자로 활약했다. 《히프노스의 단장들》은 저항기의 귀중한 유산으로 남았다.

- **세르주(Victor Serge, 1890~1947):** 벨기에 브뤼셀에서 태어나 가난과 굶주림 속에서 자랐다. 청년기에는 파리에서 아나키스트 운동에 적극 참여했고, 보노 사건으로 5년 동안 수감되기도 했다. 1919년 러시아혁명에 뛰어들어 페트로그라드, 모스크바, 베를린, 빈에서 활동했고, 《코뮤니스트 인터내셔널》의 편집에도 참여했다. 좌익반대파에 가담해 스탈린 체제에 맞서다 1928년 공산당에서 쫓겨나 수감됐고, 풀려난 다음에는 혁명사와 소설을 쓰

는 데 몰두했다. 앙드레 지드, 로맹 롤랑 등 여러 프랑스 문인들의 항의 덕분에 유형에서 풀려난 뒤 1936년 러시아를 떠나 다시는 돌아가지 않았다. 프랑스에서 살다가 독일이 침공하자 멕시코로 옮겼고 1947년 멕시코에서 죽었다.

- **세제르(Aimé Césaire, 1913~2008):** 마르티니크의 시인, 작가, 정치가. 그는 프랑스 문학에서 네그리튀드(흑인성)운동의 창시자 중 한 명이며 프랑스어로 '네그리튜드'라는 단어를 만들었다. 그의 작품에는 책 길이의 시 《Cahier dun retour au pay natal》(1939), 셰익스피어의 희곡 《The Tempest》에 대한 응답인 《Une Tempéte》, 식민지 개척자와 식민지 사이의 분쟁을 묘사한 에세이인 《Discours sur le colonalisme》 등이 있다. 그의 작품은 여러 언어로 번역되었다.

- **셰르키(Alice Cherki, 1936~):** 알제리의 정신분석학자. 파리에서 활동하는 알제리 출신의 정신분석학자이다. 그녀는 알제리와 튀니지에서 파농과 함께 일했던 개인적인 기억을 바탕으로, 《프란츠 파농: 초상화》를 포함한 많은

저서를 썼다.

- **소불**(Albert Soboul, 1914~1982): 프랑스의 역사학자. 1942년 레지스탕스에 참여한 일로 비시 정부에 의해 학교에서 쫓겨났다. 이후 프랑스 공산당 지하 활동에 가담하여 활동했다. 1967년 프랑스혁명 연구의 중심인 소르본대학에 프랑스혁명사 강좌 주임 교수가 되었고, 이후 교육자이자 역사가로서 프랑스혁명 연구에 매진했다. 《자유의 원년, 1789년》《문명과 프랑스 혁명》 등 20여 권의 저서를 남겼다. 정통파 혁명사학자로서 명성을 안겨준 《프랑스혁명사》 수정 작업에 착수해 1982년 죽음 직후에 유작으로 출간했다.

- **쇼펜하우어**(Arthur Schopenhauer, 1788~1860): 독일의 철학자. 관념론의 입장을 취하였고, 염세관을 주장했다. 저서에 《의지와 표상으로서의 세계》 따위가 있다.

- **스토라**(Benjamin Stora, 1950~): 역사학자. 벤자민 스토라는 알제리 역사에 대한 세계적인 권위자 중 한 명으로 널리 여겨지는 북아프리카에 대한 전문가인 프랑스 역사학

자다. 그는 1962년, 알제리 독립전쟁 이후 그 나라를 떠난 유대인 가정에서 태어났다. 스토라는 1974년과 1984년 두 개의 박사학위와 1991년 박사학위를 받았다. 그의 책과 신문, 잡지 등에 실린 글은 영어, 아랍어, 스페인어, 독일어, 러시아어, 베트남어를 포함한 여러 언어로 번역되었다.

- **실로네(Ignazio Silone, 1900~1978)**: 평생 인간의 존엄과 자유를 위해 싸우며 그람시와 함께 이탈리아 공산당을 설립했다. 그러나 스탈린의 공산주의가 자신이 대항했던 폭압과 위선의 권력이 되어버리자 반발하다가 당에서 축출되었다. "파시스트에 의해 공산주의자로 비난 받고, 공산주의자들에 의해 파시스트로 비난 받는 이(조지 오웰)"가 되어 좌우 모두로부터 추방당한 그는 스위스로 망명하여 글을 쓴다. 시한부 삶을 선고 받고 쓴 소설 《폰타마라》《빵과 포도주》가 세계적 성공을 거두었고, 파시즘 정권이 몰락한 뒤 이탈리아로 귀국하여 자신이 꿈꾸었던 이상적 사회를 만들고자 분투하였다.

- **아들러(Alfred Adler, 1870~1937)**: 프로이트의 성욕 중심 학

설에 반대하고, '개인 심리학'을 창시하였다. 저서에 《개인 심리학의 이론과 연구》 등이 있다.

- **아라공(Louis Aragon, 1897~1982):** 프랑스의 시인, 소설가. 다다이즘 운동·초현실주의에 참가하였다가 후에 공산당에 입당하고 제2차 세계대전 중에는 반파시즘 운동에 참가했다. 작품에 소설 《공산주의자》, 시집 《단장(斷腸)》 따위가 있다.

- **아렌트(Hannah Arendt, 1906~1975):** 미국 정치 철학자. 독일 태생의 유대인 정치철학사상가이며, 나치를 피해 미국으로 이주했다. 1,2차 세계대전 등 세계사적 사건을 두루 겪으며 자신의 경험을 바탕으로, 전체주의에 대해 통렬히 비판했다. 사회적 악과 폭력의 본질에 대해 깊이 연구하여 《폭력의 세기》를 집필했다.

- **아롱(Raymond Aron, 1905~1983):** 현대 프랑스의 작가이다. 제2차 세계대전 중에는 드골에 협력하여 잡지편집을 맡았다.

- **아르토(Antonin Artaud, 1896~1948):** 프랑스의 배우, 연출가. 초현실주의 운동에 참가하였으며, 잔혹 이론은 훗날 전위극에 커다란 영향을 주었다. 저서에 《연극과 그 분신》이 있다.

- **야스퍼스(Karl Jaspers, 1883~1969):** 독일의 철학자. 실존 철학을 대표하는 사람으로, 정신 병리학의 연구에도 업적을 남겼다. 저서에 《현대의 정신적 상황》《철학》《이성과 실존》 따위가 있다.

- **에픽테토스(Epictetus, 기원전50~기원후135):** 스토아학파 철학자. 헬레니즘 문화의 영향을 받은 대표적인 고대 그리스 로마 철학자이다. 노예 출신이었으나, 후기 스토아학파의 대가로 평가받게 되었다. 인간의 내적 자유에 대한 고찰로 스토아 철학의 윤리학을 발전시키는 데 많은 기여를 했다.

- **엘리엇(Thomas Stearns Eliot, 1888~1965):** 미국에서 태어났으나 후에 영국에 귀화했다. 극작가로서 활약하기 전에는 시 〈황무지〉로 영미시계에 큰 변혁을 가져왔다.

1948년 노벨문학상을 수상했다.

- **오웰(George Orwell, 1903~1950):** 영국 소설가. 러시아 혁명과 스탈린의 배신에 바탕을 둔 정치우화《동물농장》으로 일약 명성을 얻게 되었으며, 지병인 결핵으로 입원 중 걸작《1984》을 완성했다. 본명은 에릭 아서 블레어이다.

- **오퓔스(Max Ophüls, 1902~1957):** 독일에서 태어나 독일(1931-1933), 프랑스(1933-1940, 1950-1957), 미국(1947-1950)에서 활동했다. 약 30편 가량의 작품을 만들었으며, 후기의 〈윤무〉(1950) 〈쾌락〉(1952) 〈마담 드〉(1953) 〈롤라 몽테〉(1955) 등으로 유명하다.

- **웰스(Orson Welles, 1915~1985):** 미국의 배우, 영화 감독, 영화 프로듀서, 각본가이다. 1941년에 자신이 감독, 제작, 각본, 주연을 한《시민 케인》, 영국에서 배우로 출연한《제3의 사나이》, 1938년에 머큐리 극단을 이끌고 제작한 라디오 드라마인《우주 전쟁》으로 유명하다. 그의 첫 번째 영화인《시민 케인》은 1997년, 미국 영화 연구소에서 선정한 100대 영화에서 1위에 선정되었으며 2007년에 재

선정하였을 때도 1위로 선정되었다.

- **위고(Victor Hugo, 1802~1885)**: 프랑스의 시인, 극작가. 낭만주의의 거장으로서 자유주의적이고 인도주의적인 경향을 풍부한 상상력과 장려한 문체와 운율의 형식을 빌려 나타내었다. 1862년에 걸작 《레 미제라블》을 완성했다. 작품에 희곡 《에르나니》와 시 《동방 시집》, 소설 《노트르담의 꼽추》 따위가 있다.

- **융(Carl Gustav Jung, 1875~1961)**: 스위스의 정신 의학자·심리학자. 프로이트의 정신 분석학에 영향을 받아 분석 심리학의 기초를 세웠고, 내향성과 외향성을 구별하는 유형을 분석하였으며, 개인의 무의식과 집단의 무의식적인 고태형(古態型)을 신화나 민화 속에서 찾았다.

- **은크루마(Kwame Nkrumah, 1909~1972)**: 가나의 정치가이자 초대 대통령으로 가나의 독립 운동을 지휘하여 아프리카 독립 운동의 아버지라 불린다.

- **음보야(Tom Mboya, 1930~1969)**: 케냐의 정치인으로 조모

케냐타 대통령 시기에 활동했다. 나이로비 인민 의회당의 설립자이자 케냐 아프리카 민족 동맹의 중심 인물이며, 케냐의 경제 계획 발전부 장관을 지냈다.

- **자코뱅(Jacobin, 1792~1794)**: 프랑스혁명기 급진파 정당. 당통·마라·로베스피에르를 우두머리로 하여 급진적 공화주의를 주장하며 1791년 이래 온건한 지롱드파와 맞서 공포 정치를 실시했으나, 1794년 7월 테르미도르의 반동에 의하여 타도되었다.

- **장송(Francis Jeanson, 1922~2009)**: 알제리 전쟁 중 FLN에 대한 헌신으로 유명한 프랑스 정치 운동가.

- **존슨(Ben Jonson, 1572~1637)**: 영국의 시인, 극작가. 풍자극 《사람마다 다른 기질》을 성공적으로 상연하여 기질(氣質) 희극의 선구자가 되었으며, 초대 계관 시인의 대우를 받았다. 작품에 《여우》《말 없는 여자》《연금술사》 따위가 있다.

- **졸라(Émile Zola, 1840~1902)**: 프랑스의 소설가, 비평가.

자연주의 문학을 확립했으며, 사회의 어두운 면이나 군중의 집단적인 심리를 세밀하게 묘사했다. 작품에 《목로주점》《나나》《루공가의 운명》 따위가 있고, 저서에 《실험 소설론》《자연주의 소설가》 등이 있다.

- **지드(André Gide, 1869~1951):** 프랑스의 소설가, 비평가. 갈등을 겪는 영혼의 불안을 대담한 기법으로 세밀하게 묘사하여 심리 소설을 개척했고, 《엔에르에프지(NRF)》지를 창간하여 젊은 지성을 길렀으며, 1947년에 노벨 문학상을 받았다. 작품에 《좁은 문》《지상의 양식》《배덕자》 따위가 있다.

- **지롱드(Girondins, 1791~1793):** 프랑스혁명기 온건파 정당. 프랑스 혁명 후 1791년의 입법 회의에서 공화 정치를 주장한 온건파 정당. 한때 국민 공회를 지배했으나, 1793년에 자코뱅파에 의하여 해체되었다.

- **카마이클(Stokely Carmichael, 1941~1998):** 1960년대 학생 비폭력 조정 위원회와 흑표당을 이끈 것으로 알려진 미국의 민권 운동가. 트리니다드 출생으로 1952년 가족들과

함께 미국으로 이주하였다. 1966년 하워드대학교 재학 중, 학생비폭력조정위원회(SNCC)의 제3대 의장에 취임하면서 본격적으로 흑인해방운동에 참가하였다. 그 해 6월 '블랙 파워'를 창도하여 미국 사회 전체에 큰 충격을 주는 동시에 인종차별철폐투쟁을 백인 대 흑인이라는 대립구도로 바꾸어 분리주의적 방향으로 전환시키는 역할을 하였다.

- **카스토리아디스(Cornelius Castoriadis, 1922~1997)**: 터키 태생의 정신분석학자이자 정치철학자이며, 진보적 잡지 《사회주의인가 야만인가》의 공동편집인으로 활동하며 소비에트 체제를 비판하는 데 전력을 다했다.

- **콜레트(Sidonie-Gabrielle Colette, 1873~1954)**: 프랑스의 소설가. 막힘없는 상상력으로 미묘한 심리를 묘사했다. 주요 저서로 《암코양이》《언쟁》 등이 있다.

- **키르케고르(Søren Kierkegaard, 1813~1855)**: 덴마크의 철학자. 키르케고르는 실존의 문제를 제기하여 실존 철학과 변증법 신학에 큰 영향을 끼쳤다. 저서에 《이것이냐 저것

이냐》《죽음에 이르는 병》《불안의 개념》따위가 있다.

- **키플링**(Joseph Rudyard Kipling, 1865~1936): 영국의 소설가·시인. 주로 인도의 생활을 제재로 한 제국주의적인 작품을 썼다. 1907년에 노벨 문학상을 받았으며, 대표적인 작품으로 시집《다섯 국가》《병영의 노래》소설《정글북》등이 있다.

- **트로츠키**(Leon Trotsky, 1879~1940): 러시아의 혁명가. 빈에서《프라우다》지를 발행하였다. 1917년 3월 혁명 후 귀국하여 적군(赤軍)을 건설하고 세계 혁명 이론을 제창하였다. 스탈린은 일국사회주의, 즉 러시아만 가지고도 세계 혁명을 이룩할 수 있다고 주장했으나 트로츠키는 러시아는 후진국이기에 소비에트 독재가 불가능하므로 유럽의 혁명을 지원하여 세계 혁명을 해야 한다고 주장하다가 1927년 당으로부터 제명되었다. 이후 추방되어 국외에서 제4인터내셔널을 결성하여 반소·반혁명 활동을 하다가 1940년에 멕시코에서 암살되었다. 저서에《영구 혁명론》《러시아 혁명사》등이 있다.

- **티보르(De'ry Tibor, 1894~1977):** 부다페스트의 부유한 가정에서 태어나 스위스 학교에서 공부했다. 《니키, 어느 개의 이야기》에서 라코시 정부를 강도높게 비판해 수감되었다가 특사로 풀려난 뒤 카프카류의 소설들을 발표했다. 지은 책으로는 헝가리 사회주의적 사실주의의 걸작 《미완의 완성》《해답 시리즈》《니키, 어느 개의 이야기》 자서전《변론은 없다》 등이 있다.

- **파스칼(Blaise Pascal, 1623~1662):** 프랑스의 사상가, 수학자, 물리학자. 현대 실존주의의 선구자로, 예수회의 방법에 의한 이단 심문을 비판했다. '원뿔 곡선론', '확률론'을 발표하였으며, '파스칼의 원리'를 발견했다. 저서에《팡세》가 있다.

- **페브르(Lucien Febvre, 1878~1956):** 프랑스의 역사가.《필리프 2세와 프랑슈콩테》를 발표하여 새로운 학풍을 수립했으며, 저서에《사회 경제사 연보》가 있다.

- **페탱(Henri Pétain, 1856~1951):** 프랑스의 군인·정치가. 제1차 세계대전에 대령으로 참전했고 아르투아 전투에서

전과를 올리고 베르됭에서 독일군의 공격을 저지했다. 전후 프랑스군의 요직을 역임했고 제2차 세계대전 중 프랑스가 독일에 점령당한 후 총리로 히틀러와 강화했다.

- **펠리니**(Federico Fellini, 1920~1993): 이탈리아의 영화 감독. 20세기 가장 영향력 있는 영화감독 중 하나로 아카데미상을 5회 수상했다. 《청춘군상》《길》《벼랑》《카비리아의 밤》《달콤한 인생》《8과 1/2》《혼의 줄리에타》 등이 대표작이다.

- **포퍼**(Karl Popper, 1902~1994): 20세기의 가장 위대한 사상가 가운데 한 사람으로 평가받는 인물. 뒤늦게 빈 대학에 입학하여 수학, 물리학, 역사, 철학, 음악 등을 전공했고 철학박사 학위를 받았다. 포퍼는 십대 청소년 시절에는 열렬한 마르크스주의자였으며 사회민주당 당원으로 활동하기도 했는데 곧 마르크스주의의 전체주의적 성격을 발견하고 마르크스주의와 결별하였다고 알려져 있다. 나치의 득세로 외국행을 결심한 포퍼는 1937년 뉴질랜드에 위치한 캔터베리 대학 칼리지의 강사로 부임하여 철학을 가르치게 된다. 제2차 세계대전 내내 그곳에 머무르며 정

치철학 분야의 주저인 《역사주의의 빈곤》(1944)을 저술하였으며, 이 시기에 《열린사회와 그 적들》(1945)을 완성한다.

- **푸코(Michel Foucault, 1926~1984):** 프랑스의 철학자. 정신의학에 흥미를 가지고 연구했으며 서양문명의 핵심인 합리적 이성에 대한 독단적 논리성을 비판하고 소외된 비이성적 사고, 즉 광기(狂氣)의 진정한 의미와 역사적 관계를 파헤쳤다.

- **퓌레(François Furet, 1927~1997):** 프랑스 역사가로 프랑스 혁명에 관심이 많았다. 초기 작업은 18세기 부르주아지의 사회사였지만 1961년 이후 그의 초점은 혁명으로 바뀌었다. 마르크스주의 역사가들이 프랑스 혁명을 해석하는 방식에 대한 비판적인 재평가를 수행했다. 계급투쟁의 한 형태로서 프랑스 혁명에 관한 마르크스주의자들의 해석에 도전한 수정주의 학파의 지도자가 되었다. 퓌레는 볼셰비즘과 파시즘은 폭력과 억압의 관점에서 전체주의 쌍둥이라고 생각했다.

- **프로이트(Sigmund Freud, 1856~1939):** 오스트리아의 심리학자·신경과 의사. 정신 분석학의 창시자로, 정신 분석의 방법을 발견하여 잠재의식을 바탕으로 한 심층 심리학을 수립하였다. 저서에 《꿈의 해석》《정신분석학 입문》 등이 있다.

- **프루동(Pierre-Joseph Proudhon, 1809~1865):** 프랑스의 무정부주의 사상가이자 사회주의자이다. 《재산이란 무엇인가?》에서 자본가의 사적 소유를 부정하며 힘 대신 정의를 가치의 척도로 삼아야 한다고 주장하였다. 그의 사상은 제1인터내셔널 조직, 파리코뮌에 큰 영향을 끼쳤다.

- **피아제(Jean Piaget, 1896~1980):** 스위스의 심리학자. 임상적(臨牀的) 방법으로 아동의 정신 발달 과정을 설명하고 과학적 인식의 역사적 발전에 대하여 공동 연구를 추진하였다. 저서에 《발생적 인식론 서설》《아동의 세계관》 등이 있다.

- **할둔(Ibn Khaldūn, 1332~1406):** 14세기 아라비아의 역사철학가. 정치·외교 방면에서도 중요한 역할을 맡았다. 《이

바르의 책》은 베르베르 종족의 이야기를 최초로 다룬 문헌이다.

- **헤겔(Georg Hegel, 1770~1831):** 독일 관념론의 완성자로서 자연, 역사, 정신의 모든 세계는 끊임없이 변화하고 발전하여 가는 과정이며 이들은 정반(正反), 정반합(正反合)을 기본 운동으로 하는 관념의 변증법적 전개 원리로 설명될 수 있다고 주장하였다. 이 변증법적 원리는 이후의 마르크스주의에 비판적으로 계승되어 19세기 이후의 사상과 학문에 큰 영향을 끼쳤다. 저서에 《정신 현상학》《논리학》등이 있다.

- **휴스(Langston Hughes, 1901~1967):** 미국의 소설가, 시인. 생애의 대부분을 뉴욕의 할렘에서 지내면서, 흑인의 애환을 표현한 작품을 발표했다. 그는 새로운 문학 예술 형식 재즈 시의 초기 혁신자 중 한 명이었다. 휴즈는 할렘 르네상스 동안 그의 작품으로 가장 잘 알려졌다. 작품에 시집 《슬픈 블루스》, 소설 《웃음이 없지는 않다》 따위가 있다.

언젠간 읽겠지 - 인물

카뮈와 함께 프란츠 파농 읽기

ⓒ 박홍규, 2022

초판 1쇄　2022년 2월 18일
초판 2쇄　2022년 10월 19일

지 은 이　박홍규
책임편집　이푸른
디 자 인　glasscaiman

펴 낸 이　이은권
펴 낸 곳　틈새의시간
출판등록　2020년 4월 9일 제406-2020-000037호
주　　소　경기도 파주시 하늘소로16, 105-204
전　　화　031-939-8552
이 메 일　gaptimebooks@gmail.com

I S B N　979-11-970325-4-7 (03860)

* 책값은 뒤표지에 있습니다. 잘못 만들어진 책은 구입하신 서점에서 교환해드립니다.
* 이 책 내용의 일부 또는 전부를 재사용하려면 반드시 저작자와 틈새의시간 양측의 서면 동의를 받아야 합니다.